토통령의
답이 정해져 있는 땅 투자

토통령의
답정땅이 해져 있는 투자

토통령 손정욱 지음 토지이야기TV

매일경제신문사

환영합니다. 그리고 축하합니다. 지금 이 책에 흥미를 보이고 있는 당신! 당신은 이미 부동산 투자를 하고 있거나 혹은 향후 투자의 목적으로 토지에 관심을 두고 있는 분이라고 생각합니다.

이 책은 당신의 토지 투자 안목을 넓히는 데 도움을 주고, 그로 인해 여러분의 부를 증식시키는 것에 일조할 것이라고 확신합니다. 경·공매 투자의 기초부터, 단순 수익 사례에 그치는 것이 아닌 실제에서 활용할 수 있는 실전 투자법, 나아가 남들은 알지 못하는 저만의 투자 비법까지 지금부터 저 토통령이 상세하게 알려드리겠습니다.

소액 투자는 물론이고 고액 투자까지!
이 책은 당신의 좋은 투자 길잡이가 될 것입니다.

안녕하세요.
저는 유튜브 채널 '토지이야기 TV'와 네이버 블로그 '토통령의 토지이야기TV'를 운영하며 돈 버는 부동산 투자, 함정에 빠지지 않는 토지 투자를 연구하고 공부하는 (주)토지이야기 대표 손정욱이라고 합니다.

아마도 당신은 이전에 부동산에 투자를 해봤거나, 투자한 물건의 시세가 올라서 수익을 취한 적이 있을 것입니다. 혹은 그 반대로 손해를 봤을 수도 있지요. 그런데 잘 생각해보십시오. 그것이 내가 정말 공부하고 연구해서 얻은 이익인지, 아니면 단순히 운이 좋아서 얻은 이익인지, 그리고 내가 직접 공부해서 투자했는지, 아니면 남이 좋다는 말만 듣고 덥석 덤벼들었다가 손해를 보지는 않았는지 말입니다.

투자를 잘하기 위해서는 공부해야 할 것이 많습니다. 특히 토지 분야는 아파트 투자와 달리 비슷한 물건이 하나도 없습니다. 토지는 가격, 모양, 생김새, 용도, 공법 등 각각의 필지마다 모두 그 내용이 다릅니다. 예를 들어 용도에 따라 건축 행위가 달라지거나 혹은 경우에 따라 아예 건축행위 자체를 하지 못합니다. 이렇게 세세한 내용을 잘 알아야 하기에 토지 투자가 어렵다고들 합니다.

벌써 머리가 아프신가요? 나는 못 하겠다고 미리 포기하고 있지는 않으신가요? 수험생이 공부하듯 하지 않으면 토지 투자가 불가능할까요? 다행스럽게도 그렇지 않습니다. 기본을 익히고, 배운 것을 잘 저장해두었다가 필요할 때 언제든 공부한 내용을 찾아보는 습관을 지니는 것이 가장 중요합니다.

저는 머리가 나빠서 아무리 열심히 외워도 돌아서면 기억이 하나도 나지 않았습니다. 당연히 학교 공부도 못했지요. 이런 저의 한계를 극복하고자 블로그에 공부한 내용을 기록하기 시작했습니다. 그렇게 공부한 것을 기억하고 찾아보기 위해 시작한 블로그에 어느새 많은 자료가 저장되었습니다. 저의 보물창고와도 다름 없지요. 지금도 확인이 필요한 내용이 있으면 블로그를 검색해서 찾아봅니다. 그러다 보니 억지로 외우지 않아도 자연스럽게 토지 투자에 대한 지식이 쌓이게 되었습니다.

당신도 이렇게 당신만의 방식으로 정보를 쉽게 찾아볼 수 있는 방법을 취하시면 됩니다. 억지로 달달 외웠다고 한들 실제 현장에서 누군가가 "이 토지는 계획관리지역이에요"라고 하면, '어, 계획관리지역? 무슨 건물을 지을 수 있지?' 하고 머릿속이 새하얗게 되는 경우가 생깁니다. 자, 그럴 때 당황하지 말고, 이 책을 꺼내 보십시오.

저는 부자가 되어 경제적 자유와 시간적 자유를 얻기 위해 부동산을 공부하기 시작했습니다. 100권에 가까운 경매 서적을 읽어 봤지만 단순 경험담 위주의 책이 많았고, 읽기는 쉬웠으나 그들의 숨은 노하우는 크게 와닿지 않았습니다. 유튜브에 부동산 관련 영상이 올라오면, 그들의 이야기를 듣고, 그들의 노하우를 연구하며 실무로 직접 익히고자 했지만 쉽지 않았습니다.

공부하는 틈틈이 법원에 입찰도 했습니다. 경매 입문자들이 코스처럼 한다는 아파트 매매도 하고, 경매로 낙찰도 받았습니다.

잘 아는 것부터 시작하라고 해서 제가 거주하는 지역의 아파트를 매매하거나 경매하기 시작했습니다. 조금이기는 하지만 수익을 보자 신이 났습니다. '이래서 부동산 투자를 하는 거구나!' 하면서요. 그러나 대세 상승인 줄도 모르고 수익에만 심취하다 보니 거기가 꼭지였습니다. 상승세가 꺾이자 보유하고 있던 아파트는 낙찰받은 금액 또는 매수한 금액보다 20% 저렴하게 팔아야 했습니다. 이렇게 지방 아파트 투자는 실패했습니다.

이번에는 서울에 투자해야 큰돈이 될 것이라고 생각해 서울 빌라 투자를 결정했습니다. 당시 직장 생활 중이라 법원에 직접 갈 수가 없어 서울의 모 컨설팅 업체와 계약을 맺었습니다. 수차례 빌라 입찰에 도전했지만, 번번이 패찰되면서 '경매도 쉽지만은 않구나' 하고 생각했습니다.

그러던 중 드디어 서울 빌라에 낙찰이 되었습니다. 2011년 완공한 감정가 1억 원인 1층 빌라(대지 지분 10평의 일체형 원룸 건물 8평)가 5,100만 원까지 유찰이 되었습니다. 입찰가를 5,600만 원 정도로 적고 싶었지만 컨설팅 업체 직원이 조사해본 결과, 해당 물건의 시세가 1억 원이 넘게 형성이 되어 있으니 입찰 금액을 전 회차의 종가를 넘겨 적자고 권유했습니다. 계속 패찰만 하고 있던 터라 직원의 권유대로 6,544만 원을 적어서 결국 낙찰되었습니다. 2등과의 입찰가 격차가 큰 것에 실망도 했지만, 낙찰되었다는 기쁨이 더 컸습니다.

직접 서울로 가서 세입자에게 명도 확인서를 주고, 건물을 손쉽게 인도받을 수 있었습니다. 중문 시공과 도배를 끝마친 후 인근 공인중개사 사무실로 향했습니다. 임대를 놓기 위해서지요. 그런데 공인중개사가 하는 말이, 원래 건물 소유주가 7,000만 원에 낮춰서 내놓았음에도 매도가 안 되어 경매로 넘어간 거라고 했습니다. 이 사실에 놀라지 않을 수 없었습니다.

저는 컨설팅 업체 담당이 저를 위해 해주는 줄 알았습니다. 사실은 저를 위한 것이 아니라 자신의 수당을 위한 것이었다는 것을, 제가 경매에 낙찰이 되어야 담당 직원이 수당을 받아간다는 것을 그제야 알게 되었습니다. 참으로 비싼 깨달음이었지요(이렇게 투자는 자신의 책임이 뒤따르게 됩니다).

다행히 임차인이 생겨 임대 계약을 했습니다. 그러나 겨울이 되자 결로로 인해 현관문에 물방울이 비 오듯 맺히고 방 안 벽지에 곰팡이가 생겨 결로 단열 작업 비용으로 500만 원을 더 지출해야만 했습니다. 결국 해당 물건은 2019년 매도 금액 5,500만 원으로 손실을 확정지었습니다.

2019년은 서울 아파트 가격의 대세 상승으로 주변의 빌라 가격이 많이 올랐으나, 제 건물은 주택이 아닌 1층 근린생활시설이라 저렴하게 매도할 수밖에 없었습니다. 임대로 더 놔두고 버텼다면 손해를 보지 않았을 수도 있습니다. 하지만 아파트와 빌라 등으로 손실만 보게 된 저는 이 무렵 토지 투자에 더 중점을 두고, 이에 집중하기 위해서 당장은 손실을 보더라도 매도하는 것이 옳은 결정이라고 생각했습니다. 가끔은 손절도 필요한 법입니다.

　이처럼 아파트와 빌라 투자는 각종 규제 및 임차인 관리로 스트레스를 많이 받습니다. 반면 토지 투자는 그런 스트레스를 받지 않아 너무 좋습니다. 스트레스가 없는 일이란 없지만, 건물 임대나 관리에 대한 스트레스에 비하면 현저하게 낮습니다. 제 경우처럼 건물은 가격이 낮아지기도 하고 부득이 손해를 보는 경우도 있지만, 토지는 매년 공시지가가 올라가고, 가격 역시 우상향하고 있습니다.

　지금 저는 토지 투자로 이전의 손실을 다 만회하고도 남습니다. 제가 하는 토지 투자 방식은 건물 투자보다 자금 회전율이 더 좋습니다. 이기는 투자를 하며 수익을 쌓아가고 있습니다. 이런데도 토지 투자가 어렵다고 손 놓고만 계실 건가요?

　저는 10년 동안 토지를 공부하고, 투자해 지식과 실무를 쌓았습니다. 대략 200여 차례의 경·공매 입찰과 100여 건의 매수 및 낙찰, 70건 이상의 매도를 했습니다. 주무관청의 질의 및 토지 이해관계인들을 상대로 많은 협상을 했습니다. 제가 패찰한 물건은 해당 낙찰인이 어떻게 매도했는지 추적하며 복기하기도 했습니다. 어떤 토지가 돈이 되는 토지인지, 또 어떤 토지는 낙찰받으면 안되는지를 정확히 알고 있습니다.

저는 부동산을 전공한 분들처럼 해박하지도 않고, 관련 법규도 잘 알지 못 합니다. 그렇다고 자본금이 많은 것도 아닙니다. 흔히 토지 투자는 아는 것도 많고 돈도 많아야 한다고 생각하지만, 제가 그러했듯이 반드시 이 모든 것을 갖춰 놓고 시작해야 돈을 벌 수 있는 것은 아닙니다. 당신도 할 수 있습니다.

　독학으로 공부하는 것은 맨발로 비포장길을 걷는 것과 다름없습니다. 막연하고 어려운 것은 물론 손실로 상처를 입기도 합니다. 저 역시 독학으로 부동산 공부를 해왔기에 그 답답함을 너무도 잘 알고 있습니다. 그래서 누구라도 헤매지 않고 토지 투자를 할 수 있도록 돕기 위해 책을 쓰기로 결심했습니다. 저의 실전 경험과 지식, 노하우를 이 책에 모두 담았습니다. 다른 책을 읽으며 느꼈던 갈증과 목마름을 해소할 수 있도록 애썼습니다. 부디 이 책이 당신에게 비포장길이 아닌 포장길로 진입할 수 있는 초석이 되었으면 합니다. 화려하게 쓰지는 못하지만, 진심을 담은 이 책을 당신께 전해드리려고 합니다.

토통령 손정욱

차 례

Part 4 도시계획시설 투자는 어떻게 할까?

Part 5 행정관청에 팔아볼까?

어디에 어떻게
투자해야 할까?

어떤 지역에
투자해야 할까?
- 도시기본계획

초보 부동산 투자자는 어디에 투자를 해야 할지 가장 고민스럽습니다. 투자로 많은 돈을 벌어 부자가 되고 싶지만 그렇다고 소중한 돈을 아무 데나 무턱대고 투자할 수는 없으니까요.

"나무를 보지 말고 숲을 보라"는 말을 들어보셨을 것입니다. 눈앞의 이익만 보지 말고 멀리 보고 크게 생각하라는 말이지요. 부동산 투자 역시 마찬가지입니다. 큰 그림을 볼 줄 알아야 큰돈을 벌 수 있습니다. 하지만, 초보 투자자는 답답하기만 합니다. 도대체 무엇을 어떻게 봐야 하는 것일까요?

우리나라는 정부 차원에서 국토종합계획이란 것을 수립하고 국토의 균형 잡힌 발전을 도모합니다. 동해안 에너지 관광벨트, 남해안 선벨트, 서해안 신산업벨트 그리고 북으로는 남북교류 접경벨트가 그 예입니다.

또한 지방자치단체(이하 지자체)에서는 각 도시가 지향해야 할 바람직한 미래상을 제시하고, 장기적인 발전 방향을 목적으로 도시계획을 수립합니다. 이 계획에 따라 개발을 진행하는데, 20년을 기준으로 5년마다 타당성을 재검토해서 이를 정비하게 됩니다. 일단 우리는 이 도시계획에 주목해야 합니다.

도시기본계획은 각 지자체 홈페이지에서 다운받을 수 있습니다. 예시로, 평택시 도시기본계획을 살펴보겠습니다.

1. 평택시의 홈페이지에 들어갑니다.
2. 통합검색란에 '도시기본계획'을 입력합니다.
3. 2035년 평택도시기본계획이 나오면 '바로가기'를 클릭합니다.
4. 도시정보알리미에 공지되어 있는 〈2035 평택도시기본계획 보고서〉를 다운로드합니다.

만일 찾을 수가 없다면 각 지자체의 대표번호로 전화해 도시기본계획을 받고 싶다고 요청하시면 관련 부서로 연결시켜줄 것입니다.

평택시청 홈페이지

출처 : 평택시청

<2035 평택도시기본계획보고서>

도시정보알리미				🖨 f 🐦 b ♪

도시/주택/건설 > 도시정보알리미

전체 게시글 46 현재 페이지 1 / 5

제목 ▾		검색 🔍			
번호	제목	작성자	작성일	파일	조회
공지	2030 평택 도시재생전략계획 보고서(2021.04 수립)	도시재생과	2021.09.15	📁	4,690
공지	2030년 평택 도시주거환경정비 기본계획 보고서(2021.6. 수립)	도시재생과	2021.09.15	📁	4,370
공지	2035 평택 도시기본계획 보고서(2018.11. 수립)	도시계획과	2018.12.19	📁	79,495

출처 : 평택시청

　자료를 받아 보면 400페이지가 넘는 방대한 분량에 놀라게 됩니다. 이 많은 양의 도시기본계획을 지자체마다 다 찾아보는 것도 힘들지만 무엇보다도 어떻게 봐야 할지 막막합니다. 걱정하지 마십시오. 이제부터 제가 요약해서 보는 방법을 알려드리겠습니다. 자, 우선 크게 3가지로 분류해서 집중적으로 보셔야 합니다.

　제2장 도시기본구상의 Ⅱ. 도시공간구조 설정, Ⅲ. 생활권설정과 인구배분계획 그리고 제3장 부문별 계획에서 Ⅰ. 토지이용계획에서 현황 분석, 개발가능지 분석, 토지이용계획의 기본방향을 보면 됩니다. 그리고 최근 발행된 도시재생전략계획 보고서의 관련 사업을 함께 보시길 권장합니다.

<2035 평택도시기본계획보고서>

제2장 도시기본구상

Ⅱ. 도시공간구조 설정

출처 : 평택시청

〈2035 평택도시기본계획보고서〉

출처 : 평택시청

토통령의 답이 정해져 있는 땅 투자

평택시의 도시기본계획의 밑그림을 보면 2개의 도심과 3개의 지구를 중심으로 개발하겠다는 방향성이 뚜렷이 제시되어 있습니다. 3지구 중심인 청북보다 행정문화도심인 고덕, 송탄, 남평택 지역의 개발이 선행되겠지요. 이로써 우리는 우선적으로 투자해야 하는 지역과 후순위로 투자해야 하는 지역이 이미 정해져 있음을 확인했습니다.

　2개의 중심도시 인근으로 토지 가격이 많이 상승되었다면 3지구 중심의 인근 지역 위주로 보시면 됩니다.

〈2035 평택도시기본계획보고서〉

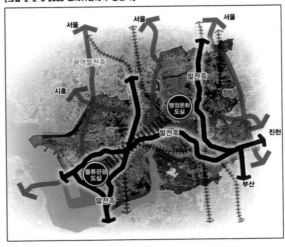

[그림 2-2-3 2035 도시기본계획 발전축]

출처 : 평택시청

발전축 내용을 보면, 각 지역별로 송탄·남평택·고덕 도심은 행정기능 중심으로, 안중·포승·현덕 도심은 물류관광도시로 육성할 계획이라고 되어 있습니다. 또한 국도 1호선 중심으로 남북을 연결하는 축과 국도 38호선 중심의 동서로 연결하는 축을 연계해서 십자형 개발축의 도로망을 수립하겠다는 내용도 담고 있습니다. 도로가 개설되면 각 지역의 연계로 접근성이 편리해지고, 이는 토지가의 상승 요인이 됩니다.

〈2035 평택도시기본계획보고서〉

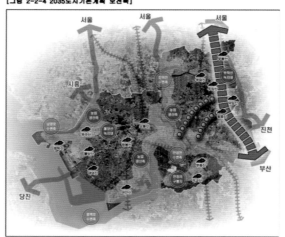

출처 : 평택시청

이제 보전축의 내용을 살펴볼까요? 생활권 내 도시자연공원 및 근린공원을 연계하는 녹지 공간 등을 확립하고, 무봉산~부락산~ 덕암산을 연계해서 녹지축을 형성하겠다고 되어 있습니다. 즉, 개발보다는 지역 주민의 안녕과 쾌락한 삶을 추구하겠다는 목적이 보입니다. 발전이 빠르게 진행되는 지역은 부동산 가격도 빠르게 많이 오르고, 보전지역으로 묶이는 곳은 발전 속도가 미미해 부동산 가격 역시 더디게 상승합니다. 당연히 보전축이 있는 지역보다 발전축이 있는 지역에 투자해야 합니다.

〈2035 평택도시기본계획보고서〉

3. 생활권별 인구배분계획

- 인구증가는 사회적 인구증가를 인구지표에서 산출된 단계별 사회적 인구 증가를 적용하여 각 생활권별로 배분하되 각 개발지의 인구는 외부의 인구 유입률을 고려함
- 목표연도인 2035년에 고덕국제신도시, 소사벌택지개발, 브레인시티, 삼성 산업단지, 미군기지이전 등이 개발되는 동부생활권에는 690,000명을 배분 하고, 황해경제자유구역, 평택항 개발 및 평택항 배후도시가 이루어지는 서 부생활권에 210,000명을 배분

[표 2-3-7 생활권별 단계별 인구배분계획]

구분	2015년 (현재인구)	1단계 (2016~2020)	2단계 (2021~2025)	3단계 (2026~2030)	4단계 (2031~2035)
계획인구	479,176	740,000	850,000	870,000	900,000
동부생활권	370,399	580,000	670,000	680,000	690,000
서부생활권	108,777	160,000	180,000	190,000	210,000

[표 2-3-8 생활권별 밀도계획]

구분	2035년 인구(인)	시가화용지(ha)			시가화 예정용지 주거용 (ha)	주거밀도(인/ha)		시가화 용지 총밀도
		주거	상업	공업		순밀도	총밀도	
합계	900,000	4,645.4	783.2	4,470.7	1,953.4	193.7	136.4	90.92
동부	690,000	3,921.2	432.2	1,342.2	1,345.3	176.0	131.0	121.15
서부	210,000	724.2	351.0	3,128.5	608.1	290.0	157.6	49.96

주 : 순밀도 = 계획인구 ÷ 시가화용지(주거용지)
      총밀도 = 계획인구 ÷ (시가화용지(주거용지) + 시가화예정용지(주거용지))

출처 : 평택시청

우리나라는 OECD 국가 중에서도 출산율이 특히 낮습니다. 지방으로 갈수록 노령화 문제도 심각해지고 있습니다. 이에 각 지자체는 지역으로 인구를 유입시키기 위해 노력하고, 생활권별 인구배분계획을 수립하기도 합니다. 도시기본계획에서 제시하듯 지역개발과 기업 유치 등에 따라 인구유입이 생길 수도 있고, 줄어들 수도 있습니다. 지자체에서 좋은 기업을 유치해서 일자리가 늘어나게 되면, 이는 곧 인구유입을 일으킵니다. 당연히 제한된 토지에 비해 인구가 많아지므로 수급의 원리에 의해 토지 가격은 상승하게 됩니다.

〈2035 평택도시기본계획보고서〉

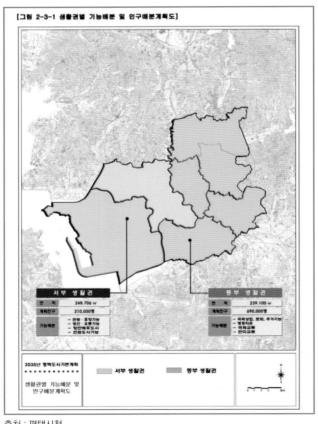

출처 : 평택시청

앞의 '생활권별 인구배분계획'을 보면, 평택시는 2035년 4단계까지 총 90만 명의 인구를 계획하고 있습니다. 크게 동부 생활권과 서부 생활권으로 나누고 동부 생활권에는 69만 명, 서부 생활권은 21만 명의 인구배분을 계획하고 있습니다. 간단히 인구배분계획 수치만 봐도 동부 생활권역의 지역 개발에 더 집중하겠다는 사실을 알 수 있습니다. 따라서 같은 평택 내의 토지를 보더라도 동부 생활권역의 투자가 선행되어야 합니다.

〈2035 평택도시기본계획보고서〉

② 개발가능지 분석

1. 분석기준

● 「도시기본계획수립지침」(국토교통부)에 따라 평택시 토지이용현황 분석을 토대로 기개발지, 개발가능지(미개발지), 개발억제지, 개발불능지로 구분하여 분석

● 평택시 전체 행정구역상에서 기개발지역을 추출하여 제외시킨 후, 나머지 지역에 대하여 차례로 개발억제지 및 개발불능지를 제외한 최종지역을 개발가능지(미개발지)에 포함시킴

● 분석결과 개발가능지(미개발지)로 평가된 지역중 최근 도시계획결정고시된 지역을 중첩, 제외시키며, 1/5,000 지형도 및 현장 확인을 통하여 개발가능지 면적을 산출

● 장래 시가지의 개발방향은 동부지역의 평택, 송탄과 서부지역의 안중, 청북과 더불어 미군기지 이전에 따라 팽성도시의 외연적 확산을 가져올 것으로 전망

[표 3-1-3 개발가능지 분석기준]

구 분	대 상 지	비 고
기개발지	• 시가화용지(주거·상업·공업지역)중 개발완료지역 • 취락지구, 지구단위계획구역	
개발가능지 (미개발지)	• 표고 100m 이하, 경사 15%미만 지역중 기개발지, 개발억제지 및 개발불능지를 제외한 지역 • 관리지역 • 평택항 매립지 등	
개발억제지	• 생산·보전녹지지역 • 군사시설 및 군사시설보호구역 • 농림지역, 자연환경보전지역, 상수원보호구역, 농업진흥지역, 보전산지 • 근린공원, 도시자연공원구역	
개발불능지	• 표고 100m 초과지역 • 경사도 15% 이상지역 • 강·하천·공유수면 • 생태자연도1등급지, 임상도 5영급 이상	

또한 토지이용계획의 '개발가능지 분석기준' 표를 보면 표고 100m 이하와 경사도 15% 미만 지역을 기준으로 개발이 가능한 토지와 불가능한 토지를 구분해주고 있습니다. 개발이 가능한 지역의 미개발지역에 투자를 하고, 개발 불가능한 지역은 투자에서 배제하는 것이 맞겠지요?

〈2035 평택도시기본계획보고서〉

출처 : 평택시청

토통령의 답이 정해져 있는 땅 투자

추가로 봐야 할 기반시설계획(교통시설계획)은 다음과 같습니다.

〈2035 평택도시기본계획보고서〉

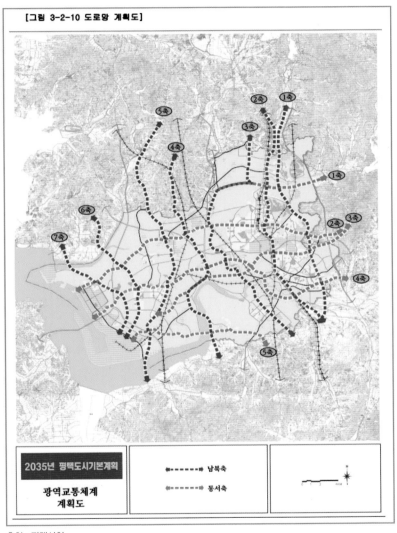

[그림 3-2-10 도로망 계획도]

2035년 평택도시기본계획
광역교통체계
계획도

←------→ 남북축
←------→ 동서축

출처 : 평택시청

<2035 평택도시기본계획보고서>

[표 3-2-27 간선도로망 계획]

노선축		도로명		계획기간	개통년도	추진주체	비고
남북축	1축	동부우회도로 신설		중기	2021년	민간	-
		국도1호선우회도로 신설		중기	2023년	국토부 민간	-
	2축	국도1호선		중기	2022년	국토부	기개설 (일부확장)
	3축	진위역~오산시계 도로 연계도로, 진위천 강변도로		단기 장기	2018년 -	LH공사	-
		국도45호선		-	-	-	기개설
	4축	관리천변도로		장기	-	국토부	-
		아산영인~평택청북간 도로신설		-	-	-	기개설
	5축	국도39호선 확장	청북IC-요당IC	-	-	-	기개설
			금곡삼거리-청북IC	장기	-	LH공사	일부확장
	6축	지방도313호선		단기	2018년	경기도	-
	7축	국도77호선 (내기삼거리-국도38호선)		장기	-	-	기개설 (일부확장)
동서축	1축	지방도306호선 (지방도306호선-송탄고가교)		단기	2018년	경기도	기개설 (일부확장)
	2축	지방도302호선		단기	2019년	경기도	-
		지방도302호선 신설(이화-삼계)		단기	2019년	경기도	-
	3축	국도38호선 우회도로 신설		장기	-	국토부	-
		국도45호선		-	-	-	기개설
	4축	국도38호선 확장		단기	2019년	국토부, LH공사	-
	5축	평택호 횡단도로 개설		단기	2020년	평택시	-
		지방도313호선		-	-	-	기개설

출처 : 평택시청

　　도로와 철도가 개통되면 물류가 원활해지고 교통 혼잡이 해소되므로 부동산 투자에는 호재입니다. 교통시설계획을 보면 어느 지역으로 어떤 도로가 계획되는지 알 수 있습니다. 개발계획지를 미리 알면 남들보다 한발 앞선 투자가 될 것입니다.

3. 생활권별 인구배분계획

- 인구 증가는 사회적 인구증가를 인구지표에서 산출된 단계별 사회적 인구증가를 적용하여 각 생활권별로 배분하되 각 개발지의 인구는 외부의 인구유입률을 고려함
- 목표연도인 2020년에 고덕국제신도시, 삼성전자, LG전자 등이 개발되는 북부생활권에는 335,000명을 배분하고, 지제역세권, 소사벌택지지구, 미 군기지이전 등 개발이 이루어지는 남부생활권에 330,000명 배분하였으며, 황해경제자유구역, 평택항 개발 및 평택항 배후도시가 이루어지는 서부생 활권에 195,000명을 배분

출처 : 평택시청

이번에는 평택시의 과거 〈2020 평택도시기본계획보고서〉 자료 중 '3. 생활권별 인구배분계획'을 한번 살펴보겠습니다. 고덕국제신도시, 삼성전자, LG전자 등이 개발되는 북부 생활권과 미군기지 이전 등의 개발이 이루어지는 남부 생활권, 그리고 평택항 개발 및 배후도시가 이루어지는 서부 생활권으로 나눠지고 있습니다. 도시기본계획을 보면 앞으로 이 지역의 도시가 어떻게 발전하고자 하고, 그에 따라 어떤 개발 방향을 제시하는지 알 수 있습니다.

지역 개발은 도시기본계획에 의해 미리 계획되어 발전하게 되므로 부동산 투자자라면 이런 큰 흐름을 놓치지 말고 편승해야 합니다. 용도지역에 따라 20배 오른 지역도 있고, 그렇지 않은 곳도 있습니다.

누군가 부동산 투자로 부자가 되었다는 이야기를 들으면 "정말 운 좋게 돈 벌었네"라고만 이야기할 수 있겠지만, 절대 운으로만 부자가 되는 것은 아닙니다. 부동산 투자는 향후 발전 가능성이 있는 곳을 찾을 줄 아는 능력이 있어야 합니다. 이렇게 공개되어 있는 자료만으로도 투자처를 선별하는 것이 투자자의 능력입니다.

지역을 연계해주는 도로 따라 투자하기와 지가 상승 예측
- 관보 & 국토관리청 공시 고시 조회하는 방법

요즘은 가구당 한 대 이상의 차량을 보유하고 있습니다. 차량 수가 많아지면서 점점 교통 인프라도 확장되고 있습니다. 교통의 편리는 지역과 지역의 연계가 잘되어 이동 시간을 단축시킵니다. 그만큼 생활권을 넓혀주고 편의를 제공하지요. 맹지에 새로 도로가생기면 주변 지가가 상승합니다. 당연히 도로 개통 전에 이 사실을 알고 개발지 인근 땅에 먼저 투자하면 시세차익을 얻을 수 있습니다. 남들보다 빨리 정보를 파악하려면 어떻게 해야 할까요?

도로법상의 도로 종류
고속국도(고속국도의 지선 포함)
일반국도(일반국도의 지선 포함)
특별시도(特別市道)·광역시도(廣域市道)
지방도
시도
군도
구도

새로 도로가 개설되려면 도로법상의 절차를 거쳐야 합니다. 국토의 계획 및 이용에 관한 법률상 도시계획시설 결정절차에 대응하는 도로법상 도로개설 절차는 노선인정·지정 → 도로구역결정 → 준공검사로 요약됩니다. 도로구역으로 지정하게 되면 도로의 종류에 따라 제11조~제18조 지정·고시를 합니다. 관련 고시들은 어디에서 볼 수 있을까요? 고속국도, 일반국도, 지선 및 국가지원지방도는 관보에, 그 외 지방 시, 군, 구도는 지방자치단체의 공보에서 확인할 수 있습니다.

제19조(도로 노선의 지정·고시 방법 등)
① 제11조부터 제13조까지 및 제15조 제2항에 따른 고속국도, 일반국도, 지선 및 국가지원지방도의 노선 지정·고시는 관보에 하고, 제14조, 제15조 제1항 및 제16조부터 제18조까지의 규정에 따른 특별시도·광역시도, 지방도, 시도, 군도 및 구도의 노선 지정·고시는 해당 지방자치단체의 공보에 하여야 한다.
② 제1항에 따른 도로 노선의 지정·고시에는 다음 각 호의 사항을 포함하여야 한다.
    1. 노선번호
    2. 노선명
    3. 기점, 종점
    4. 주요 통과지
    5. 그 밖에 필요한 사항
③ 제1항 중 국토교통부장관이 노선의 지정·고시를 하는 경우에는 관계 중앙행정기관의 장과 협의하고 위원회의 심의를 거쳐야 한다.
④ 도로관리청은 제36조에 따라 도로관리청이 아닌 자의 도로공사로 도로 노선을 지정·고시할 필요가 있게 된 때에는 해당 도로공사의 준공확인을 한 뒤에 제1항부터 제3항까지의 규정에 따라 해당 도로 노선을 지정·고시할 수 있다.

관보는 대한민국전자관보(https://gwanbo.go.kr) 사이트에서 확인할 수 있습니다. 시간이 날 때마다 일자별로 고시, 실시 계획 인가 등이 있는지 확인해봅니다.

대한민국전자관보에서 도로개설 여부 확인하기

출처 : 대한민국전자관보

    예를 하나 들어보겠습니다. 제가 거주하는 지역 인근에 나팔관 모양의 삼거리 도로가 하나 있습니다. 이런 모양의 도로는 향후 사거리가 될 가능성이 높습니다. 추가로 길이 생기면 이 동네와 다른 동네 간의 접근성이 좋게 되겠죠. 이런 곳의 나들목 주변에 전원주택을 짓거나 공장을 짓는다면 어떨까 생각해보며 도로개설 여부를 확인해봅니다.

김천시 어모면 옥율리 항공 사진

출처 : 카카오맵

　디스코(www.disco.re) 또는 스마트국토정보(https://kgeop.go.kr)를 이용해서 주변 필지를 확인해보니 국유지 즉, 국가 소유의 땅이었습니다. 그리고 소유권은 2017년 1월 18일자로 변동된 것을 알 수 있습니다. 이 사실로 미루어 봐도 도로개설과 관련한 고시가 이미 났겠습니다.

김천시 어모면 옥율리

출처 : 디스코

사례의 땅은 아직 도로가 개통되기 전이니 신설·도로개설을 확인합니다. 여기서 중요한 점은 신설·도로개설은 국토 관리 사무소 현황표상 각 시도별로 제일 상위(서울, 대전, 익산, 부산, 원주)에 있는 지방관리청에서 담당한다는 점입니다. 그 후 도로개설이 완료되면 각 지방관리사무소에서 유지 보수를 하게 되는데, 이 사실을 모르는 분들이 꽤 많습니다.

지방국토관리청(국토관리사무소) 현황

관할구역 (시구간 제외)	사무소명	사무소 위치	전화번호	비고
경기도	서울지방국토관리청	경기도 과천시 관문로 47	02-2110-6726	
	의정부국토관리사무소	경기도 의정부시 송산로 1153	031-820-1720	
	수원국토관리사무소	경기도 용인시 기흥구 용구대로 2291번길 12	031-218-1700	
충청남북도	대전지방국토관리청	대전시 동구 계룡로 447	042-670-3214	
	예산국토관리사무소	충남 예산군 오가면 오가중앙로 69	041-330-6600	
	논산국토관리사무소	충남 논산시 시민로 121	041-730-5800	
	보은국토관리사무소	충북 보은군 보은읍 장신로 54	043-540-2300	
	충주국토관리사무소	충북 충주시 동량면 충원대로 1332	043-850-2650	
전라남북도	익산지방국토관리청	전북 익산시 익산대로 52길 27	063-850-9114	
	전주국토관리사무소	전북 완주군 이서면 이서남로 328	063-220-0404	
	순천국토관리사무소	전남 순천시 지현길 92	061-744-5375	
	광주국토관리사무소	광주시 광산구 임방울대로 825번길 22-16	062-970-6306	
	남원국토관리사무소	전북 남원시 이백로 13	063-620-2900	
경상남북도	부산지방국토관리청	부산시 동구 초량중로 67	051-660-1224	
	진주국토관리사무소	경남 진주시 남강로 50	055-740-2690	
	대구국토관리사무소	대구시 북구 학정로1길 54	053-605-6000	
	진영국토관리사무소	경북 포항시 북구 흥해읍 용전길 141	054-261-7566	
	영주국토관리사무소	경남 김해시 진영읍 하계로 70	054-630-0013	
	포항국토관리사무소	경북 영주시 장수면 장수로 342번길 75	055-343-2475	
강원도	원주지방국토관리청	강원도 원주시 북원로 2236	033-760-5660	
	홍천국토관리사무소	강원도 홍천군 홍천읍 태학여내길 32	033-430-9110	
	강릉국토관리사무소	강원도 강릉시 성산면 경강로 1247	033-650-8800	
	정선국토관리사무소	강원도 정선군 정선읍 와평1길 6	033-560-0700	

출처 : 국토교통부

따라서 해당 토지는 김천이므로 경상남북도의 제일 상위 기관인 부산지방국토관리청 홈페이지의 알림마당에서 고시·공고를 찾아봅니다. 확인해보니 '김천시 국도대체우회도로'라고 공고가 있네요.

김천시 국도대체우회도로

출처 : 부산지방국토관리청

공고에 들어가보면 도로의 종류, 노선명, 도로구간, 지정의 이유, 위치도 그리고 별첨으로 토지 편입조서 등이 상세히 기재되어 있습니다. 내용을 꼼꼼히 읽어보고 어떤 종류의 도로가 생기는지, 구간은 어떻게 되는지 등 필요한 정보를 취해야 합니다.

개통 도로구간이 옥률에서 대룡까지입니다. 자동차 전용도로이다보니 교차로는 없을 것 같습니다. 참고로 연장 6.95km 중 진·출입 구간이 있는지 여부는 국토교통부의 정보공개를 통해서 확인이 가능합니다.

자동차 전용도로 지정에 따른 행정예고

부산지방국토관리청 공고 제2017 - 162호

자동차전용도로 지정에 따른 행정예고

김천시 국도대체우회도로(옥률~대룡) 신설구간이 2023년 6월중 준공 예정으로 원활한 교통소통 확보를 위해 「도로법」 제48조 및 동법 「시행령」 제46조 규정에 의거 자동차전용도로로 지정하기 위하여 「자동차전용도로 지정에 관한 지침」 제6조 및 「행정절차법」 제46조의 규정에 따라 이해관계인 및 지역주민들의 의견을 수렴하고자 다음과 같이 행정예고 합니다.

2017년 08월 25일

부산지방국토관리청장

1. 도로의 종류 : 일반국도

2. 노 선 명 : 김천시 국도대체우회도로(옥률~대룡)

3. 도로구간
   ○ 시점 : 경상북도 김천시 어모면 옥률리
   ○ 종점 : 경상북도 김천시 대항면 대룡리
   ○ 연장 : 6.95㎞

4. 통행의방법 : 자동차전용도로에서는 차량*만을 사용하여 통행하거나 출입하여야 함.
   * 차량 : 「자동차관리법」 제2조제1호에 따른 자동차
   　　　　 「건설기계관리법」 제2조제1항제1호에 따른 건설기계

5. 지정의 이유 : 차량의 능률적인 운행과 원활한 교통소통 확보

6. 당해구간을 연결하는 일반교통용 다른도로
   ○ 어모교차로(군도25호선)↔남산교차로(국도3호선)↔직지교사거리
   (국도3호선)↔김천시 포도홍보관(국도4호선) 연결

7. 위 자동차전용도로에 허가 없이 다른 도로, 통로, 기타시설을 연결하는 자 또는 자동차를 이용하는 이외의 방법으로 통행하거나 출입한 자는 도로법 제114조 및 제115조의 규정에 의하여 처벌받습니다.

출처 : 부산지방국토관리청

토통령의 답이 정해져 있는 땅 투자

77	경상북도 김천시 어모면 옥율리	75-1	75-4	전	1,435	710	1/1	개인
78	경상북도 김천시 어모면 옥율리	76-1	76-4	전	614	433	1/1	개인
79	경상북도 김천시 어모면 옥율리	77-1	77-4	전	416	329	1/1	개인
80	경상북도 김천시 어모면 옥율리	80	80-3	과수원	2,683	537	804.9/2683	개인
80	경상북도 김천시 어모면 옥율리	80	80-3	과수원	2,683	537	536.6/2683	개인
80	경상북도 김천시 어모면 옥율리	80	80-3	과수원	2,683	537	536.6/2683	개인
80	경상북도 김천시 어모면 옥율리	80	80-3	과수원	2,683	537	804.9/2683	개인
81	경상북도 김천시 어모면 옥율리	82	82-2	과수원	3,437	32	1718.5/3437	개인
81	경상북도 김천시 어모면 옥율리	82	82-2	과수원	3,437	32	1718.5/3437	개인
82	경상북도 김천시 어모면 옥율리	90	90-2	전	2,484	282	1/1	개인
83	경상북도 김천시 어모면 옥율리	91-8	91-10	전	227	9	1/1	개인
84	경상북도 김천시 어모면 옥율리	91-6	91-9	전	1,772	5	1/1	개인
85	경상북도 김천시 어모면 옥율리	92	92-4	잡종지	595	439	1/1	개인
86	경상북도 김천시 어모면 옥율리	92-1	92-5	잡종지	1,115	67	1/1	개인
87	경상북도 김천시 어모면 옥율리	92-1	92-6	잡종지	1,115	42	1/1	개인
88	경상북도 김천시 어모면 옥율리	92-3	92-7	대	334	321	1/1	개인
89	경상북도 김천시 어모면 옥율리	93	93	전	1,457	1,457	1/1	개인
90	경상북도 김천시 어모면 옥율리	94	94	전	2,485	2,485	1/1	개인
91	경상북도 김천시 어모면 옥율리	95	95	전	390	390	1/1	개인
92	경상북도 김천시 어모면 옥율리	96	96	전	260	260	1/1	개인
93	경상북도 김천시 어모면 옥율리	116	116	잡종지	610	610	1/1	개인
94	경상북도 김천시 어모면 옥율리	116-1	116-1	잡종지	331	331	1/1	개인
95	경상북도 김천시 어모면 옥율리	116-2	116-2	잡종지	331	331	1/1	개인
96	경상북도 김천시 어모면 옥율리	116-3	116-3	잡종지	239	239	1/1	개인
97	경상북도 김천시 어모면 옥율리	117	117	잡종지	450	450	1/1	개인
98	경상북도 김천시 어모면 옥율리	117-1	117-1	목장용지	393	393	195/393	개인
98	경상북도 김천시 어모면 옥율리	117-1	117-1	목장용지	393	393	198/393	개인
99	경상북도 김천시 어모면 옥율리	119-1	119-1	전	569	569	1/53	개인

출처 : 부산지방국토관리청

위치도를 통해 정확한 구간과 주변 위치를 확인합니다. 사례에서는 도로개설 공고가 나서 인근 토지가 이미 국유지로 편입되었습니다만, 사전에 이런 사실을 알고 해당 토지를 선점했다면 꽤 괜찮은 투자 성과를 거둘 수 있었겠죠.

이처럼 관심 있는 지역의 도로 개통 여부를 알고 싶다면 각 지방

김천시 국도대체우회도로(옥률~대룡)

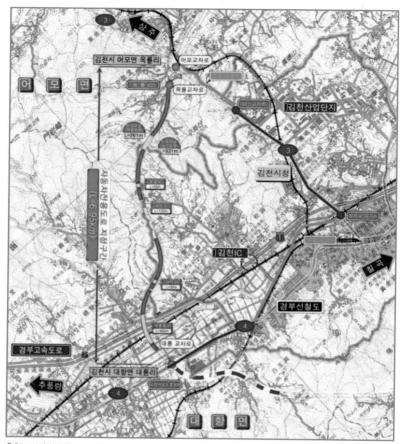

출처 : 부산지방국토관리청

국토관리청, 관할지자체, 한국감정원 홈페이지의 고시·공고를 자주 열람해야 합니다. 매번 관보, 지방국토관리청, 관할지자체, 한국감정원 홈페이지에 들어가서 체크하는 것이 결코 쉬운 일은 아닙니다. 하지만 돈을 버는 데 있어 그만한 노력도 없이 쉽게 벌리지 않겠지요. 남들보다 발 빠르게 움직여 정보를 취해야 부동산 투자로 성공할 수 있습니다.

용도지역의 교차점 찾기
- 어떤 건물을 지을 수 있을까?

03

토지 투자는 아파트 투자에 비해 알아보고 확인해봐야 할 것이 많습니다. 관련 법규와 조례도 많고 그만큼 사례도 다양합니다. 그래서 다들 토지 공부가 어렵다고 합니다.

그러나 책에서 제시한 표에서 몇 가지 교차점을 찾아 맞춰가다 보면 토지 투자에 대해 쉽게 이해되실 것입니다. 처음에는 부담 없이 소액으로 투자를 연습하다가 어느 정도 숙달이 되면 점진적으로 투자 금액을 늘려가면 됩니다.

본격적으로 땅에 대한 이야기를 하기 전, 간단한 상상을 해봅시다. 과일을 사러 가는 것입니다. 과일을 어디서 살까요? 시장이나 마트에 갈 수도 있고, 백화점에서 살 수도 있습니다. 요즘은 인터넷으로도 주문할 수 있겠네요. 과일 종류도 여러 가지가 있습니다. 수박도 있고, 참외도 있고, 사과, 배, 갖가지 과일들이 전시되어 있으며 가격이 싸긴 하지만 상품가치는 다소 떨어지는 못난이 과일도 있습니다. 어디서, 어떤 과일을 살지 선택하는 것이 여러분이 할 일입니다. 마음에 드는 과일을 고르셨습니까?

난데없이 왜 과일타령이냐구요? 과일 가게를 경매법원, 온비드 공매, 파산공매, 중개업소로, 과일은 매각 물건 즉, 매물이라고 생각하면 어떻게 될까요?

자, 저는 사과를 골랐습니다. 정상적으로 판매되는 사과는 2,000원입니다. 옆 가게에 비슷해 보이는 사과가 조금 더 비싸기도 하고, 또 다른 가게에 가니 조금 더 저렴한 것도 있습니다. 썩은 사과는 그 부위와 크기에 따라 값이 다릅니다. 사과의 절반이 썩었으면 1,000원, 30% 썩었으면 1,400원이 되어야겠지요. 시장에서 콩나물 한 줌을 살 때도 가격을 흥정하듯, 토지도 모양이나 형태 등에 흠이 있을 때 주변 시세를 파악해 낮은 금액에 매수해야 합니다.

썩은 사과를 1,000원에 사서 그냥 1,100~1,200원에 팔 수도 있고, 가공해서 사과잼을 만들거나 주스로 만들어 2,000~3,000원에 팔 수도 있습니다. 이렇게 얼마에 사서 얼마에 팔 수 있을까를 많이 고민하고, 또 고민해야 합니다.

이제 본격적으로 토지에 대해 알아볼까요? 아무 땅이라도 좋으니 여러분 소유의 땅이 있다고 생각해보세요. 그리고 이 땅에 무엇을 건축하면 좋을지 여러분 나름대로 생각해보시기 바랍니다. 시골집, 전원주택, 빌라, 상가, 아파트 등 무엇을 지어야 할지 혹은 무엇을 해야 제일 효율적이고 또 최고의 수익을 낼 수 있을지 생각해보십시오.

여기서 주의해야 할 점은 사과를 샀으면 사과 그대로를 다시 되팔거나, 사과 주스 또는 사과잼을 만들어야 한다는 것입니다. 사과를 사서 배 주스를 만들거나 수박 주스를 만들어 팔 수는 없다는 말입니다. 이게 무슨 이야기일까요? 어떤 건물을 지을 수 있는지 없는지, 즉 각 토지마다 용도지역이 다 정해져 있다는 말입니다. 그러면 용도지역은 무엇이고, 어떤 종류가 있을까요? 한번 알아보도록 합시다.

용도지역이란?

'국토의 계획 및 이용에 관한 법률(국토계획법)' 제6조는 국토를 토지의 이용실태 및 특성, 장래의 토지이용방향 등을 고려하여 ① 도시지역 ② 관리지역 ③ 농림지역 ④ 자연환경보전지역 4종류의 용도지역으로 구분한다. 그리고 도시지역은 주거지역, 상업지역, 공업지역, 녹지지역으로, 관리지역은 보전관리지역, 생산관리지역, 계획관리지역으로 구분하여 도시관리계획으로 지정한다(국토계획법 제36조). 주거지역은 전용주거지역, 일반주거지역, 준주거지역으로, 상업지역은 중심상업지역, 일반상업지역, 근린상업지역, 유통상업지역으로, 공업지역은 전용공업지역, 일반공업지역, 준공업지역으로, 녹지지역은 보전녹지지역, 생산녹지지역, 자연녹지지역으로 세분하여 지정되어 있다. 용도지역 안에 공공의 안녕질서와 도시기능의 증진을 위하여 국토교통부장관 또는 시·도지사는 경관지구, 고도지구, 방화지구, 방재지구, 보호지구, 취락지구, 개발진흥지구, 특정용도제한지구, 복합용도지구의 용도지구를 지정할 수 있다(국토계획법 제37조).

또한 개발제한구역, 도시자연공원구역, 시가화조정구역, 수산자원보호구역을 지정할 수 있다(동법 제38~40조). 국토교통부장관, 시·도지사, 시장 또는 군수는 ① 녹지지역 또는 계획관리지역으로서 수목이 집단적으로 생육되고 있거나 조수류 등이 집단적으로 서식하고 있는 지역 또는 우량농지 등으로 보전할 필요가 있는 지역, ② 개발행위로 인하여 주변의 환경·경관·미관·문화재 등이 크게 오염되거나 손상될 우려가 있는 지역, ③ 도시기본계획 또는 도시관리계획을 수립하고 있는 지역으로서 당해 도시기본계획 또는 도시관리계획이 결정될 경우 용도지역·용도지구 또는 용도구역의 변경이 예상되고 그에 따라 개발행위허가의 기준이 크게 달라질 것으로 예상되는 지역, ④ 지구단위계획구역으로 지정되어 지구단위계획을 수립하고 있는 지역, ⑤ 기반시설부담구역으로 지정되어 기반시설부담계획을 수립하고 있는 지역의 경우 도시계획위원회의 심의를 거쳐 1회에 한하여 3년 이내의 기간 동안 개발행위허가를 제한할 수 있다(동법 제63조).

색깔로 보는 용도지역

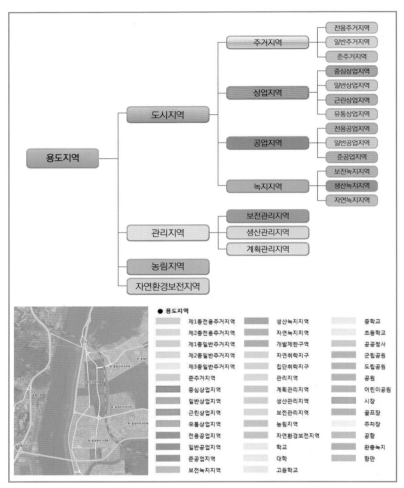

출처 : 카카오맵

　　지적도가 익숙해지면 색깔만 봐도 용도지역을 알 수 있습니다. 그러면 용도지역에 따라 어떤 건물을 지을 수 있는지에 대해 알아보겠습니다. 특정 용도지역은 법으로 행위제한을 뒀습니다. 예를 들어 농림지역은 농사짓는 용도이니 농사만 지어야 합니다. 커피

전문점을 짓고 싶어도 짓지 못합니다. 관심 토지가 농림지역에 있으면 '이 땅을 낙찰받아서 상가를 지어 커피전문점이나 음식점을 입점시켜야지' 하고 생각하면 안 된다는 것입니다.

자, 이제부터 용도지역을 쉽게 이해하는 법을 알려드리겠습니다. 격자로 교차점만 맞춰보면 되므로 어렵지 않게 용도지역별로 건축 가능한 건축물을 확인할 수 있습니다. 용도지역별 건축기준 조견표에서 가로줄은 용도지역을 나타내고, 세로줄은 건축 가능한 건축물을 나타냅니다.

용도지역별 건축기준 조견표
(시행령 제71조 별표2~별표22)

범례)

1. ● : 국토의 계획 및 이용에 관한 법률 시행령에서 건축 허용

2. ▲ : 국토의 계획 및 이용에 관한 법률 시행령에서 건축이 허용되나 면적이 제한되는 경우 또는 그 종류가 제한적으로 한정되어 허용

3. ○ : 도시·군계획조례로서 건축 허용

4. △ : 도시·군계획조례로서 건축이 허용되나 면적이 제한되는 경우 또는 그 종류가 제한적으로 한정되어 허용

5. X : 건축 금지(국토의 계획 및 이용에 관한 법률 시행령이나 도시·군계획조례가 금지)

6. 자세한 내용은 국토의 계획 및 이용에 관한 법률 시행령을 확인하세요.

용도지역별 건축기준 조견표

건축법 시행령 [별표 1] 용도별 건축물의 종류(제3조의5 관련)

용도	건축물 등 세부용도	주거지역					준주거
		전용		일반			
		1종	2종	1종	2종	3종	
	용도지역 안에서의 건폐율 한도(%)	50	50	60	60	50	70
	용도지역 안에서의 용적율 한도(%)	50~100	100~150	100~200	150~250	200~300	200~5(0
	[국토의 계획 및 이용에 관한 법률 시행령] 별표	별표2	별표3	별표4	별표5	별표6	별표7
단독주택	단독주택. 다중주택 660㎡이하	●	●	●	●	●	●
	다가구주택 660㎡이하. 3개층이하. 19세대 이하	○	●	●	●	●	●
공동주택	아파트: 주택으로 쓰는 층수가 5개 층 이상인 주택	x	●	x	●	●	●
	연립주택 660㎡초과 4개층 이하	○	●	●	●	●	●
	다세대주택	○	●	●	●	●	●
1종 근린생활시설	슈퍼마켓과 일용품 등 소매점 1000㎡미만	●	●	●	●	●	●
	휴게음식점, 제과점 등 음료·차(茶)·음식·빵·떡·과자 등을 조리, 제조해 판매하는 시설 300㎡미만	▲	▲	●	●	●	●
	이용원, 미용원, 목욕장, 세탁소 등 사람의 위생관리나 의류 등을 세탁·수선 시설	●	●	●	●	●	●
	의원, 치과의원, 한의원, 침술원, 접골원(接骨院), 조산원, 안마원, 산후조리원 등	●	●	●	●	●	●
	탁구장, 체육도장 500㎡ 미만	▲	●	●	●	●	●
2종 근린생활 시설	금융업소, 사무소, 중개업소, 소개업소, 출판사 등 500㎡ 미만	x	x	●	●	●	●
	서점(제1종 근린생활시설에 해당하지 않는 것)	x	x	●	●	●	●
	사진관, 표구점, 학원등 500㎡미만	x	x	●	●	●	●
	휴게음식점, 제과점,음료·차(茶)·음식·빵·떡·과자 등을 조리, 제조해 판매하는 시설 300㎡이상	x	x	●	●	●	●
	일반음식점	x	x	●	●	●	●
	장의사, 동물병원, 동물미용실, 그 밖에 이와 유사한 것	x	x	●	●	●	●
	테니스장, 체력단련장, 에어로빅장, 볼링장, 당구장, 실내낚시터, 골프연습장, 놀이형시설등 주민의 체육 활동을 위한 시설 500㎡ 미만	x	x	●	●	●	●
	제조업소, 수리점 등 물품의 제조·가공·수리 등을 위한 시설	x	x	●	●	●	●
	단란주점 150㎡ 미만	x	x	x	x	x	●
	안마시술소, 노래연습장	x	x	△	△	△	●
공장	물품의 제조·가공 또는 수리에 계속적으로 이용되는 건축물	x	x	△	△	△	△
창고시설	창고(일반창고와 냉장 및 냉동 창고 포함)	x	x	△	△	△	△
위험물 저장시설	주유소(기계식 세차설비를 포함한다) 및 석유 판매소	x	x	△	△	△	△
	액화석유가스 충전소·판매소·저장소(기계식 세차설비를 포함)	x	x	△	△	△	△
위락시설	유흥주점으로서 제2종 근린생활시설에 해당하지 아니하는 것	x	x	x	x	x	x
	무도장, 무도학원	x	x	x	x	x	x
숙박시설	일반숙박시설 및 생활숙박시설	x	x	x	x	x	x
자동차	주차장	○	○	○	○	○	○
	세차장	x	x	△	△	△	○
	매매장.정비공장	x	x	x	x	x	x
	운전학원 및 정비학원(운전 및 정비 관련 직업훈련시설을 포함)	x	x	x	x	x	x
자원순환	고물상,분뇨,폐기물 처리시설, 폐기물 재활용시설	x	x	x	x	x	x
문화 및 집회시설	공연장으로서 제2종 근린생활시설에 해당하지 아니하는 것	x	x	△	△	△	●
	동·식물원(동물원, 식물원, 수족관, 그 밖에 이와 비슷한 것을 말한다)	x	x	x	x	x	x
의료시설	병원(종합병원, 병원, 치과병원, 한방병원, 정신병원 및 요양병원)	x	x	●	●	●	●

또는 종류가 제한적 허용 견적 또는 종류가 제한적 허용	참고 법령 [시행일]	국토계획법 시행령 제71조 별표2~22[요약] ※건축물 세부용도는 자주 사용하는 부분만 발췌함

도시지역										비도시지역				
상업지역				공업지역			녹지지역			관리지역			농림지역	자연환경보전
중심	일반	근린	유통	전용	일반	준	보전	생산	자연	보전	생산	계획		
90	80	70	80	70	70	70	20	20	20	20	20	40	20	20
00~1500	300~1300	200~900	200~1100	150~300	200~350	200~400	50~80	50~100	50~100	50~80	50~80	50~100	50~80	50~80
별표8	별표9	별표10	별표11	별표12	별표13	별표14	별표15	별표16	별표17	별표18	별표19	별표20	별표21	별표22
△	○	●	X	X	○	○	○	●	●	●	●	●	▲(농어가)	▲(농어가)
△	○	●	X	X	○	X	X	●	●	●	●	●	▲(농어가)	▲(농어가)
○	●	▲	X	X	X	○	X	X	X	X	X	X	X	X
○	●	○	X	X	X	○	X	○	○	X	○	○	X	X
○	●	○	X	X	X	○	X	○	○	X	○	○	X	X
●	●	●	●	●	●	●	△	●	●	○	○	○	○	X
●	●	●	●	●	●	●	△	●	●	X	X	○	X	X
●	●	●	●	●	●	●	△	●	●	○	○	○	○	X
●	●	●	●	●	●	●	●	●	●	○	○	○	○	X
●	●	●	●	●	●	●	○	●	●	○	○	○	○	X
●	●	●	○	●	●	○	X	△	●	○	X	○	○	X
●	●	●	○	●	●	○	X	△	●	○	○	○	○	X
●	●	●	○	●	●	○	X	△	●	○	○	●	○	X
●	●	●	○	○	●	●	X	△	●	X	X	△	X	X
●	●	●	○	○	●	●	X	△	●	X	X	△	X	X
●	●	●	X	●	●	●	X	△	●	X	X	○	X	X
●	●	●	○	●	●	●	X	△	●	X	X	○	X	X
●	●	●	○	●	●	●	X	△	●	X	X	○	X	X
●	●	●	○	X	X	X	X	X	△	X	X	X	X	X
●	●	●	○	○	●	●	X	△	●	○	○	●	○	X
△	△	△	X	●	●	▲	X	△	△	△	△	▲	X	X
○	●	○	●	●	●	●	▲	●	●	△	▲	●	▲	X
○	○	○	○	●	●	●	X	○	○	○	○	○	X	X
△	△	△	△	●	●	●	○	○	○	○	○	○	X	X
●	●	●	●	X	○	X	X	X	X	X	X	X	X	X
X	X	X	●	X	X	X	X	X	X	X	X	X	X	X
●	●	●	●	●	●	○	X	X	○	X	X	△	X	X
○	○	○	○	●	●	●	X	X	X	X	X	○	X	X
○	○	○	○	●	●	●	X	X	○	X	X	○	X	X
○	○	X	○	●	●	●	X	X	○	X	X	○	X	X
○	○	X	○	●	●	●	X	○	○	X	○	○	X	X
X	X	X	X	●	●	●	X	○	○	X	○	●	○	X
●	●	○	○	X	X	○	X	X	X	X	X	○	X	X
●	●	○	○	X	X	○	X	X	○	X	X	○	X	X
○	●	●	X	○	○	●	○	X	●	○	○	○	X	X

정확한 용도지역은 토지이음에서 확인할 수 있습니다. 토지 공법에 있어 토지이음 사이트는 필수입니다. 꼭 즐겨찾기에 추가해두세요. 뒤에서 자세히 언급하겠지만 이 책에서 알려주는 사이트들은 토지 투자 시 찾아봐야 할 사이트입니다. 필요할 때마다 해당 사이트로 바로 갈 수 있도록 반드시 즐겨찾기에 넣어두시길 권합니다.

토지이음에서 용도지역 확인하기

출처 : 토지이음

토지이음에 관심물건 주소지를 입력하고 열람 버튼을 클릭하면 토지이용계획확인원이 나옵니다. 국토의 계획 및 이용에 관한 법률에 따른 지역·지구 등에서 제1종전용주거지역인 것을 확인했습니다. 그럼 용도지역별 건축조건표를 따라 교차점을 맞춰볼까요.

건축법 시행령 [별표 1] 용도별 건축물의 종류(제3조의5 관련)		주거지역						상업지역		도시지역
		전용		일반			준주거	중심	일반	근린
용도	건축물 등 세부용도	1종	2종	1종	2종	3종				
	용도지역 안에서의 건폐율 한도(%)	50	50	60	60	50	70	90	80	70
	용도지역 안에서의 용적율 한도(%)	50~100	100~150	100~200	150~250	200~300	200~500	400~1500	300~1300	200~900
	[국토의 계획 및 이용에 관한 법을 시행령] 별표	별표2	별표3	별표4	별표5	별표6	별표7	별표8	별표9	별표10
단독주택	단독주택, 다중주택 660m²이하	●	●	●	●	●	●	△	○	●
	다가구주택 660m²이하. 3개층이하. 19세대 이하	○	●	●	●	●	●	△	○	●
공동주택	아파트: 주택으로 쓰는 층수가 5개 층 이상인 주택	×	×	×	●	●	●	●	●	▲
	연립주택 660m² 초과 4개층 이하	○	●	●	●	●	●	○	●	○
	다세대주택	○	●	●	●	●	●	○	●	●
1종 근린생활시설	슈퍼마켓과 일용품 등 소매점 1000m²미만	●	●	●	●	●	●	●	●	●
	휴게음식점, 제과점 등 음료·차(茶)·음식·빵·떡·과자 조리, 제조와 판매하는 시설 300m²미만	▲	▲	●	●	●	●	●	●	●
	이용원, 미용원, 목욕장, 세탁소 등 사람의 위생관리나 의류 등을 세탁·수선 시설	●	●	●	●	●	●	●	●	●
	의원, 치과의원, 한의원, 침술원, 접골원(接骨院), 조산원, 안마원, 산후조리원 등	▲	▲	●	●	●	●	●	●	●
	탁구장, 체육도장 500m² 미만	▲	▲	●	●	●	●	●	●	●

세로줄 지을 수 있는 건축물 종류 　　　　　가능 여부

　　가로줄의 1종전용주거지역과 세로줄의 건축 가능한 건축물을 보면 어떤 건물을 지을 수 있고, 또 어떤 건물은 지을 수 없는지 쉽게 확인할 수 있습니다.

조견표에 1종전용 주거지역에 건축할 수 있는 건축물 ●색 동그라미
(단독주택, 다중주택 등 ● 건축 가능함)
(다가구주택은 ○ 표시로 ○ 당해 도시계획조례가(각지방자치단체 조례) 정하는 바에 의하여 건축할 수 있는 건축물을 지을 수 있다고 되어 있습니다)
○ 표시일 때는 지자체 조례마다 건축 가능 여부가 다르니 관심 토지가 속한 지방자치단체 건축 허가과에 문의하면 친절히 알려줄 것입니다.

용도	건축물 등 세부용도	주거지역					준주거
		전용		일반			
		1종	2종	1종	2종	3종	
	용도 지역안에서의 건폐율 한도(%)	50	50	60	60	50	70
	용도 지역안에서의 용적율 한도(%)	50~100	100~150	100~200	150~250	200~300	200~500
위락시설	유흥주점으로서 제2종 근린생활시설에 해당하지 아니하는 것	×	×	×	×	×	×
	무도장, 무도학원	×	×	×	×	×	×
숙박시설	일반숙박시설 및 생활숙박시설	×	×	×	×	×	×

관심 토지에 유흥주점을 짓고 싶다고 가정하면, × 표시입니다. 위락시설인 유흥주점은 법령에 의해 1종전용주거지역에 건축할 수 없는 건축물로 분류되어 있습니다. 요약하자면,

1. 토지이용계획확인원에서 용도지역을 확인
2. 조견표 교차점을 맞춰보고 어떤 건물을 지을 수 있는지 확인

머릿속에 외우지 않아도 표로 확인할 수 있습니다. 이제 용도별 조견표에 따라 무슨 건물을 지을 수 있는지 이해가 되시나요?

건폐율과 용적률은 무엇일까?

건폐율은 대지면적에 대한 건축면적의 비율입니다. 예를 들면 대지가 100㎡이고 건축면적이 60㎡라면 건폐율은 60/100으로 60%가 됩니다.

용적률은 대지면적에 대해 지하층을 제외한 지상층 면적의 합계(연면적)의 비율입니다. 예를 들면, 대지면적이 100㎡이고, 지하층부터 지상 4층까지 각 층별 바닥면적이 50㎡일 경우, 먼저 지하층의 면적은 제외한 경우 1~4층 면적의 합이 50㎡×4=200㎡이므로 용적률은 (지상층의 면적합/대지면적)×100=(200/100)×100=200%가 됩니다.

다음 자료를 보면 용도지역의 건폐율과 용적률이 표기되어 있습니다.

건폐율과 용적률

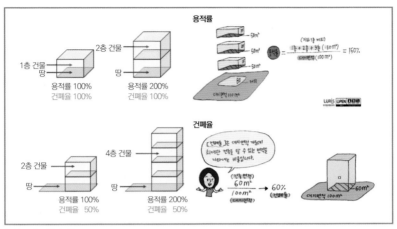

출처 : 나무위키, 루리스

　다음 페이지의 자료에서 관리지역 중 계획관리지역의 건폐율이 40% 이하, 용적률이 50% 이상 100% 이하라고 되어 있습니다. $200m^2$의 대지라면 바닥면적 $80m^2$ 이하로 건축이 가능합니다. 위로 쌓아 올릴 수 있는 연면적은 용적률이 100% 이하이므로 200 m^2입니다. 최대 1층 $80m^2$, 2층 $80m^2$, 3층 $40m^2$ 건축이 가능하다는 것입니다.

　건폐율과 용적률은 '국토의 계획 및 이용에 관한 법률'에서 정한 범위 안에서 특별시·광역시·특별자치시·특별자치도·시 또는 군의 조례로 정합니다. 지자체마다 용적률과 건폐율에 조금씩 차이가 있을 수 있습니다. 그리고, 지구단위계획을 수립하는 경우 건폐율과 용적률을 완화해서 적용할 수 있습니다.

　건폐율(넓이)과 용적률(높이)의 퍼센트가 높다는 것은 건물을 지을 수 있는 면적이 넓고, 높아진다는 것을 의미합니다. 따라서 건폐율과 용적률의 퍼센트가 높고, 건물을 다양하게 지을 수 있는

용도지역별 건폐율과 용적률

용도지역			건폐율	용적률
도시지역	주거지역	제1종전용주거지역	50% 이하	50% 이상 100% 이하
		제2종전용주거지역	50% 이하	100% 이상 150% 이하
		제1종일반주거지역	60% 이하	100% 이상 200% 이하
		제2종일반주거지역	60% 이하	150% 이상 250% 이하
		제3종일반주거지역	50% 이하	200% 이상 300% 이하
		준주거지역	70% 이하	200% 이상 500% 이하
	상업지역	중심상업지역	90% 이하	400% 이상 1,500% 이하
		일반상업지역	80% 이하	300% 이상 1,300% 이하
		근린상업지역	70% 이하	200% 이상 900% 이하
		유통상업지역	80% 이하	200% 이상 1,100% 이하
	공업지역	전용공업지역	70% 이하	150% 이상 300% 이하
		일반공업지역		200% 이상 350% 이하
		준공업지역		200% 이상 400% 이하
	녹지지역	보전녹지지역	20% 이하	50% 이상 80% 이하
		생산녹지지역		50% 이상 100% 이하
		자연녹지지역		50% 이상 100% 이하
관리지역	보전관리지역		20% 이하	50% 이상 80% 이하
	생산관리지역 지역		20% 이하	50% 이상 80% 이하
	계획관리지역		40% 이하	50% 이상 100% 이하
	미세분지역		보전관리지역과 동일	
농림지역			20% 이하	50% 이상 80% 이하
자연환경보전지역			20% 이하	50% 이상 80% 이하

출처 : 국토의 계획 및 이용에 관한 법률

용도지역일수록 토지의 가격도 높아집니다. 이런 이유로 도시지역의 땅이 비도시지역에 비해 토지 시세가 월등히 높게 형성됩니다. 토지의 가격은 상업·공업 > 주거 > 녹지·계획관리 > 보전관리 > 자연환경·생산관리 > 농림지역 순으로 형성되어 있습니다. 이렇게 토지의 용도지역과 건폐율·용적률을 확인해보았습니다. 이해가 되셨지요?

건축법상의 도로

04

토지 투자를 할 때 꼭 알아야 할 것이 있습니다. 바로 도로입니다. 내가 취득하고자 하는 땅에 도로가 붙어 있는지 아닌지가 매우 중요합니다. 땅 모양이나 용도지역이 아무리 좋아도 연결되는 길이 없으면 건축할 수가 없기 때문입니다.

처음 토지 투자를 할 때 제일 많이 하는 실수가 땅 생김새에 혹해서 현황도로를 보고 도로에 붙은 땅으로 오인하는 경우입니다. 비도시지역에서는 현황 3m 이상 도로에 접하면 건축이 가능하지만, 만일 도시지역(주거·상업·공업·녹지)과 비도시지역의 동 또는 읍 지역일 경우 현황도로로 건축이 불가능한 경우도 허다합니다. 물론, 지자체 조례마다 건축허가 기준은 조금씩 다르지만, 도로에 대한 판단 실수로 건축하지 못하는 피해를 막기 위해서는 건축법상의 도로 기준을 알아야 합니다.

건축법상의 도로 규정

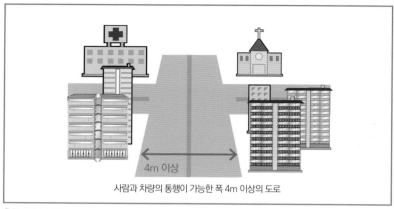

4m 이상

사람과 차량의 통행이 가능한 폭 4m 이상의 도로

출처 : 저자 작성

다음은 건축법상의 도로 규정 전문입니다. 전부 다 외우지는 못하더라도 익혀두시는 것이 좋습니다.

건축법상의 도로

'건축법'에 의한 도로란 보행과 자동차 통행이 가능한, 너비 4m 이상의 다음에 해당하는 도로나 그 예정 도로를 말한다.

1. '국토의 계획 및 이용에 관한 법률', '도로법', '도법', 그 밖의 관계 법령에 따라 신설 또는 변경에 관한 고시가 된 도로
2. 건축허가 또는 신고 시에 특별시장·광역시장·특별자치시장·도지사·특별자치 도지사 또는 시장·군수·구청장이 위치를 지정하여 공고한 도로

만약, 지형적으로 자동차 통행이 불가능하거나 막다른 도로인 경우에는 '건축법 시행령'으로 정하는 다음의 구조와 너비 기준을 만족해야 도로로 인정된다.

1. 특별자치시장·특별자치도지사 또는 시장·군수·구청장이 지형적 조건으로 차량통행을 위한 도로의 설치가 곤란하다고 인정하여 그 위치를 지정·공고하는 구간 안의 너비 3m 이상인 도로(길이가 10m 미만인 막다른 도로인 경우에는 너비 2m 이상)
2. 제1호에 해당하지 아니하는 막다른 도로로서 해당 도로의 너비가 그 길이에 따라 각각 다음 표에 정하는 기준 이상인 도로

막다른 도로의 길이	도로의 너비
10m 미만	2m
10m 이상 35m 미만	3m
35m 이상	6m(도시지역이 아닌 읍·면지역에서는 4m)

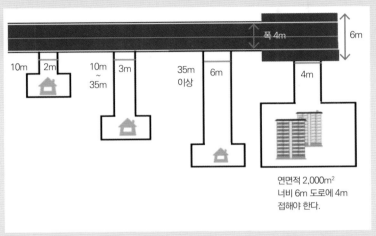

출처 : 저자 제공

'건축법'에서는 건축물의 높이 제한, 건축선 등 도로를 기준으로 적용하는 규정들이 다수 존재하기 때문에 이러한 규정을 명확히 적용하기 위해 도로를 별도로 명확히 정의하고 있다.

또한, 건축 허가 시 지적도에 도로로 표기되어 있지는 않지만 오랫동안 주민의 통행로로 이용되어온 현황도로를 도로로 공고해 인정할 수 있도록 해서 건축물로의 출입로를 확보할 수 있도록 하고 있다.

건축물을 건축할 때에는 최소한 해당 대지의 2m 이상이 도로에 접해야 한다. 만약, 연면적의 합계가 2,000㎡ 이상인 건축물의 대지는 너비 6m 이상의 도로에 4m 이상 접해야 한다. 이때 자동차전용도로는 제외하며, 해당 건축물의 출입에 지장이 없다고 인정되는 경우, 건축물의 주변에 광장·공원·유원지, 기타 관계 법령에 의해 건축이 금지되고, 공중의 통행에 지장이 없다고 허가권자가 인정한 공지가 있는 경우, '농지법'에 따른 농막을 건축하는 경우는 예외이다.

05 아이템을 장착하자
- 즐겨찾기에 꼭 등록하자

　매년 경·공매로 수만 건의 매각 물건이 나옵니다. 이 많은 매각 물건 중 돈이 되는 물건을 최대한 많이, 또 최대한 빨리 파악해야 합니다. 얼마나 많은 물건을 자기 것으로 만드는가에 따라 돈을 벌 수 있는 기회가 남들보다 더 많아집니다.

　토지는 똑같은 것이 하나도 없습니다. 주식처럼 여러 명에게 매수 기회가 주어지는 것도 아닙니다. 오로지 단 한 개의 물건을 단 한 사람만이 취득할 수 있습니다. 다른 사람이 나의 관심 물건을 낙찰받아 갔다고 실망한 적 있으셨나요? 다시 새 물건을 찾느라고 시간을 들이지는 않았나요? 미리 많은 물건을 파악해두었다면 누가 내 관심 물건을 낙찰받았어도 나는 다른 관심 물건에 입찰해버리면 그만입니다. 따라서 시간이 날 때마다 쇼핑하듯 물건을 찾는 습관을 들이십시오. 당장에 입찰하지 않아도 좋으니 미리미리 찾아놓는 것입니다. 경·공매 투자는 시간과의 싸움입니다. 이제부터 전국 방방곡곡에 숨어 있는 돈 되는 부동산을 찾기 위한 나만의 아이템을 장착해봅시다.

유료 경매 사이트

유료 경매 사이트에서는 온비드나 경매법원 사이트에서 제공하지 않는 등기사항전부증명서, 세대열람서, 권리분석 등 좀 더 세밀한 부분까지 확인할 수 있습니다.

옥션원, 지지옥션, 탱크옥션, 두인경매 등 각 사이트마다 무료 체험이 가능하니, 체험 후 자신의 스타일에 맞는 사이트를 이용하는 것이 좋을 듯합니다.

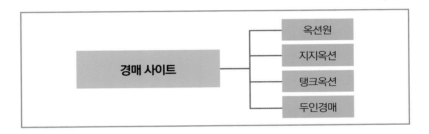

지도 포털

1. 카카오맵(https://map.kakao.com)

스카이뷰 기능

2008년부터 최근까지 변화된 모습을 항공사진으로 볼 수 있습니다. 특히 과거와 현재를 비교해보면서 임야의 경우 분묘의 존재 여부를 쉽게 확인 가능합니다. 그리고 발전되기 전 지역의 모습과 현재의 모습을 비교 분석하기 쉽습니다.

지적도 편집 기능

지적도 편집은 주요 용도지역을 쉽게 알려줍니다. 관심 토지가 도시지역으로부터 얼마나 떨어져 있는지 쉽게 알 수 있습니다. 지적도 편집을 꾸준히 보면서 색상별 용도지역을 익혀두면 나중에 색상만 봐도 해당 지역이 어떤 용도지역인지 파악할 수 있습니다.

스카이뷰와 지적도 편집 기능

출처 : 카카오맵

로드뷰 기능

실제로 현장에 가지 않아도 최근 현장의 모습을 볼 수 있는 기능이라서 유용합니다. 로드뷰 기능 중 좌측 상단의 주소지와 연도

촬영 시점을 기준으로 비교한 로드뷰

출처 : 카카오맵

표시를 클릭하면 과거에 촬영된 시점과 최근 촬영된 시점을 구분 지어 비교 분석할 수 있습니다.

2. 네이버 지도(https://map.naver.com)

출처 : 네이버 지도

네이버 지도의 거리뷰에서 보고 싶은 곳을 클릭하면 현재 기준의 거리뷰를 볼 수 있습니다. 하단 연도를 클릭하면 해당 날짜에 촬영된 거리뷰를 볼 수 있다는 장점이 있습니다.

네이버 지도(거리뷰)와 카카오맵(로드뷰)은 각각 촬영된 곳도 있고 그렇지 않은 곳도 있으니 두 개를 비교해서 보면 좋을 듯합니다. 거리 재기, 면적 재기 등의 기능도 이용할 수 있습니다.

3. 구글 어스 지도(www.earth.google.com)

구글 어스 지도는 김포시, 파주시, 포천시, 연천군, 옹진군, 강화군, 철원군, 고성군 등 남북 군사 접경 지역의 토지를 위성으로 보고자 할 때 주로 이용됩니다. 군사시설 및 지리보안을 이유로 카카오맵, 네이버 지도에서는 접경 지역의 토지를 볼 수 없습니다.

구글 어스 지도와 카카오맵의 비교

출처 : 구글 어스 지도

다만, 구글 어스 지도는 지적 표기가 안 되고, 좌표가 조금 불일치한다는 단점이 있습니다.

4. 땅야(www.ddangya.com)

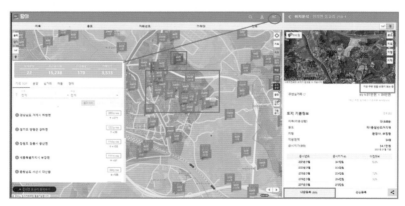

토지의 국토해양부 실거래 가격을 제공해줍니다. 관심 있는 지역을 확인하면 현재 내 관심 지역 주변을 몇 명이 보고 있는지 표시됩니다. 내가 보유하고 있는 땅을 등록해서 매매로 활성화시키면 파란색으로 매물 표시가 되어 관심 있는 분들에게 종종 연락이 오기도 합니다. 저 역시 경·공매로 낙찰받고 땅야에 매물로 내어놓아 거래를 한 적이 있습니다. 그림 상단에 붉게 동그라미 표시된 ▤을 누르면 현재 국토해양부 실거래 TOP10 지역을 보여줍니다. 실거래가 많이 일어난다는 것은 그 지역의 호재가 있다는 것입니다. 해당 지역의 호재를 직접 확인해보고, 경·공매 물건을 확인해보면 됩니다.

5. 디스코(www.disco.re)

개인적으로 제가 주로 사용하는 맵입니다. 국토해양부 실거래 토지 가격과 거래 연·월을 제공합니다. 우측 상단의 토지 보기는 현재 물건의 로드뷰를 보여주는 기능입니다. 좌측 상단에 물건지 주소를 입력하면 해당 토지의 용도지역, 면적, 소유주 등의 내용이 나오고, 스크롤을 내리면 소유권 변동일 및 공시지가 등 토지의 주요 세부 내용을 자세히 볼 수 있습니다. 면적 기능을 클릭해 여러 필지의 면적 합계를 한눈에 파악할 수 있습니다.

6. 밸류맵(www.valueupmap.com)

　기능은 디스코와 유사합니다. 관심 물건지를 클릭 후 상세보기를 하면 토지의 정보 및 그 지역의 호재, 그리고 개발 정보를 자세히 알려줍니다. 기존에 토지 투자를 하던 분이라도 전국의 개발 호재를 다 파악하기는 쉽지 않습니다. 이럴 때 유용하게 쓰입니다.

7. 스마트국토정보(https://kgeop.go.kr)

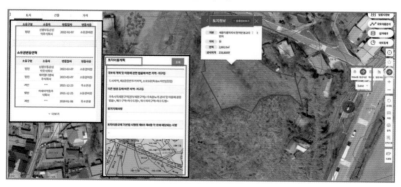

　스마트국토정보는 지적 간의 경계를 선명하게 잘 보여줍니다. 관심 물건의 상세보기를 클릭하면 소유권 이동 연혁 확인이 가능

하고, 법인이 소유한 경우 법인명까지 확인할 수 있습니다. 개인은 2022년 2월경까지 이○○, 최○○ 등으로 확인되었으나, 개인 신용정보 보호로 인해 ○○○으로 표기됩니다. 스크롤을 아래로 내리면 토지이용계획을 한눈에 볼 수 있습니다. 또한, 비행기 모양을 클릭한 후 하단 팝업의 'base' 기능으로 과거의 위성사진을 볼 수 있어 현재 모습과 과거의 모습을 비교 분석할 수 있습니다.

8. 부동산 플래닛(www.bdsplanet.com)

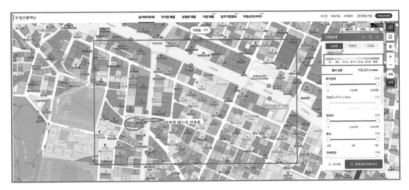

　가장 큰 장점은 탐색 기능에 있습니다. 탐색 버튼을 누르면 건축연도가 색상별로 구분되어 나타납니다. 건물의 노후도를 측정할 수 있어 해당 지역에 지구단위계획구역이 지정되기 전에, 재건축 재개발이 될 가능성을 가늠할 수 있습니다. 재개발, 재건축은 대상 구역에 노후불량 30년이 된 건물의 비율이 70% 이상 되어야 그 여부를 정하고 진행할 가능성이 높습니다. 따라서 중장기 관점으로 재건축과 재개발 투자를 하려면, 지도에 파랗게 표기된 곳보다 진한 핑크색으로 표기된 곳이 많이 있는 지역에 투자해야 합니다.

참고로 지도상 파란색 점선 테두리로 그려진 곳은 단독으로 신축 중이라는 의미입니다. 신축이 점점 많아지면 재건축·재개발 가능성은 점점 낮아집니다.

주요 사이트

정부24	https://www.gov.kr/portal/main
인터넷 등기소	http://www.iros.go.kr/PMainJ.jsp
닥집	https://doczip.kr/dashboard
문화재공간정보	http://gis-heritage.go.kr/main.do
국토정보맵	http://map.ngii.go.kr/ms/map/NlipMap.do
산림청(임야경사)	http://gis.kofpi.or.kr/gis/map/main.do?systype=1#
세움터(건축인허가정보)	https://cloud.eais.go.kr/moct/awp/aea03/AWPAEA03L01
자치법규	https://www.elis.go.kr/
정보공개	https://www.open.go.kr/com/main/mainView.do

출처 : 저자 작성

1. 정부 24(www.gov.kr)

정부 24는 소유권이전에 필요한 토지대장, 건축물대장, 주민등록등초본, 농지취득자격증명서 발급 등 지방자치단체에 직접 방문하는 수고를 덜어줍니다. 특히 토지대장 발급은 자주 사용하게 되므로 즐겨찾기에 등록하기를 권합니다. 토지대장은 주변 필지의 소유자를 확인할 때 꼭 필요합니다.

농지취득자격증명(이하 농취증)은 경매 입찰 전에 미리 발급받아 두었다가 낙찰이 되면 바로 제출할 수 있습니다. 낙찰 후 7일 이내에 농취증을 제출하도록 되어 있는데, 이렇게 하면 법원을 두 번 방문하지 않아도 되고, 혹시 농취증 발급이 안 되어 매각이 불허가되는 일을 사전에 막을 수 있습니다.

2. 인터넷 등기소(www.iros.go.kr)

인터넷 등기소를 이용한 등기사항 확인

주요 등기사항 요약 (참고용)

[주 의 사 항]

본 주요 등기사항 요약은 증명서상에 말소되지 않은 사항을 간략히 요약한 것으로 증명서로서의 기능을 제공하지 않습니다. 실제 권리사항 파악을 위해서는 발급된 증명서를 필히 확인하시기 바랍니다.

고유번호 1912-1996-235474

[토지] 경상남도 통영시 산양읍 신전리 68-1 답 1058㎡

1. 소유지분현황 (갑구)

등기명의인	(주민)등록번호	최종지분	주　　　소	순위번호
주식회사토지이야기 (소유자)	175211-0064760	단독소유	.	14

2. 소유지분을 제외한 소유권에 관한 사항 (갑구)
- 기록사항 없음

3. (근)저당권 및 전세권 등 (을구)
- 기록사항 없음

가. 등기기록에서 유효한 지분을 가진 소유자 혹은 공유자 현황을 가나다 순으로 표시합니다.
나. 최종지분은 등기명의인이 가진 최종지분이며, 2개 이상의 순위번호에 지분을 가진 경우 그 지분을 합산하였습니다.
다. 지분이 통분되어 공시된 경우는 전체의 지분을 통분하여 공시한 것입니다.
라. 대상소유자가 명확하지 않은 경우 '확인불가'로 표시될 수 있습니다. 정확한 권리사항은 등기사항증명서를 확인하시기 바랍니다.

출처 : 인터넷 등기소

　　인터넷 등기소에서는 부동산 등기사항전부증명서를 열람하거나 발급할 수 있습니다. 등기사항전부증명서로 압류, 가압류, 가처분, 저당권, 지상권 등 토지대장에 없는 내용을 확인할 수 있습니다. 낙찰받은 토지를 이해관계인에게 매도하고자 할 때 등기사항전부증명서상 갑구, 을구의 설정 유무를 확인합니다. 이를 통해 이해관계인이 해당 토지를 되살 수 있는지를 가늠하기도 합니다. 또, 소유권 이전 시, 등기신청 수수료를 사전 납부할 수 있고, 법인매도용 인감 신청 등 인터넷 등기소를 활용할 일이 많이 있습니다.

3. 닥집(https://doczip.kr)

출처 : 닥집

   인터넷 등기소의 등기사항전부증명서 열람을 대체합니다. 인터넷 등기소는 일정 기간이 지나면 인증서, 보안프로그램, 엑티브엑스 등을 지속적으로 재설치해야 합니다. 이게 은근히 시간도 오래 걸리고 번거롭습니다. 또 인터넷 등기소에서 열람한 등기사항전부증명서는 일정 기간이 지나면 사용할 수가 없습니다. 반면, 닥집은 내 열람 내역으로 들어가면 언제든지 다시 볼 수 있습니다. 그리고 낙찰받은 부동산을 직접 매매하는 경우, 닥집의 표준계약서를 이용하면 편리합니다.

4. 문화재공간정보서비스(http://gis-heritage.go.kr)
   토지이용계획확인원을 확인하다보면, 문화재보호구역을 많이 접하게 될 것입니다. 문화재보호구역은 문화재 보호법에 따른 강력한 행위제한으로 건축이 제한됩니다. 현상변경허가구역대상인

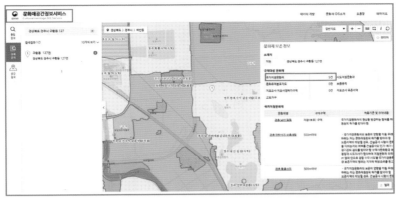

출처 : 문화재공간정보서비스

경우에는 지자체의 변경허가를 받아야만 건축이 가능합니다. 문화재공간정보서비스로 문화재보호구역, 국가지정문화재, 유적 분포도 등을 확인할 수 있어 유용합니다.

역사문화환경보호지구를 확인할 수 있는 토지이용계획확인원

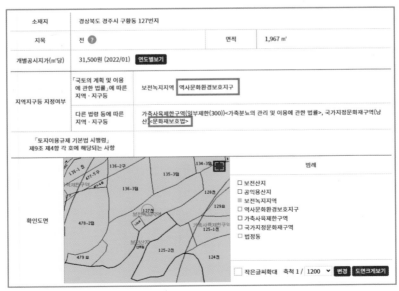

출처 : 토지이음

5. 국토정보플랫폼(http://map.ngii.go.kr)

　1960년도부터 과거의 항공사진을 볼 수 있습니다. 과거 항공사진이 왜 필요할까요? 경·공매를 통한 농지(지목이 전·답·과수원)취득은 원칙적으로 개인과 농업법인만 가능합니다. 다만, '농지법상의 농지 아님'으로 농지취득반려통지서를 받을 수 있으면, 일반 법인도 농지를 취득할 수 있습니다. 경매로 농지를 취득하고

농지취득자격증명 미발급 통보

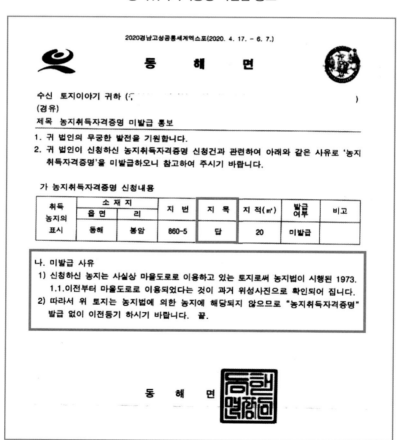

출처 : 동해면

7일 내 농취증을 제출할 때, 1973년 1월 1일 이전에 지어진 건축물이 있거나, 사실상 도로로 이용하고 있는 것을 증빙할 수 있으면 지목이 농지라도 농지법상 농지 아님으로 반려통지서를 받을 수 있습니다. 이때 과거 항공사진을 증빙으로 제출할 수 있습니다. 또한, 과거 항공사진으로 미불용지(공익사업으로 인한 토지 수용 당시 부득이한 사정으로 보상지급이 안 된 토지)의 종전이용 현황 확인이 가능합니다.

6. 임업정보 다드림(http://gis.kofpi.or.kr) – 임야 경사도 확인

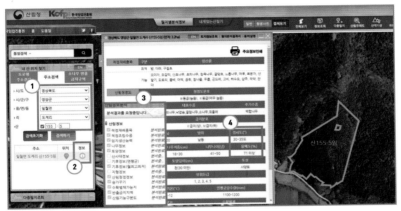

출처 : 임업정보 다드림

임야의 경사도를 확인할 수 있습니다. 임야의 개발에 있어 경사도·입목축척·표고가 중요합니다. 경사도가 20도 이상이 되면 개발이 거의 불가능합니다. 개발이 가능한 경사도는 13~18도로, 지방자치단체 조례에 따른 각기 내용을 확인해야 합니다. 다만, 산림청 사이트로 확인한 경사도가 개발 시 절대적인 기준이 되지는 않습니다. 관할 부서에 건축 허가 신고를 하면 담당자가 직접 현장 경사도를 측정한 후에 개발 가능 여부를 결정합니다.

7. 세움터(https://cloud.eais.go.kr) − 건축 인허가 정보
세움터를 통한 건축 인허가 정보 및 허가 신고 조회

출처 : 세움터

건축 인허가 정보 및 허가 신고 조회를 할 수 있습니다. 내가 관심 있어 하는 지역이 얼마나 개발되고 있는지 확인할 수 있습니다. 신축 건물 인허가 건수가 많다는 것은 그만큼 새로운 건물이 많이 들어선다는 것입니다. 또 어떤 종류의 건물이 생기는지 살펴보면서 인구 유입 정도를 가늠해볼 수도 있습니다. 신축 건물이 많아지고, 인구 유입이 많아지면 지가가 상승하므로 확인해볼 필요가 있을 것입니다.

8. 자치법규정보시스템(www.elis.go.kr)

법령과 달리 지자체의 도시계획조례를 확인할 수 있습니다. 건축 시 대지와 도로의 관계, 임야 경사도 등 지자체마다 각기 다른 조례를 확인해볼 수 있습니다. 지역별 개발행위허가 기준을 알고 싶을 때는 '용인시 도시계획조례', '세종시 도시계획조례' 또는 '○○군 군계획조례' 등 키워드를 이용해 검색하면 됩니다.

파주시 도시계획조례

조례(1건)	규칙(0건)	훈령(0건)	예규(0건)	입법예고(3건)

파주시 도시계획 조례 경기도 파주시 2021.12.27 도시별전국 도시개발과

... (별표)2. 보존자구3. (삭제 2009. 04. 03)4. (삭제 2009. 04. 03)5. 문화자구6. 보행자우선지구7. 경관자구(도시계획조례에 정하지 아니한 세부적인 건축제한 및 위원회 설치운영 등을 정할 수 있다)[제58 조[그 밖에 … 제93조제5항에 따라 공장 및 제조업소가 기존 용도의 범위에서 업종을 변경하는 경우에는 「파주시 도시계획 조례」 별표 18제2호 자목 (1)~(4)의 각 세목에 해당하지 아니하여야 하며, 영 …

⬇ [별표 1] 제1종 전용주거지역 안에서 건축할 수 있는 건축물 첨부파일 더보기

출처 : 자치법규정보시스템

앞서 임야 개발이 목적이라면 경사도가 중요하다고 이야기했습니다. 애초에 개발 불가능한 땅을 낙찰받으면 안 되겠지요. 지자체가 정한 경사도 조례와 산림청의 경사도를 확인해봐야겠습니다.

파주시 개발행위허가의 기준

제20조(개발행위허가의 기준) ① 영 별표 1의2 제1호가목(3)에 따라 시장은 다음 각 호의 요건을 모두 갖춘 토지에 한정하여 개발행위를 허가할 수 있다. (개정 2009. 04. 03, 2013.2.22)

1. (삭제 2017.9.22)

2. 다음 각목 외의 지역의 평균경사도 미만인 토지. 다만, 지역별 평균경사도가 기준 이상인 토지에 대해서는 시 도시계획위원회 심의를 거쳐 허가할 수 있으며, 경사도 산정방법은 규칙 제1조의 2에 따른다. (개정 2008.08.08, 2012.3.30, 2013.2.22, 2013.12.30, 2014.4.18, 2017.6.9, 2019.7.19)

　가. 나목, 다목 이외의 지역은 : 18도 미만 (신설 2019.7.19)

　나. 문산읍, 파주읍 : 20도 미만 (신설 2019.7.19)

　다. 법원읍, 적성면, 파평면 : 23도 미만. 다만, 제27조의2에 따른 심의제외 건축물을 포함하여 20도 이상인 토지의 경우 시 도시계획위원회 자문을 거쳐야 한다. (신설 2019.7.19)

3. 개발행위 대상토지의 평균입목축척도가 시 평균입목축척도의 150퍼센트 이하인 토지 (개정 2012.3.30)

② 제1항은 제23조, 제24조에 따라 개발행위를 허가하는 경우에는 적용하지 아니한다. (개정 2013.2.22)

출처 : 자치법규정보시스템

파주시 개발행위허가의 기준을 보면 2항의 가, 나, 다목 지역에 따라 경사도 기준이 달리 확인됩니다. 문산읍 파주읍의 임야 경사도가 20도 미만인데, 그 지역의 경사도 25도가 넘는 토지를 개발 목적으로 낙찰받으면 안 됩니다.

지역별 도로의 지정 기준 검색 방법도 앞서와 동일하게 관심 있는 지역을 골라 '용인시 건축조례', '세종시 건축조례' 등 키워드를 입력하면 됩니다.

건물을 짓기 위해서는 도로와 대지의 관계가 중요합니다. 즉, 맹지에 건축을 할 수 없듯이 내 토지에 도로가 접도되어 있어도, 그것이 개인 사도라면 원칙적으로 건축하지 못합니다. 하지만 지자체 건축조례에서 정하는 제33조 도로의 지정에 따르면 개인 사유지 소유자의 사용승낙서 또는 소유권을 확보하지 않아도 건축이 가능한 경우가 있습니다.

9. 정보공개(www.open.go.kr)

정보공개 제도는 제도국가기관·지방자치단체 등 공공기관이 업무 수행 중 생산·접수해 보유·관리하는 정보를 국민에게 공개함으로써, 국민의 알권리를 보장하고 더 많은 정보를 바탕으로 국정운영에 대한 참여를 유도하기 위한 제도입니다. 국민의 알권리를 확대하고, 국정운영의 투명성을 높이기 위해 지난 1996년 '공공기관의 정보공개에 관한 법률'을 제정·공포하고, 1998년 1월 1일부터 시행되었습니다

정보공개 대상기관 중 공공기관의 정의를 명확히 하고, 국민의 알권리 확대 및 행정의 투명성 제고를 위해 공개로 분류된 정보는 국민의 청구가 없더라도 사전에 공개하도록 하는 등 현행 제도의 운영상 나타난 일부 미비점을 개선·보완하는 한편, 법적 간결성·함

축성과 조화를 이루는 범위에서, 어려운 용어를 쉬운 우리말로 풀어쓰고 복잡한 문장은 체계를 정리해 간결하게 다듬어, 쉽게 읽히고 잘 이해할 수 있도록 2020년 12월 22일 최종 개정되었습니다.

정보공개청구 내용의 예시

청구내용	1. 나주시의 무궁한 발전이 있기를 기원합니다. 2. 전라남도 나주시 세지면 내정리 102-18 도로 공사로 인한 미불용지 2-1 종전 공익 사업의 명칭은 무엇이며, 고시문을 받아 보고 싶습니다. 2-2 종전 공익 사업 당시 이용 현황은 어떻게 되나요 2-3 미불용지 매수 청구시 보상감정평가 방법 및 보상금 수령에 소유기간을 알고 싶습니다. 2-5 공익사업 시행일자는 언제 인가요? 2-5 이 토지는 지목은 과수원 이지만, 실제 공익 사업에 편입 된 토지로써, 농지전용이 된 토지인지 만일 취득시 농지 취득자격증명은 필요 한지 여부를 알고 싶습니다. 바쁘시겠지만 부탁드립니다.
공개내용	1. 안녕하십니까? 귀하께서 신청하신 정보공개청구(접수번호: 7516490)에 대하여 아래와 같이 답변드립니다. 2. 정보공개 요지 전남 나주시 세지면 내정리 102-18번지에 대한 미지급용지 여부 ? 3. 회신내용 귀하께서 미지급용지 및 토지보상 여부 조회에 대하여 관련 자료를 확인한 결과, 해당 토지는 우리청에서 시행한(1983년도) 「장흥-영산포 도로포장공사」에 편입되어 손실보상금 지급조치된 미등기(국으로 이전 진행중 소유자 사망) 토지로 미지급용지 보상 및 매수는 불가 함 알려드립니다.

출처 : 정보공개

이 정보공개청구 내용은 미불용지로 예상되는 땅이 있어 공익사업 인정고시문, 토지의 편입조서, 공익사업 당시 이용 현황(항공사진)을 문서로 청구한 것입니다. 그 결과 이미 손실보상금이 지급된 토지라는 것을 알게 되었습니다. 이를 모르고 입찰한 4명 중 최고가 매수인은 보증금을 포기해 손실을 보게 되었습니다. 이처럼 정보공개청구를 잘 활용하면 공익사업의 진행 여부, 미불용지 여부 등을 쉽게 파악할 수 있습니다.

지금까지 지도 포털, 주요 사이트의 사용 특징과 활용 방법을 알아보았습니다. 인터넷 즐겨찾기에 등록해놓으면 편리하게 접속해 이용할 수 있습니다. 그 밖에 다른 필요한 사이트들을 추가해 각자 기호에 맞게 사용하면 좋을 것입니다.

06 온비드 공매
입찰 방법
- 어디에서 물건을 고를까?

　부동산은 어디에서 매각하고, 어디에서 입찰하는지 알아보겠습니다. 공매는 온비드(캠코) 사이트에서 입찰을 진행하고, 경매는 법원 사이트 공고 후 관할법원으로 가야 합니다. 여기서는 공매위주로 보겠습니다.

출처 : 온비드

공매·경매는 무엇인가?

부동산 공매는 국유재산, 공유재산 및 압류재산을 국세징수법에 의한 압류재산을 환가해 물건을 매각하는 것을 말합니다. 국가기관이 강제권한으로 처분하는 행위입니다.

부동산 경매는 민사집행법을 근거로 일반 사적인 채무 관계를 해결하고자 하는 것입니다.

공매의 장점은 인터넷만 가능하면 온라인으로 부동산 입찰에 참여해 낙찰받을 수 있다는 것입니다. 낙찰되면 소유권이전등기까지 간편하게 할 수 있어 많은 사람들이 선호하고 있습니다. 그러나 공매는 입찰이 쉽다는 것이 장점이자 단점입니다. 즉, 과열 입찰이 될 가능성이 높습니다. 과열 입찰이 되면 필요 이상으로 입찰가가 높아지겠지요. 또한 공매는 경매처럼 정상적인 부동산보다 과소 토지·지분 토지·맹지 등 하자 있는 토지가 많습니다. 왜 그럴까요?

경매와 달리 공공기관은 세금 체납이 있다고 해서 개인의 재산을 바로 압류하지 않습니다. 체납된 세금을 납부할 수 있도록 채무자에게 일정 기간을 주고, 그래도 세금이 납부되지 않으면 채무자의 부동산을 압류하게 됩니다. 이에 채무자는 보유하고 있던 괜찮은 부동산은 급매로 다 팔아버립니다. 팔지 못한 나머지 하자 있는 물건만 매각으로 나오기 때문에 공매에는 정상적인 물건이 잘 없습니다. 그렇지만, 그중에서도 잘 찾아보면 돈이 되는 물건들이 많이 있습니다. 남들이 알지 못하는 부분을 찾아 매매로 성사시키는 것이 부동산 투자자의 능력일 것입니다.

온비드 가입 절차와 물건 검색 방법

　검색 엔진에서 '온비드' 또는 '온비드 공매'라는 키워드로 검색 후 사이트로 이동합니다. 로그인/회원가입에서 회원가입을 하고 로그인하셔야 합니다. 중요한 것은 입찰에 참여하기 위해서는 공인인증서가 필요합니다. 거래하는 은행에서 범용 공인인증서를 미리 발급 받아두어야 합니다. 회원 가입 후 온비드에 타행 공인인증 등록을 합니다. 로그인 절차가 어렵다면 고객센터(1588-5321)로 전화해 문의하시면 친절히 도움을 줄 것입니다.

온비드 로그인 화면

출처 : 온비드

물건 검색하는 방법

1. 토지 투자는 부동산을 클릭합니다.

2. 부동산 HOME 옆에 '물건' 버튼을 클릭합니다.

3. 처분방식은 매각으로 설정합니다.

매각방식 : 국가 및 개인 소유의 부동산을 매각처분한다는 것

임대방식 : 국가에서 보유하고 있는 부동산을 임대한다는 것

2. 입찰기간은 기본 일주일로 세팅되어 있습니다. 많은 물건을 보기 위해 기간을 조정해주세요.

3. 용도선택은 관심 있는 분야를 선택합니다. 책의 주제가 토지 이니 토지로 체크하겠습니다. 28개의 지목은 전체로 체크하면 됩니다. 선택 완료 후 '검색'을 클릭해주세요.

온비드에서 물건 검색

출처 : 온비드

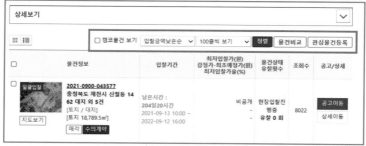

　물건이 검색되었습니다. 보기 옵션을 입찰금액이 낮은 순, 100
줄씩 보기로 선택합니다. 스크롤을 아래로 더 내려봅니다. 최저
입찰가 순으로 정렬되어서 나옵니다. 처분방식을 전체로 선택하
면, 임대 물건도 나오는데 해당 토지 인근에 거주하시는 분이라면
저렴하게 임대해 주말용 텃밭으로 농사를 지을 수 있을 것입니다.

온비드에서 물건 검색

그리고 임대농지로 조건을 갖추어 추후 농업인이 될 수도 있습니다. 농업인이 되면 농업진흥지역의 농업진흥구역, 농업보호구역의 농지도 경·공매로 입찰하실 수 있습니다.

여러 번 유찰된 소액 토지 2021-04044-004번 물건을 검색해보겠습니다.

온비드에서 물건 검색

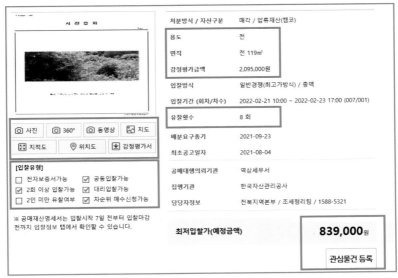

출처 : 온비드

물건 상세 정보 확인

출처 : 온비드

물건 상세 정보가 나옵니다. 제일 상단에 물건관리번호와 물건지의 주소가 나옵니다. 사진, 지도, 지적도, 위치 등을 검색할 수 있습니다. 직접 카카오맵, 네이버 지도, 디스코 등으로 검색해봐도 됩니다. 용도 및 유찰 횟수, 집행기관도 보입니다. 용도는 토지의 28개 지목 중 등기사항전부증명서에 적혀 있는 지목을 보여줍니다.

면적은 전 119㎡입니다. 법률적으로는 평이라는 단위를 쓰지 않지만 실상에서는 평형을 많이 쓰고 있으니 면적에 0.3025를 곱해주어 평으로 전환합니다. 35.99평이 실제 평수입니다. 8번이나 유찰되었다는 것은 그만큼 토지의 가치가 없다는 거겠죠. 감정가격이 2,095,000원인데 최저 839,000원부터 입찰할 수가 있습니다.

그림의 좌측 '입찰 유형'에서 체크된 부분만 가능하므로 사항을 확인합니다. 공동입찰(2인 이상 공동으로 입찰), 2회 입찰(1회 입

물건 상세 정보 확인

물건 세부 정보	압류재산 정보	입찰 정보	시세 및 낙찰 통계	주변정보	물건 문의	부가정보

▌면적 정보

번호	종별(지목)	면적	지분	비고
1	토지 > 전	119㎡	-	지분(총면적 357㎡)

▌위치 및 이용현황

소재지	지번	전라북도 무주군 안성면 공정리 1346
	도로명	

위치 및 부근현황	전라북도 무주군 안성면 공정리 통안마을 남서측 근거리 소재, 임야, 농경지, 사찰 등 혼재, 제반교통여건 보통.
이용현황	기호(1,2,4)는 부정형완경사지로 임야상태의 목전, 기호(3)은 부정형완경사지로 전 및 일부 대, 기호(5)는 부정형완경사지로 하천으로 이용중.
기타사항	본건 기호(3) 지상에 타인소유의 건물(반야사) 및 정원수 등이 소재, 본건 기호(3)의 공부상 지목이 전이나 현황 일부 대임.

▌감정평가정보

감정평가기관	평가일	평가금액(원)	감정평가서
정진감정평가사사무소	2021-06-21	2,095,000	⬇ 감정평가서

출처 : 온비드

찰서를 제출했으나 금액을 조정해 한 번 더 입찰), 대리입찰(대리인이 나를 대신해 입찰), 차순위 매수신청(2등 낙찰자의 매수신청)이 가능한 물건입니다.

앞의 그림에서 카테고리의 물건 세부 정보, 압류재산 정보, 입찰 정보, 시세 및 낙찰 통계, 부가 정보 등 물건에 대해 면밀히 살피십시오. 온비드에서는 등기사항전부증명서가 제공되지 않습니다. 그러니 인터넷 등기소나 닥집에서 열람하셔야 합니다.

입찰 시 안내문

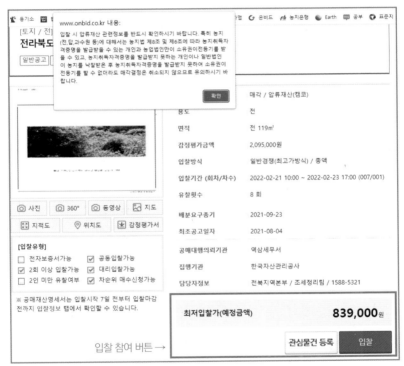

출처 : 온비드

해당 토지의 입찰기일 오전 10시에 입찰 버튼이 회색에서 파란색으로 활성화된 것을 볼 수 있습니다. 그러면 입찰 버튼을 누르십시오.

먼저 농지인 전·답·과수원 지목 여부와 관계없이 농지취득에
대한 팝업 안내문이 하나 뜹니다. 확인 버튼을 누릅니다(예시 토
지는 농지입니다. 낙찰이 되면 소유권이전을 위해 농지취득자격증명을
제출해야 합니다).

입찰자 정보 확인

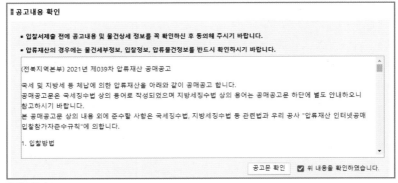

출처 : 온비드

입찰자 정보를 확인하고 수정사항이 없으면 아래로 스크롤을
내려 공고문 확인 버튼을 눌러 박스에 체크합니다.

공고 내용 확인과 입찰 참가자 준수규칙 동의

출처 : 온비드

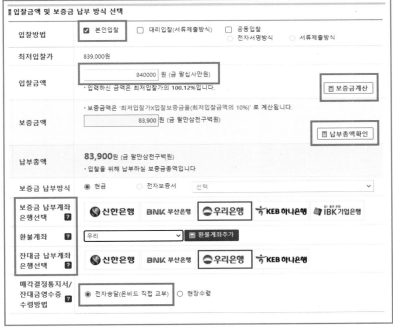

출처 : 온비드

입찰참가자 준수규칙 동의 박스에 체크하고 다음 단계로 넘어
갑니다.

입찰 금액 및 보증금 납부 방식 선택

출처 : 온비드

입찰방법은 단독 입찰이면 본인입찰에 체크, 공동입찰이면 공동입찰에 체크합니다. 만일 공동으로 입찰한다면 함께 입찰하는 사람도 온비드 공매 사이트에 접속해 전자 서명을 하면 됩니다. 입찰금액은 최저 입찰가보다는 높게 적어야 합니다. 예를 들어 입찰금액으로 84만 원을 적어야 하는데 840만 원 또는 8,400만 원으로 잘못 입력하는 경우가 종종 있으니 꼭 최저 입찰가를 확인해야 합니다. 저 또한 너무 성급한 나머지 입찰금액을 잘못 입력해서 보증금 72만 원을 몰수당한 적이 있습니다. 온비드 공매에 너무 익숙해지다보니 제대로 확인하지 않아 생긴 일인데 여러분도 주의하시기 바랍니다.

보증금 계산 및 납부총액을 확인하고, 보증금 납부계좌를 지정합니다. 환불계좌는 경락에서 떨어졌을 시 보증금을 반환받을 수 있는 내 계좌를 입력합니다. 입찰했는데 떨어졌다면 매주 목요일 11시 낙찰자 발표 이후 환불계좌로 바로 반환해주니 걱정하지 않으셔도 됩니다.

입찰서 제출

> ① 입찰보증금 납부계좌 발급은행 장애 등으로 인하여 입찰서 제출시 발급받은 입찰보증금 납부계좌로 입찰보증금 납부가 불가능한 경우 다른 은행의 입찰보증금 납부계좌를 추가 발급받으실 수 있습니다.
> ② 이 경우 입찰서를 다시 제출하는 것이 아니고 기존 제출된 입찰서의 입찰보증금 납부계좌만을 추가 발급 받는 것으로 입찰조건은 동일합니다.
> ③ 입찰보증금 납부계좌를 추가 발급받은 경우에는 둘 중에 하나의 계좌로만 입찰보증금을 납부하시면 됩니다.
> ④ 추가 납부계좌를 발급 받은 경우 먼저 입금하신 금액 중 참가수수료를 제외한 금액이 입찰서상의 입찰보증금이 되며, 먼저 입금된 금액만 납부하신 금액으로 표시됩니다.
> ⑤ 입찰자의 착오로 입찰보증금을 중복 납부한 경우에는 나중 입금하신 금액은 입찰취소 또는 집행완료 후 입찰서 제출시 지정하신 환불계좌로 환불처리 됩니다.
>
> ● 참가수수료 안내
> 참가수수료는 공고집행기관이 부과하는 수수료이며 유찰 시에도 환불되지 않습니다. 보증금 납부계좌로 입금하신 금액 중 참가수수료를 제외한 금액이 입찰서상의 보증금이 됩니다.
>
> ● 전자보증서 안내
> 전자보증서로 납부된 입찰보증금은 보험가입금액으로, 향후 낙찰 받은 입찰자가 계약 미체결 시 피보험자(입찰집행기관)가 발급기관(서울보증보험)에 청구할 보험금의 범위는 보험가입금액을 한도로 하여 「입찰참가자준수규칙」의 정하는 바에 따릅니다.
>
> ☑ 각 항목의 모든 주의사항을 숙지하였으며, 입찰서를 최종 제출하는 것에 동의합니다.
>
> 취소   입찰서 제출

출처 : 온비드

모두 확인 후에 주의 사항 체크 후 입찰서를 제출하면 됩니다. 중요 체크리스트에 체크 완료 후 동의하면 입찰이 된 것입니다.

말소기준권리일이란?

주요 등기사항 요약 (참고용)

[주 의 사 항]

본 주요 등기사항 요약은 증명서상에 말소되지 않은 사항을 간략히 요약한 것으로 증명서로서의 기능을 제공하지 않습니다. 실제 권리사항 파악을 위해서는 발급된 증명서를 꼭 확인하시기 바랍니다.

고유번호 2142-1996-037379

[토지] 전라북도 무주군 안성면 공정리 1346 전 357㎡

1. 소유지분현황 (갑구)

등기명의인	(주민)등록번호	최종지분	주　　　　소	순위번호
김ㅂ				2
김ㅅ				2
박ㄷ				2

2. 소유지분을 제외한 소유권에 관한 사항 (갑구)

순위번호	등기목적	접수정보	주요등기사항	대상소유자
5	압류	2012년11월21일 제8511호	권리자 국	
6	압류	2013년4월17일 제3033호	권리자 국	
7	압류	2013년7월10일 제5021호	권리자 국	

3. (근)저당권 및 전세권 등 (을구)
- 기록사항 없음

출처 : 인터넷 등기소

말소기준권리란 부동산 경·공매에서 부동산이 낙찰될 경우, 그 부동산에 존재하던 권리가 소멸하는가, 그렇지 않으면 그대로 남아 낙찰자에게 인수되는가를 가늠하는 기준이 되는 권리를 말합니다.

토지는 건물이 있는 아파트, 빌라, 상가와는 달리 선순위 임차인 여부 확인이 불필요합니다. 주요 등기사항 요약에 3건의 압류 중 접수정보에서 제일 빠른 2012년 11월 21일이 말소기준이 되며, 소유권이전등기 시 모두 말소가 됩니다. 다만, 토지 입찰 시 타인의 건물·수목 등이 있다면, 별도의 법정지상권 성립 여부를 확인하셔야 합니다.

못난이 땅이 아니라
보물이었어

못난이 토지로
무엇을 할 수 있을까?
- 파산공매, 토지 분할의 최소면적

이번에는 파산공매로 낙찰받은 저의 사례를 들려드릴까 합니다. 파산공매에 대해 알고 계십니까? "돈을 못 갚아서 파산했다" 할 때 그 파산이 맞습니다. 빚을 갚을 형편이 안 되는 채무자가 파산관재인(破産管財人, 파산 재단에 속하는 재산을 관리하는, 파산 절차에서의 공적인 기관. 행위 능력자인 자연인 가운데서 법원이 선임하며 법원의 감독 아래 파산 재단의 점유·관리·환가(換價) 및 배당에 관한 업무를 수행한다. 변호사, 공인회계사 등이 이에 해당한다)을 통해 법원에 파산 신청을 합니다. 이에 파산이 결정되면 채무가 탕감되고 면책됩니다. 채무자의 재산이 있는 경우 파산공매를 통해 이를 처분하고, 낙찰금액은 채권자에게 배당합니다. 쉽게 말해 파산을 신청한 채무자의 재산을 공매하는 것입니다.

입찰 전 매도면적 대비 시세를 분석하고, 관재인에게 등기부상 말소기준 여부를 확인해보면 됩니다. 그리고 입찰은 우편접수를 통해 참여하면 됩니다. 낙찰이 되면 관재인을 통해 직접 연락이 옵니다.

파산공매를 잘 이용하면 큰 수익을 얻을 수 있습니다. 경매·공매를 하시는 분들은 앞으로 파산공매도 자주 할 수 있으니 파산공매 사이트도 즐겨찾기에 등록해놓으세요.

파산공매 부동산 매각문의 안내

출처 : 대한민국 법원

먼저 대한민국 법원 사이트의 공고를 클릭해 '회생·파산 자산 매각 안내'에서 '공고게시판'을 선택합니다. URL 이동 후 즐겨찾기로 추가하면 법원 파산공매 공고로 바로가기가 등록되어 유용합니다. 계속 강조하듯이 이 책에서 언급하는 사이트는 부동산 투자에 꼭 필요하니 눈여겨보고 등록하시기 바랍니다.

2021년 9월 파산공매 물건으로, 이미 여러 번 유찰되어 1,300만 원까지 떨어진 토지에 과감히 입찰해서 낙찰받았습니다. 저는 개발 가능성이 있는, 이른바 핫한 지역의 도로 옆에 길쭉하게 붙어 있는 못난이 토지를 좋아합니다. 아무 쓸모도 없어 보이는 가

늘고 긴 2차선 도로변 땅을 왜 낙찰받았을까 하는 생각이 들 수도 있습니다.

충남 천안시 동남구 목천읍

출처 : 디스코

1, 2번 두 필지(513-1, 521-3)는 $232m^2$(70평 가량)의 토지입니다. 토지 모양을 보면 이런 토지는 단독으로는 개발이 불가능합니다. 실거주가 목적인 분들은 이 땅의 필요성을 이해할 수 없을 것입니다. 하지만 저는 토지에 투자하는 투자자입니다. 투자자는 이런 땅의 쓰임도 파악해서 투자할 줄 알아야 합니다.

충남 천안시 동남구 목천읍 위치도

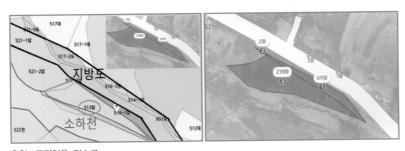

출처 : 토지이음, 디스코

사진을 한번 볼까요? 도로에 접한 토지 1, 2가 있고 그 뒤로 3번 토지(513 답)가 있습니다. 그리고 3번 뒤로 하천이 흘러 개인 사유지에 소하천 구역이 일부 포함되어 있습니다. 이런 경우 파란색 소하천 라인 쪽은 개인의 사유지라도 공법적으로 제한이 있어 건축 시 사용이 제한됩니다(소하천 구역 건폐율 제외). "내 땅인데 내 마음대로 사용하지 못합니까!"라고 억울할 수도 있겠지만 토지의 공법은 그렇습니다. 그래서 잘 알아야 합니다. 심지어 1번의 토지에 가로막혀 3번 토지는 맹지가 됩니다. 맹지는 길이 없는 토지로 건축법상 길이 없으면 건축이 불가합니다. 개발지 인근의 토지로 아무리 지가가 많이 올라간다고 해도, 1번 없는 3번 토지는 속 없는 찐빵에 불과합니다.

그런데 이런 토지에 접근하실 때 주의할 점이 있습니다. 1, 2번

충남 천안시 동남구 목천읍 지형도

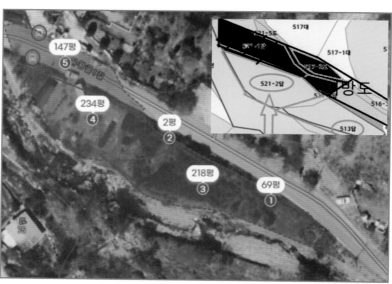

출처 : 토지이음, 디스코

의 토지가 3번 토지를 가로막은 게 확실하죠? 3번은 1, 2번 없이는 건축을 하고 싶어도 하지 못하는 틀림없는 맹지이죠? 자, 여기서 반전입니다. 만약 3번 토지소유주가 4번 토지도 소유하고 있다면 어떻게 될까요? 이렇게 되면 상황이 완전히 달라지겠죠?

4번 토지가 5번의 지방도에 접도되어 있어 굳이 1번 토지가 없어도 3, 4번으로 진·출입하는 데 전혀 문제가 없습니다. 그렇기에 1, 2번 같은 토지가 경매·공매 물건으로 나왔다고 해서 덜컥 입찰하시면 절대 안 됩니다. 뒷토지를 100% 막았다고 섣불리 확신하면 큰일 난다는 말입니다. 반드시 옆 필지를 조사해봐야 합니다.

충남 천안시 동남구 목천읍 지형도

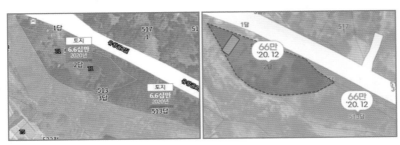

출처 : 밸류맵, 디스코

실거래 가격은 디스코나 밸류맵으로 쉽게 확인할 수 있습니다. 디스코를 보면 2개의 필지가 2020년 12월 같은 해, 같은 달에 거래가 되었습니다. 꼭 그런 것은 아니지만 왠지 동일인이 매수했을 가능성이 높아 보이네요. 밸류맵에서는 2020년까지만 보이고, 거래 월은 노출이 안 됩니다. 그래도 같은 지역에 같은 해에 거래했으니 동일인일 것 같습니다.

불과 5년 전만 하더라도 부동산 관련 데이터를 제공해주는 회사가 없었습니다. 개발 호재나 필지별 실거래 등을 확인할 방법이 없어서 투자에 어려움이 있었지만, 최근에는 인터넷으로 간단하게 확인할 수 있습니다.

뒷토지 2필지의 소유주가 동일인일 수도 있다고 생각했으면 확인을 해봐야겠죠. 인터넷 등기소에서 토지등기부 열람으로 토지 소유자를 확인해볼 수 있습니다. 인터넷 등기소는 열람할 때마다 700원의 비용이 발생하니, 소유권 확인만 할 경우에는 정부24에서 토지대장으로 확인할 수 있습니다. 정부24 토지대장은 무료입니다.

토지대장 발급 화면

출처 : 정부24

실제 토지대장 예시

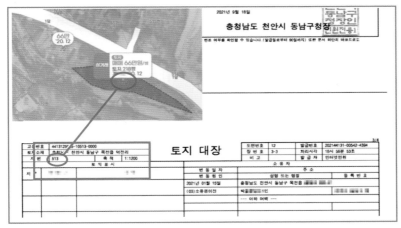

3번 토지의 토지대장을 확인합니다. 2021년 1월 15일, 박○○ 외 1명에게 최종 소유권이 이전되었습니다. 디스코에서 보이는 2020년 12월은 계약일 기준입니다.

사례의 토지대장

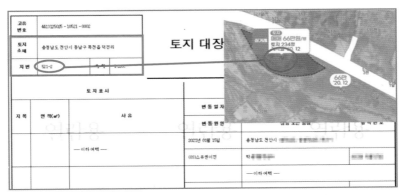

4번 토지의 토지대장을 확인해보니, 마찬가지로 박○○ 외 1명이네요. 역시 동일인이었습니다. 그럼 사례처럼 이런 모양의 땅이 경매·공매로 나왔을 때 적극적으로 투자해야 할까요? 아닐까요?

당연히 토지의 생김새나 지역의 개발 속도에 따라서 결정해야 합니다. 단편적으로 보지 말고 주변 필지까지 두루 입체적으로 봐야 합니다. 결론적으로 이 토지는 뒷토지를 완전히 다 틀어막지 못하는 형국이니 투자를 자제하셔야 합니다. 그렇다면 제가 이 토지에 투자한 것은 잘못한 것일까요?

디스코에서 확인할 수 있듯 이 필지의 소유주는 평당 66만 원으로 총 매수 비용 3억 원가량의 큰돈을 투자했습니다. 이에 저는 3, 4번의 토지 소유자가 이 지역 토지에 관심이 있고, 향후 이 토지의 지가 상승 및 개발 가능성을 보고 매수했을 가능성이 높다고 생각했습니다.

충남 천안시 동남구 목천읍에 위치한 사례 토지

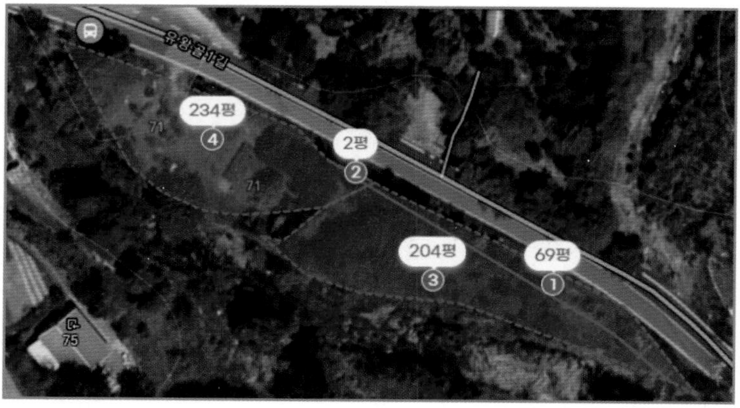

출처 : 디스코

여러분도 같이 생각해보십시오. 뒷토지 2필지 전부가 도로에 접하게 되면 이 토지는 더욱 가치가 있을 것입니다. 그러니 가격만 서로 맞으면 3, 4번의 토지 소유주가 1, 2번 토지를 매수하지 않을 이유가 없겠지요. 만일, 3, 4번의 토지 소유주가 동일인이 아니면 맹지인 3번 토지 소유주에게 높은 금액으로 매도할 수 있을 것입니다.

충남 천안시 동남구 목천읍 위치도

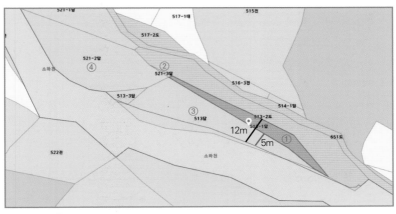

출처 : 토지이음

좀 더 세부적으로 들어가볼까요? 이제부터 저와 여러분들이 앞, 뒷토지 소유자의 입장이 한번 되어보겠습니다. 우선, 3번 토지는 1번 토지 없이는 폭이 좁아져서 전체 활용 가치가 낮아질 수밖에 없습니다. 1번과 3번 토지가 합쳐지면 폭이 최대 12m이지만, 3번 단독일 때는 5m에 불과하고 토지 끝부분으로 갈수록 폭이 좁아져 제 가치를 다하지 못합니다.

특히, 남쪽으로 소하천 구역 제한까지 걸려 있어 토지 전체의 활용 가치가 떨어집니다. 따라서 1번 토지와 3번 토지를 합쳐서 좀 더 넓게 사용할 수 있어야 힘을 발휘할 수 있는 토지가 될 것입니다. 토지 투자 시 이런 생각을 할 수 있어야 합니다.

단, 1번 토지를 매수할 때 유의할 점은 일단 저렴하게 매수해야 합니다. 비싼 값으로 매수해서 비싼 값에 매도하려고 하다가 만약 뒷토지 소유주가 안 사가면 큰일겠지요? 목돈이 묶이게 되고, 그로 인해 다른 투자도 할 수 없게 됩니다.

사례 토지의 계약서

제1조【부동산의 표시】

　　① 충청남도 천안시 동남구 목천읍 덕전리 513-1　답227㎡

　　② 충청남도 천안시 동남구 목천읍 덕전리 521-3　답5㎡

제2조【매매】

　"갑"은 위 표시 부동산을 "을"에게 매도하기로 하고, "을"로부터 매매대금을 수령하는 즉시 등기이전에 필요한 서류를 "을"에게 교부하기로 한다.

제3조【매매대금】

　위 표시 부동산의 매매대금은 일천삼백오십만 원(₩13,500,000)으로 한다.

출처 : 저자 제공

다행히 저는 파산공매로 저렴하게 낙찰받았습니다. 매매대금 1,350만 원, 평당 192,000원에 매매계약을 했으니 3, 4번 토지 소유주의 1/4 가격에 매수한 셈입니다. 확인해본 결과 3, 4번 토지의 매매금액은 평당 66만 원입니다. 그럼 1, 2번 토지도 비슷한 가격으로 매도하면 될 것 같습니다. 두 필지가 70평가량 되니 총 4,620만 원이네요. 1,350만 원에 사서 4,600만 원에 판다면 괜찮지 않습니까? 그렇다면 3, 4번 토지 소유주는 이 땅을 사서 뭘 해야 할까요? 아니 내가 왜 그런 것까지 생각해야 하나 싶으신가요? 바로 3, 4번 토지 소유주와의 협상 때문입니다. 협상 때 이런 것을 제시할 수 있으면 매도 시 훨씬 유리해집니다. 그러니 입장을 바꿔서

곰곰이 한번 생각해보세요. 다음의 용도지역별 건축기준 조견표의 계획관리지역 교차점을 찾아 무슨 건축을 할 수 있는지, 확인해보면 도움이 될 것입니다.

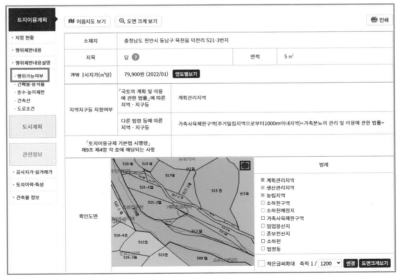

비도시지역의 계획관리지역 건축기준 조견표로 단독주택, 다가구주택, 공장 등을 건축할 수 있다는 것을 알 수 있습니다.

토지이음을 통한 행위가능 여부 확인

출처 : 토지이음

또 다른 방법으로는 토지이음 사이트를 이용해 행위가능 여부를 클릭해보면 다음과 같이 가능한 건축행위를 확인할 수 있습니다.

용도별 건축행위

건축법 별표에 따른 시설물		가능여부 보기	해당 필지에 지정된 「국토의 계획 및 이용에 관한 법률」에 따른 지역·지구
대분류	시설물		계획관리지역
- 단독주택			
	단독주택	Q	○
	다중주택	Q	○
	다가구주택	Q	○
	공관	Q	○
- 공동주택			
	아파트	Q	X
	연립주택	Q	○
	다세대주택	Q	○
	기숙사	Q	○
- 제1종 근린생활시설			
	일용품을 판매하는 소매점	Q	○
	휴게음식점	Q	△
	제과점	Q	△
	이용원	Q	○
	미용원	Q	○
	목욕장	Q	○
	세탁소	Q	○

출처 : 토지이음

단, 알아두어야 할 것은 이것으로 건축 행위가 100% 된다고 맹신하면 안 됩니다. 용도지역별 허용 건축물을 잘 확인하고, 지자체의 건축허가과 개발행위 부서 등에 건축이 가능한지 꼭 확인해야 합니다.

토지 분할 또는 합필의 예시

출처 : 디스코

> ### ※ 토지 분할의 최소면적
>
> · 주거지역 60㎡
> · 상업지역 150㎡
> · 공업지역 150㎡
> · 녹지지역 200㎡
> · 기타지역 60㎡
>
> '건축법'에 의해 건축물이 있는 대지는 다음의 범위에서 해당 지방자치단체의 조례로 정하는 면적에 못 미치게 분할할 수 없다.

1, 2번 토지와 3번, 4번 토지가 하나로 합쳐진다면 전면이 도로에 붙어 접근성이 좋습니다. 또 남쪽으로 소하천이 흘러 주변 경관이 좋으므로 식당, 카페, 공장, 주택 등을 지어도 괜찮겠네요. 혹은 전체를 하나의 필지로 합 필(지목, 소유자가 같을 때 가능)한 후, 앞의 지도에 표시한 것처럼 3등분으로 분할 매도해도 좋을 것 같습니다.

이제 이런 내용을 담아서 3, 4번 토지 소유주와 협상을 시도하는 것입니다. 상대방이 미처 생각하지 못한 부분까지 생각해서 왜 이 땅을 나에게서 사야 하는지 제시할 줄 알아야 합니다. 땅만 사놓고 가만히 앉아 있다고 내 땅을 알아서 사주지 않습니다. 저는 이런 다양한 시나리오를 세워보고 타당하다고 생각되면 그때 실투자를 시작합니다.

3, 4번 토지 소유주의 의중을 알아보기로 합니다. 매도 협조문을 작성해서 등기를 발송했습니다. 바로 연락이 왔습니다.

"얼마에 팔 생각입니까?"

"선생님이 작년 말에 매수하신 시세대로 받고 싶습니다."

"파산공매로 낙찰받은 금액을 알고 있습니다. 1,300만 원 조금 넘게 들었지 않습니까? 2,000만 원에 매도한다고 하면 살 마음 있지만, 아니면 안 사겠소!"

싸게 사려고 할 거라고 예상했지만 그래도 조금 씁쓸합니다. 저 역시 상대가 3, 4번 토지를 평당 65만 원에 매수했다는 것을 뻔히 알고 있는데, 평당 30만 원도 안 되는 터무니없는 가격으로 후려치려고 하다니요! 저 역시 용납할 수 없습니다.

낙찰받고 소유권이전 후 한 달 만의 이야기입니다. 결국 서로 합의점이 맞지 않아 매도를 보류하기로 했습니다. 단기에 600만 원의 수익을 낼 수도 있지만, 1년 내 매도해버리면 양도세가 중과되니 최소 2년을 기다려보려고 합니다. 당장 큰돈이 묶이는 것도 아니고 좀 여유로운 마음으로 기다리면서 가치 투자를 해볼 만하겠지요. 또 하나, 길이 넓어져서 수용이라도 된다면 굳이 3, 4번 토지 소유주가 매수하지 않더라도 보상금을 받을 수 있어 더욱 좋을 것 같습니다.

이 글을 읽고 비슷한 토지를 경·공매에서 발굴했다 하더라도, 해당지역이 개발 호재도 없고, 농림지역의 농사짓는 땅을 가로막는 토지라면 전혀 가치가 없습니다. 개발 호재가 있고, 국가나 지방자체단체 사업이 있는, 수요가 많아지는 곳에 이런 토지가 있어야 가격이 올라간다는 사실을 명심하시기 바랍니다.

> **| 이후 진행 결과 |**
>
> 목천 중왕선(면도101호) 도로개설공사에 미지급용지로 2023년 9월 22일 4,699만 원 협의보상 받았습니다.

농지취득자격증명 에피소드

파산공매로 낙찰받은 못난이 토지의 대반전

지목이 '전'으로 되어 있어 농취증을 신청합니다. 지목이 전, 답, 과수원인 경우, 소유권이전을 하려면 농취증이 필요합니다. 행정관청에 가지 않고도 정부24 사이트에서 농취증을 신청할 수 있습니다.

농지취득자격에 재배 작물을 작성해야 합니다. 최근 농지취득 심사가 까다로워져 농취증 발급이 쉽지 않습니다. 만약 여러분이 낙찰받고자 하는 농지가 실거주지와 거리가 멀다면, 재배 작물을 한해살이 식물로 하면 안 됩니다. 다년생 식물인 블루베리·아로니아·매실·호두·밤 등으로 신청해야 합니다. 그리고 농업진흥지역(농업보호구역, 농업진흥구역)의 농지는 농업인이 아니면 농취증을 신청해도 발급이 안 되니 입찰 시 주의하세요.

신청 후 관할 읍사무소 농지취득자격 담당 공무원으로부터 연락이 옵니다(인터넷으로 신청했을 때 연락이 오는 것은 주로 뭔가 잘못되거나 문제가 있는 경우입니다). 현장에 직접 나가보니 묘목이 아니라 큰 소나무가 심겨 있다면서 관상용 나무는 농취증 발급이 안 된다고 합니다. 농취증을 발급받으려면 원상복구계획서라는 것을 작성해야 한다고 합니다. 그게 무엇인지 모르는 척하니 메일로 양식을 보내줍니다. 복구계획서를 작성해서 다시 담당자에게 보냅니다. 계획서 내용이 좀 찜찜합니다. "원상 복구를 하지 않을 경우 관련 법령에 의거 어떠한 처벌도 감수하겠다"고 적혀 있습니다.

농지원상복구계획서

1. 농지소재지
   1) 지목 : 답
   2) 토지지번 및 신청면적
      천안시 동남구 목천읍 덕천리 513-1   227㎡
      천안시 동남구 목천읍 덕천리 521-3   5㎡

2. 원상복구 계획 이행자
   1) 성명 :손정욱
   2) 주소 :
   3) 주민등록번호 :
   4) 연락처 :

3. 복구대상 및 복구계획
   1) 복구기한 : 소유권 이전후 2달 소유권이전은 11월말예정
   2) 복구방법 : 수목 벌목 및 이전 예정
   3) 향후 이용계획 : 다년생 식물 또는 콩 재배 예정

상기 본인은 해당 농지에 대한 복구계획을 성실히 이행할 것이며, 농지원상회복에 대한 의무를 다하지 않을 경우 관련 법령에 의거 어떠한 처벌도 감수하겠습니다

2021   년   09   월   17 일

이 행 자   손 정 욱

(서명 또는 인)

출처 : 저자 제공

일단 복구계획서를 다 작성하고 곰곰이 생각해봤습니다. '왜 수목이면 안 될까? 농지에 수목을 심어서 파는 사람도 있는데?' 그래서 담당자에게 전화해서 물어봤습니다. 수목을 심는 게 안 되냐고 하니 안 된다고 합니다. 그럼 묘목은 가능하냐고 되물으니, 식재(초목을 심어 재배)는 가능하다고 합니다. 담당자 말은 즉, "묘목은 가능하나 이렇게 큰 소나무는 안 된다"라는 것입니다. 또, 관상용 나무도 농지 위에 심어서는 안 된다고 합니다. 낙찰받은 토지에 심었던 소나무는 묘목 수준을 넘어섰다는 거죠. 그래서 원상복구계획서를 작성해야 한다고 합니다.

위성사진으로 살펴보니, 뒷토지 소유주가 땅을 취득할 당시 이미 소나무가 심어져 있었습니다. 그래서 기지를 발휘해 담당자에게 말했습니다.

"원상 복구를 하라면 하겠습니다. 그런데 소나무가 내 것도 아닌데, 내 마음대로 자르거나 뽑게 되면 분명 형사적, 민사적 문제가 생길 것 같습니다."

로드뷰와 항공사진으로 본 사례 토지

출처 : 카카오맵

담당자에게 산업과 담당으로 언제 발령받아 왔느냐고 물었습니다.

"읍사무소에는 1월에 왔으나 농취증 담당은 7월부터 했습니다."

"그럼 작년에 이 땅 뒤에 있는 토지를 취득한 소유자는 어떻게 농취증을 받았습니까?"

"…."

"그 당시 소나무가 이미 심어져 있었고, 보아하니 뒷토지 소유주의 소나무인 것 같은데, 그 소유주도 농취증 발급 당시 원상복구계획서를 작성했을 것 아닙니까?"

담당자에게 2020년 12월 뒷토지를 취득 시 소유자가 농취증 발급을 어떻게 했는지를 먼저 확인해보라고 말했습니다. 30여 분이 지났을까, 뒷토지 소유주가 농지취득자격 신청 시, 재배작물에 '수목 식재'로 기재했고, 이에 별다른 문제없이 농취증이 발급되었다는 대답이 돌아왔습니다.

담당자가 말하길 "현장에 갔을 때 돌로 토지 경계가 있었던 것 같다. 착오인 거 같다. 정말 죄송하다. 원상복구계획서는 필요가 없을 것 같다"라고 합니다. 빠른 시일 내 농취증을 내주겠다며 거듭 사과를 합니다. 그러고는 곧바로 농취증을 발급해줬습니다.

토지 투자를 하다보면 담당 주무관청과 연락할 일이 많습니다. 담당자의 해석이나 실수로 여러 가지 경우를 겪을 수 있지만, 당황하지말고 전후 상황을 살펴 대응하시면 잘 해결할 수 있을 것입니다.

제 2021-000318 호   **농 지 취 득 자 격 증 명**

농지 취득자 (신청인)	성명 (명칭)	손정욱		주민등록번호 (법인등록번호)		
	주 소					
	연락처			전화번호		

	소 재 지	지 번	지 목	면 적(㎡)	농지 구분
취득 농지의 표시	충청남도 천안시 동남구 목천읍전리	0513-0001	답	113.50	진흥밖
	충청남도 천안시 동남구 목천읍전리	0521-0003	답	2.50	진흥밖

취 득 목 적 농업경영

귀하의 농지취득자격증명신청에 대하여 「농지법」 제8조, 같은 법 시행령 제7조제2항 및 같은 법
시행규칙 제7조제4항에 따라 위와 같이 농지취득자격증명을 발급합니다.

2021 년 09 월 17 일

충청남도 천안시 동남구 목천읍장

<유의사항>
○ 귀하께서 해당 농지의 취득과 관련하여 허위 그 밖에 부정한 방법에 따라 이 증명서를 발급받은 사실이
　판명되면 「농지법」 제59조에 따라 3년 이하의 징역이나 1천만원 이하의 벌금에 처해질 수 있습니다.
○ 귀하께서 취득한 해당 농지를 취득목적대로 이용하지 아니할 경우에는 「농지법」 제11조제1항 및
　제62조에 따라 해당 농지의 처분명령 및 이행강제금이 부과될 수 있습니다.

출처 : 저자 제공

못난이 땅이 가져다 준 행운의 편지
- 자치법규 도로의 지정 조례 보기

2021년 4월, 법원 파산공매로 나온 물건입니다. 2필지의 토지가 파산관재인이 제시한 최저 가격까지 떨어진 것을 확인하고 법인 명의로 낙찰받았습니다. 기존 거래하던 의정부의 한 법무사 사무실에 소유권이전 업무를 위임했습니다. 소유권이전을 직접 하면 법무사 비용을 아낄 수 있지만 제가 거주하는 곳과의 거리는 무려 300km 정도 됩니다. 직접 가게 되면 경비만 20만 원 이상이고, 무엇보다 하루 종일 시간을 뺏깁니다. 토지를 매도할 때 차익이 많이 생기면 양도세를 많이 내야 하는데, 이렇게 처리하면 그 비용은 토지 매입비용으로 온전히 경비 처리를 할 수 있어 양도소득세 또는 법인세를 공제받을 수 있습니다. 그래서 저는 150km 이내 가까운 거리의 법원 또는 등기소를 갈 때는 직접 가고, 나머지는 항상 법무사에게 위임해 경매 대리입찰, 소유권이전등기 등을 적극 활용합니다. 비용에 대해 너무 거부감을 갖지 마시고 더 효율적으로 일하는 것에 초점을 맞추어 참고하시기 바랍니다.

사례 토지 계약서와 로드뷰로 본 현장

매매 부동산의 표시 :

1. 경기도 포천시 가산면 금현리 1080-2 도로 33㎡
2. 경기도 포천시 가산면 금현리 1093-4 도로 46㎡

제1조 (매매대금)
본건 부동산에 관한 매매대금은 금 이백일만원(2,010,000원)으로 한다.

제2조 (매매대금의 지급)
매수인은 의정부지방법원 제1파산단독으로부터 본건 부동산의 매매계약에 대한 허가결정을 받은 즉시 파산관재인 임치금계좌로 매매대금 전액을 입금하기로 한다.

출처 : 카카오맵

　도로 투자 시 반드시 확인해야 할 사항이 있습니다. 미불용지, 재건축, 재개발 또는 이해관계인이 건축을 하고자 할 때 해당 토지가 필요한가 여부입니다.

　특정 지자체에서는 오래전부터 마을길로 사용해왔거나 사실상의 사도는 주민의 민원 해소 차원에서 매수해줍니다. 지적 재조사 또는 새롭게 도로를 확장 및 포장할 때, 보통은 토지 소유주의 동의를 받는 것이 일반적이지만, 동의가 되지 않으면 부득이 공고를 내고 포장을 진행하는 경우가 있습니다. 이때 토지 소유주에게 보상을 해줍니다.

해당 토지는 지자체에서 민원 해소 차원으로 매수해주는 토지였습니다. 주변을 확인해보니 도로로 이용되는 토지들이 심심치 않게 거래되고 있습니다. 이 사실을 알고 입찰에 참여했습니다. 소액으로 낙찰받았으니 보상을 기다리는 데 부담이 적습니다.

포천시 가산면 사례 토지

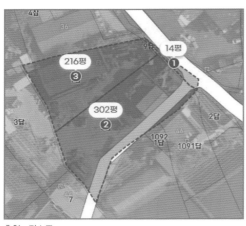

출처 : 디스코

낙찰받은 두 필지 중 1093-4번지의 ①번 토지가 뒤의 두 필지의 토지를 완전히 가로막고 있습니다. 이런 경우는 토지 보상을 기다리는 동안에도 뒷토지 소유주에게 해당 토지를 매도하겠다는 우편을 발송해보기도 합니다. 하지만 이번 경우는 뒷토지 소유주에게 앞토지가 필수적인 것은 아닙니다. 뒷토지는 1093-4번지 토지 소유주의 사용 승낙 없이도 건축 허가가 가능합니다. 건축법 제3조2항에 의하면 비도시지역 면지역은 접도의 의무가 없어 출입에 지장만 없으면 건축 허가가 나기 때문입니다.

자, 이제 앞에서 배운 아이템을 사용해볼 차례입니다. 즐겨찾기 메뉴에서 '자치법규정보시스템'을 열어 관할 지자체의 명칭 '○○시 또는 ○○군 건축조례'를 입력합니다.

다음 해당 지자체의 건축조례가 나옵니다. '도로의 지정'을 보면 '건축조례 25조 이해관계인의 미동의 도로지정기준'을 확인할 수 있습니다. 지자체마다 도로지정기준조례가 다르기 때문에 확인이 필요할 때 관심 지역의 조례를 찾아봅니다.

제25조(이해관계인의 미동의 도로지정기준) 법 제45조제1항제2호에 따라 주민이 장기간 통행로로 이용하고 있는 사실상의 통로로서 허가권자가 이해관계인의 동의를 얻지 않고 위원회의 심의를 거쳐 도로로 지정할 수 있는 경우는 다음 각 호와 같다.
1. 복개된 하천·구거부지
2. 제방
3. 공원 내 통로
4. 산속의 통로
5. 소규모 농로길
6. 사실상 주민이 사용하고 있는 통로

건축조례 제25조1~6번 항에 해당이 되면 개인 사유지라도 사용승낙을 받지 않고 도로지정을 할 수 있다고 되어 있습니다.

해당 토지는 6항의 '사실상 주민이 사용하고 있는 통로'에 해당하기에 뒷토지 소유주는 저의 동의를 받지 않아도 건축 허가를 받을 수 있겠군요. 보상을 목적으로 입찰하긴 했지만 앞토지 소유주인 저로서는 그렇게 좋지만은 않네요. 그래도 혹시 모르니 직접 주무관청에 전화해 한 번 더 확인해봐야겠지요? 특히 법규나 조례 등 해석의 여지가 있는 사항은 돌다리도 두들겨 보는 심정으로 재차 확인하는 것이 리스크를 줄이는 방법입니다.

토지 투자를 하다보면 여러분 또한 저처럼 앞토지 소유주가 될 수도 있고, 반대로 뒷토지 소유주가 될 수도 있습니다. 뒷토지를 낙찰받을 때 이렇게 앞에 조그마한 과소 토지가 끼어 있다면, 주저하지 마시고 지자체에 전화해 확인해보시는 게 좋습니다. 자치법규정보 사이트로 단순 확인 후 '맹지가 아니구나' 하고 끝내면 큰일 납니다.

일례로 건축 허가에서 도로에 접하는 접도 의무는 면했지만, '생활기반시설(상수, 하수, 우수, 가스배관)' 등을 연결하기 위해 사유지 도로로 굴착이 필요한 경우도 있습니다. 이때는 상하수도 및 가스시설 관계자가 사유지 도로에 대한 사용승낙서를 받아야만 굴착이 가능하다고 할 수 있습니다. 이런 부분은 꼭 기억해두셨으면 합니다.

행운의 편지

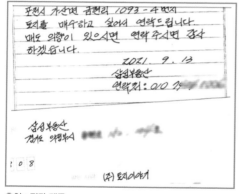

출처 : 저자 제공

9월경 모 중개업소에서 행운의 편지가 날아옵니다. 내용인 즉, 해당 토지를 매수하고 싶다고 합니다. 연락을 해봅니다. 실제 편지를 보낸 분은 공인중개사는 아니고 부동산 중개보조원이었습니다. 예전 말로 하면 지역의 '뜸박이'라고 부르기도 합니다.

아무것도 모르는 척 토지를 매수하려는 이유를 물어봤습니다. 당연히 뒷토지를 매수하려는 분이 제 땅이 필요하다고 합니다. 아마 뒷토지 소유자가 사용 승낙에 대한 내용 즉, 비도시지역 면지역의 이런 땅은 저의 동의 없이도 건축이 가능하다는 사실을 몰랐나 봅니다. 아니면 요즘 부모로부터 물려받은 마을길이나 경매로 낙찰받은 도로 등 사유지 도로에 길을 막아 알박기를 한다는 뉴스가 심심치 않게 있는데 그와 관련한 것이 아닌가 하는 생각도 해 봅니다. 아무래도 내 땅 앞을 가로막는 사유지가 있다면 이만저만 부담스러운 일이 아닐 수 없지요.

어쩌면 중개업소의 역할이 컸을 수도 있습니다. 여차저차 문의가 들어왔을 때, 중개업소에서 뒷토지 소유주에게 "앞토지 없으면 뒷토지가 맹지가 되니 꼭 사세요"라고요.

아무튼 그 이유가 뭐가 되었든, 보상을 목적으로 소액 투자한 물건이 생각보다 빠르게 좋은 결과를 내주었습니다. 부동산 투자를 하다보면 내 뜻과 상관없이 일이 흘러가기도 합니다. 사실, 아주 예상하지 않은 것은 아니니 우연이라고만 볼 수도 없지요. 평소 전후 관계에 대해 잘 살피고 다방면으로 전략을 세울 줄 알아야 합니다.

정리하자면 4월경 파산공매로 나온 물건을 총 매수 비용 251만 원으로 낙찰받았습니다(낙찰가 201만 원, 법무사 비용 및 취득세로 50만 원). 도로 수용 보상을 기다리던 중 뒷토지 소유주가 해당 토지를 매수하기를 원했고, 취득 시와 마찬가지로 토지를 매도할 때도 법무사님을 대리인으로 위임해 매도계약을 진행했습니다. 매도금액 1,600만 원으로 이 건을 마무리지었습니다.

부동산매매계약서

부동산의 표시

1. 경기도 포천시 가산면 금현리 1080-2 도로 33㎡
2. 경기도 포천시 가산면 금현리 1093-4 도로 46㎡

이 상

계약내용

제1조 : 매도인과 매수인은 쌍방 합의하에 위 부동산에 대한 매매계약을 다음과 같이 체결한다.

제2조 : 위 부동산의 매매대금을 매수인은 아래와 같이 지불하기로 한다.

매매대금	금일천육백만원정(₩16,000,000)	단가 :(㎡/평)
지급방법	계약시 일시불로 지불한다.	

제3조 : 매도인은 매매대금의 잔금을 수령함과 동시에 매수인에게 소유권이전등기에 필요한 모든 서류를 교부하고 위 부동산을 인도하여야 하며, 소유권의 행사를 제한하는 사유나 공과금 기타 부담금의 미납이 있을 때에는 잔금 수수일 이전까지 그 권리의 하자 및 부담 등을 제거하여 완전한 소유권을 매수인에게 이전하여야 한다.

제4조 : 위 표시 부동산에 관하여 발생한 수익과 조세공과 등의 부담금은 위 부동산의 인도일을 기준으로하여 그 전일 까지의 것은 매도인에게, 그 이후의 것은 매수인에게 각각 귀속한다.

제5조 : 매수인이 매도인에게 중도금(중도금약정이 없을 때에는 잔금)을 지불하기 전까지는 매도인은 계약금을 배액으로 상환하고, 매수인 또한 계약금을 포기하고 이 계약을 해제 할 수 있다.

※특약사항 :

이 계약을 증명하기 위하여 계약당사가가 이의 없음을 확인하고 각자 서명, 날인한다.

2021년   9월   16일

출처 : 저자 제공

TIP!

거주지로부터 거리가 먼 지역인 경우 해당 지역 법무사를 지정해 대리입찰, 소유권이전, 매매계약 등을 위임합니다. 필요한 일을 맡김으로써 저는 물건 찾는 일에만 집중할 수 있습니다. 몇 차례 진행하게 되면 친분이 쌓여 점점 일처리가 더 수월해집니다.

내가 직접 부차적인 일을 하면 비용을 아낄 수 있습니다. 하지만 한정된 시간에 모든 일을 내가 다 하기란 너무 힘이 들뿐더러 그럴 수도 없습니다. 필요할 때 적당히 공인중개사, 법무사, 감정평가사, 변호사 등 나보다 더 일을 전문적으로 할 수 있는 분에게 맡기면 오랫동안 편안하게 투자할 수 있습니다.

03 못난이 땅, 등기필증 잉크가 마르기도 전에 매도
- 도로와 다른 시설에 관한 연결 규칙

저는 평범한 회사원이었습니다. 우연한 기회로 부동산 투자에 눈을 뜨게 되었고, 시간을 내어 부동산 공부를 시작했습니다. 직장 생활을 하면서 간간이 경매에 입찰하기도 했습니다. 관심 물건의 입찰이 있는 날이면 직장 상사 눈치를 봐가며 경매 법원에 가기도 했지요. 또 직장인이라는 한계에 수백만 원을 경매 컨설팅 회사에 지불하기까지 했습니다.

법원 경매는 관할 법원마다 유찰 범위가 20~30%나 됩니다. 저는 보수적인 금액으로 입찰하기에, 높은 금액으로 입찰가를 적는 입찰자에게 번번이 패했습니다. 간혹 낙찰되어도 공유자 우선매수가 들어와 기회를 놓치는 경우도 종종 있었습니다.

직장인으로 하루 연차를 내고 아침 일찍 법원에 가야 하는 수고로움, 연차수당, 경비 등 그간 물건 발굴에 들인 공은 온데간데없고, 시간적, 경제적 손실로 인한 쓰라림만 남았습니다.

온비드 공매를 알고는 있었지만, 관심도 없었을 뿐더러 정확히 뭘 어떻게 하는 건지 몰라 참여해볼 생각조차 하지 못했습니다. 지금 생각하면 '왜 좀 더 일찍 알아보고 공매를 적극적으로 하지 않았을까?' 하는 의문이 듭니다.

공매는 주말이나 쉬는 시간에 잠시 찾아보고, 괜찮은 물건이 있으면 쉽게 입찰할 수 있습니다. 컴퓨터만 있으면 어디서든 가능하지요. 공매는 온라인으로 진행하니 경매와 달리 여러 건의 물건을 동시에 입찰할 수도 있습니다. 패찰하더라도 손해 볼 일이 전혀 없습니다.

공매는 유찰의 범위도 10%로 크지 않습니다. 유찰된 물건 중 꼭 낙찰받고 싶은 물건이 있으면, 그전 유찰된 가격을 전후해 입찰하면 낙찰될 가능성이 매우 높습니다. 심지어 낙찰 후 소유권이전등기도 편하게 할 수 있습니다. 필요한 서류를 준비해서 관할 담당자에게 우편으로 보내기만 하면 됩니다. 담당자들이 소유권이전을 알아서 해주기 때문에 모든 절차를 편안하게 집에서 처리할 수 있습니다. 이런 매력에 2019년부터는 회사마저 그만두고, 전업 투자자로서 본격적으로 공매 물건에 투자하고 있습니다.

다음은 공매로 낙찰받아 한 달도 채 되지 않아 매도한 사례입니다. 충남 아산에 있는 24.5평의 과소 토지로서 감정가 약 535만 원의 물건을 653만 원에 낙찰받았습니다.

사례 토지의 입찰 정보

2019-03702-001		입찰시간 : 2020-03-09 10:00~ 2020-03-11 17:00		조세정리팀(☎ 1588-5321)	
소재지	충청남도 아산시 인주면 금성리 66-15 ▣지도 ▣지도 주소복사 (도로명주소 :)				
물건용도	토지	감정가	5,346,000 원	재산종류	압류재산(캠코)
세부용도	답	최저입찰가	(100%) 5,346,000 원	처분방식	매각
물건상태	낙찰	집행기관	한국자산관리공사	담당부서	대전충남지역본부
토지면적	81㎡ (24.503평)	건물면적		배분요구종기	2019-07-01
물건상세	답 81㎡				
위임기관	여수세무서	명도책임	매수인	유효 2명 / 무효 0명(인터넷) 6,530,000원/ 6,287,000원 낙찰	
부대조건					

입찰 정보(인터넷 입찰)

입찰번호	회/차	대금납부(기한)	입찰시작 일시~입찰마감 일시	개찰일시 / 매각결정일시	최저입찰가
0033	009/001	일시불(30일)	20.03.09 10:00 ~ 20.03.11 17:00	20.03.12 11:00 / 20.03.16 10:00	5,346,000

낙찰 : **6,530,000원 (122.15%)**

출처 : 옥션원

도로 옆에 길쭉하게 붙어 있는 이른바 못난이 토지입니다. 이런 토지는 건축 행위를 하거나, 일반인에게 정상적으로 매매하기가 힘듭니다. 그래서 보통 공매 입찰자들의 관심 대상에서 제외되는 땅이기도 합니다.

사례 토지 로드뷰와 위치

출처 : 카카오맵

가까이에서 살펴보니 논두렁으로 이용되고 있어 농사도 못 짓습니다. '평수도 작고 사용도 못 하고, 저런 쓸모없는 쓰레기 땅을 낙찰받아서 뭐 하려고?' 의아해하는 사람도 있을 것입니다. 여러분 생각이 맞을 수도 있습니다. 그러나 저는 반대로 생각했습니다. '대부분이 안 좋다고 해도 누군가는 이 땅이 꼭 필요하지 않을까?' 이 땅이 꼭 필요한 그 누군가를 찾아내는 것, 그게 경·공매 투자의 또 다른 매력입니다.

우선 해당 지역이 아산인 것을 눈여겨봅니다. 세계의 공장인 중국과의 교류 확대로, 환황해권역인 아산, 서산, 천안 지역이 커질 것을 예상했습니다. 이 일대에 공장이 들어서고 일거리를 찾는 사람들이 지역으로 유입되면, 지자체에서는 인구증가에 대비해 인프라를 구축해야 합니다. 도로도 개설하고, 늘어나는 인구에 대비해 주택도 공급해야 합니다. 그밖에 다른 편의 시설들이 확충되어야겠지요. 인구가 늘고 개발이 가속화되면, 자연히 땅값이 상승합니다.

사례 토지의 위치

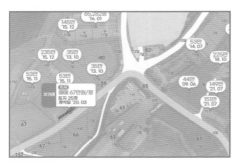

출처 : 디스코

디스코로 해당 토지 인근의 거래 내역을 찾아봅니다. 2013~2015년, 평당 35만 원에서 235만 원으로 꽤나 빈번하게 거래가 있었습니다.

최근 몇 년 내에 낙찰 토지 인근에 실거래가 있는 것은, 반드시 주목할 만한 내용입니다.

사례 토지 주변

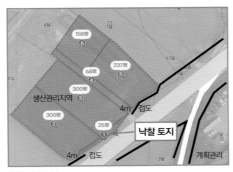

출처 : 디스코

2, 3번 토지에 건축을 하려면 도로가 필수입니다. 사진의 검정색 도로 기준으로 1번 낙찰 토지가 2, 3번의 토지를 80% 이상 가로막고 있습니다. 그럼에도 2, 3번 토지는 도로에 4m가량 접도하고 있습니다. 생산관리지역에서 이 정도면 단독주택 정도가 건축이 가능합니다. 도로와 시설물의 연결 규칙에서, 5가구 이하의 주택과 농어촌 소규모 시설의 진출입로를 설치하는 경우에는 가감속 차로도 필요 없습니다. 따라서 1번 낙찰 토지가 뒷토지 소유주에게 반드시 필요한 것은 아닙니다.

하지만 2번, 3번의 토지 소유주가 1번 토지를 매수하면, 각 15m 도로가 접도하게 됩니다. 도로 폭이 넓어지면 진출입구가 넓어지니 개발이 더 용이하겠지요. 게다가 가치 또한 자연스레 상승할 테니 매매도 더 잘 성사될 것입니다. 이처럼 토지 투자 시 도로 여부는 매우 중요한 포인트입니다.

건축 가능한 건축물 확인

건축법 별표에 따른 시설들		가능여부 보기	해당 필지에 지정된 「국토의 계획 및 이용에 관한 법률」에 따른 지역 · 지구
대분류	시설들		생산관리지역
- 단독주택			
단독주택		Q	○
다중주택		Q	○
다가구주택		Q	○
공관		Q	○

출처 : 토지이음

용도별 건축행위

- 제1종 근린생활시설		
일용품을 판매하는 소매점	Q	○
휴게음식점	Q	X
제과점	Q	X
- 공장		
공장	Q	△
- 창고시설		
창고	Q	△

출처 : 토지이음

사례의 토지이용계획확인원

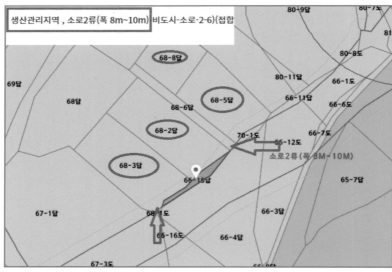

출처 : 토지이음

TIP!

용도지역에 따라 건축할 수 있는 건물이 달라 그에 따라 토지의 가격 차이가 많이 납니다. 만약 뒷토지가 생산관리지역이 아닌 계획관리지역이라면 공장·주유소 등의 건축도 가능합니다(생산관리지역은 공장을 지을 수 없습니다). 하지만 이때는 가감속 차로를 확보해야 건축할 수 있습니다. 1번 토지가 절대적으로 필요한 상황이 되는 거지요. 따라서 입찰 시에는 해당 토지의 용도지역과 용도지역에 가능한 건축행위를 확인해보고 이해관계인에게 꼭 필요한 땅인지 생각한 후 참여하시기 바랍니다.

가감속 차로 : 차량이 어떤 건물에 진출입을 위해 차량 속도를 올리고 낮추기 위해 별도로 가 쪽에 만든 도로

출처 : 카카오맵

사례 토지와 주변

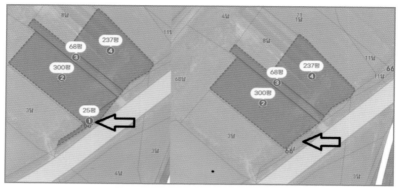

출처 : 디스코

낙찰 사실을 통보받은 즉시 2번, 3번 토지 소유주에게 협조 안내문을 발송했습니다. 1번 토지를 매수하면 2, 3번 토지의 가치가 상승할 거라는 내용이었습니다. 이에 수긍한 듯, 2번 토지 소유주가 토지를 매수하겠다며 연락이 왔습니다. 그러고는 매각허가결정일에 곧바로 계약금을 보내왔습니다. 이로써 2번 토지는 도로에 전면 15m가 붙은 멋진 토지가 되었습니다.

사례 토지의 매매계약서

위에 쓴 부동산을 매도인과 매수인의 합의하에 아래와 같이 매매계약을 체결한다.
제 1조   매매대금 및 그 지급방법을 다음과 같이 약정한다.
　　　　매매대금 :　금　　　　16,500,000　원정
　　　　계 약 금 :　금　　　　　　500,000　원정은 계약과 동시에 매도자에게 지불하고 영수함.
　　　　중 도 금 :　금　　　　　　　　　원정은　　　　년　　　월　　　일 지불하고 영수함.
　　　　잔　　금 :　금　　　　16,000,000　원정은　　2020년 4월 6일 지불하고 영수함.
제 2조   부동산의 명도는　　　년　　월　　일하기로 한다.
제 3조   매도인은 잔금지불시까지 위 부동산에 대한 공과금 등을 불입할 의무를 가지기로 한다.
제 4조   매도인은 잔금을 받을때 소유권이전을 할 수 있는 모든 서류를 매수인에게 제공한다.
제 5조   매수인은 이건 부동산에 대하여 매수인이 인수하지 아니한 저당권, 임차권, 지상권 및
　　　　기타 제한물건이나 압류등이 있는 경우 계약을 해제할 수 있으며 이로인해 손해가 발
　　　　생하는 경우 매도인은 이를 배상하여야 한다.
제 6조   본 부동산에 부수하는 정착용 시설물 등은 현상태대로 매도한다.
제 7조   본 계약에 의한 소유권이전등기절차비용은 매수인의 부담으로 한다.
제 8조   매도인이 본 계약을 어겼을 때에는 계약금으로 받은 금액의 배액을 매수인에게 배상하
　　　　고, 매수인이 본 계약을 어겼을 때에는 계약금은 무효가 되고 이를 반환청구할 수 없
　　　　다.
특약사항 :

이 계약을 증명하기 위하여 계약당사자가 이의없음을 확인하고 각자 서명 날인한 뒤 각각 1통씩
갖는다.

　　　　　　　　　　　　　　　　　2020년 3월 16일

출처 : 저자 제공

낙찰부터 매도까지 20일 만에 1,000만 원의 수익을 확정지었습니다. 부동산 토지도 이렇게 단기간에 수익 실현이 가능합니다. 제가 선호하는 방식이기도 합니다. 많은 사람들이 토지의 모양만 보고 쓸모없는 땅이라고 생각하지만, 이 사례처럼 누군가에게는 필요한 땅이 되기도 합니다. 못난이 땅이나 쓸모없어 보이는 땅이 알고 보면 숨겨진 보물일 수 있습니다. 진짜 보물을 캐는 기분으로 물건을 찾으시기 바랍니다.

비도시지역의 토지 투자 시 도로와 다른 시설 연결에 관한 규칙

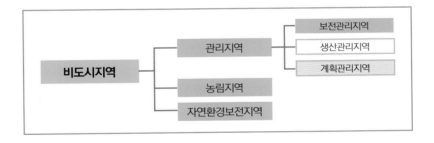

| 예시 |

공장을 짓기 위해 계획관리지역의 땅을 찾던 김 사장이 경매로 괜찮은 땅을 발견하고 낙찰되었습니다. 공장을 짓기 위해 건축허가를 받으러 갔으나, 가감속 차로가 허가 기준에 맞지 않아 해당 땅은 맹지나 다름없는 땅이 되었습니다.

왜 가감속 차로가 필요로 할까요?

국도·지방도·4차선 이상 시·군·구 도로에 고속주행을 하는 곳에서 추돌사고, 급제동, 불시의 사고로 이어질 수 있음에, 안전을 위해 도로연결 금지·가감속 차로·교차로 영향권을 만듦으로서 미연에 사고를 방지하고자 하는 것입니다.

도로점용 정보마당(https://calspia.go.kr)에서는 도로점용 사전 검토 신청이 가능합니다.

도로점용 정보마당

출처 : 국토교통부

도로연결허가

일반국도에 다른 도로·통로 기타의 시설을 연결시키고자 하는 자는 허가를 받아야 하며, 허가의 기준·절차 등에 대하여는 국토교통부령(도로와 다른 도로 등과의 연결에 관한 규칙)으로 정합니다.

단, 일반국도 이외의 시장이 관리청인 국도, 지방도, 4차선 이상으로 도로구역이 결정된 도로에 대한 기준·절차 등은 당해 지자체의 조례로 정하는 바에 따릅니다.

허가 절차

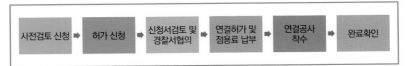

출처 : 도로점용 정보마당, 국토교통부

사전검토 신청

사전검토 신청은 연결허가 금지구간 해당 여부를 허가 신청 전에 약식으로 검토받아 불필요한 노력과 설계비의 절약 등 민원인의 편의 제공을 위한 것입니다. 단, 사전검토 신청 없이 사업부지를 매입할 경우 연결허가 금지구간에 해당할 수도 있다는 것에 유의합니다.

허가 신청

허가신청서(도로와 다른 도로 등과의 연결에 관한 규칙 별지 서식)에 연결계획서, 변속차로·회전차로 및 부대시설 등의 설계도면, 도로점용허가신청서 등을 첨부해서 허가관청에 신청합니다. 허가관청은 지방국토관리청, 국도관리사무소입니다.

허가 기준
① 변속차로(가감속 차로)
  - 길이는 [별표 5]에서 정한 기준 이상으로 할 것
  - 폭은 3.25m 이상으로 할 것
  - 자동차의 진입과 진출을 원활하게 유도할 수 있도록 노면 표시를 할 것

– 사업부지에 접하는 변속차로의 접속부는 곡선반지름이 12m 이상인 곡선으로 처리할 것. 다만, 표 2에서 정한 곡선반지름이 있는 경우에는 그에 따른다.

– 성토부, 절토부 등 비탈면의 기울기는 접속되는 도로와 같거나 그 도로보다 완만하게 설치할 것

② 연결로 등의 포장 및 길어깨, 배수시설, 분리대, 부대시설 등은 도로와 다른 도로 등과의 연결에 관한 규칙 제9조 내지 제13조에서 정한 바에 따름

③ 도시계획구역 안에서의 연결허가 기준은 당해 도로가 도시계획에 따라 정비되어 있거나, 연결허가 신청일로부터 3년 이내에 도시계획에 의하여 도로정비에 관한 구체적인 사업이행이 예정되어 있는 경우에는 당해 도시계획에 적합하여야 함

〈표 1〉 지구단위계획구역, 제2단계 집행계획 수립지역 변속차로의 최소길이

(단위 : m)

시설	주차대수 (가구수)	감속부의 길이		가속부의 길이	
		감속차로	테이퍼	가속차로	테이퍼
가. 공단진입로 등	–	40(25)	15(10)	65(45)	20(15)
나. 휴게소·주유소 등	–	40(25)	15(10)	65(45)	20(15)
다. 자동차 정비업소 등	–	25(15)	10(10)	직접식 가속차로30(20)	
라. 사도·농로·마을진입로 또는 그 밖에 이와 유사한 교통용 통로 등	통로 등의 폭이 6m 미만	도로모서리곡선화(곡선반지름 : 7m)			
	통로 등의 폭이 6m 이상			직접식 가속차로25(20)	
마. 판매시설 및 일반음식점 등	20대 이하	15(10)	10(10)	직접식 가속차로25(20)	
	21대~50대	25(15)	10(10)	직접식 가속차로30(20)	
	51대 이상	40(25)	15(10)	65(45)	20(15)

토통령의 답이 정해져 있는 땅 투자

시설	주차대수(가구수)	감속차로	테이퍼	가속차로	테이퍼
바. 주차장·건설기계주차장·운수시설·의료시설·운동시설·관람시설·집회시설 및 위락시설 등	20대 이하	도로모서리곡선화(곡선반지름 : 7m)			
	21대 ~ 50대	25(15)	10(10)	직접식 가속차로30(20)	
	51대 이상	40(25)	15(10)	65(45)	20(15)
사. 공장·숙박시설·업무시설·근린시설 및 기타시설	20대 이하	도로모서리곡선화(곡선반지름 : 7m)			
	21대~50대	25(15)	10(10)	직접식 가속차로30(20)	
	51대 이상	40(25)	15(10)	65(45)	20(15)
아. 주택 진입로 등	5가구 이하	도로모서리의 곡선화(곡선반지름 : 3m)			
	20가구 이하	도로모서리의 곡선화(곡선반지름 : 5m)			
	100가구 이하	25(15)	10(10)	직접식 가속차로30(20)	
	101가구 이상	40(25)	15(10)	65(45)	20(15)
자. 농·어촌 소규모 시설(소규모 축사 또는 창고 등)	–	도로모서리의 곡선화(곡선반지름 : 3m)			

출처 : 도로점용 정보마당, 국토교통부

〈표 2〉 그 밖의 지역의 변속차로의 최소길이

(단위 : m)

시설	주차대수(가구수)	감속부의 길이		가속부의 길이	
		감속차로	테이퍼	가속차로	테이퍼
가. 공단진입로 등	–	45(30)	15(10)	90(65)	30(20)
나. 휴게소·주유소 등	–	45(30)	15(10)	90(65)	30(20)
다. 자동차 정비업소 등	–	30(20)	10(10)	60(40)	20(20)
라. 사도·농로·마을진입로 또는 그 밖에 이와 유사한 교통용 통로 등	–	20(15)	10(10)	40(30)	20(20)
마. 판매시설 및 일반음식점 등	10대 이하	20(15)	10(10)	40(30)	20(20)
	11대 ~ 30대	30(20)	10(10)	60(40)	20(20)
	31대 이상	40(30)	15(10)	90(65)	30(20)
바. 주차장·건설기계주차장·운수시설·의료시설·운동시설·관람시설·집회시설 및 위락시설 등	30대 이하	30(20)	10(10)	60(40)	20(20)
	31대 이상	45(30)	15(10)	90(65)	30(20)

사. 공장·숙박시설·업무시설·근린시설 및 기타시설	20대 이하	20(15)	10(10)	40(30)	20(20)
	21대 ~ 50대	30(20)	10(10)	60(40)	20(20)
	51대 이상	45(30)	15(10)	90(65)	30(20)
아. 주택 진입로 등	5가구 이하	도로모서리의 곡선화(곡선반지름 : 3m)			
	100가구 이하	30(20)	10(10)	60(40)	20(20)
	101가구이상	45(30)	15(10)	90(65)	20(20)
자. 농·어촌 소규모 시설(소규모 축사 또는 창고 등)	–	도로모서리의 곡선화(곡선반지름 : 3m)			

* 위 표는 4차로 도로기준, ( )는 2차로 도로기준
출처 : 도로점용 정보마당, 국토교통부

이의 신청

연결허가 불허가 처분 시 처분청에 이의 신청을 할 수 있습니다.

연결허가의 금지구간

곡선반경이 280m(2차로 도로의 경우에는 140m) 미만인 곡선구간의 안쪽 차로의 중심선에서 장애물까지의 거리가 표 3에서 정하는 최소거리 이상이 되지 아니하여 시거를 확보하지 못하는 경우의 안쪽 곡선구간입니다.

〈표 3〉 곡선구간의 곡선반경 및 장애물까지의 최소거리(제6조제1호 관련)

(단위 : m)

구분	4차로 이상				2차로		
곡선반경	260	240	220	200	120	100	80
최소거리	7.5	8	8.5	9	7	8	9

출처 : 도로점용 정보마당, 국토교통부

– 종단 기울기가 평지에서 6%, 산지에서 9%를 초과하는 구간.

다만, 오르막차로가 설치되어 있는 경우 오르막 차로의 바깥쪽 구간에 대하여는 연결을 허가할 수 있음

- 터널 및 지하차도 등의 시설물 중 시설물의 내외부 명암차이가 커서 장애물 식별이 어려워 조명시설 등을 설치했을 경우
  가. 설계속도가 시속 60km이하인 일반국도 : 해당 시설물로부터 300m 이내의 구간
  나. 설계속도가 시속 60km를 초과하는 일반국도 : 해당 시설물로부터 350m 이내의 구간
- 교량 등의 시설물과 근접되어 변속차로를 설치할 수 없는 구간
- 버스정차대, 측도 등 주민편의시설이 설치되어 이를 옮겨 설치할 수 없거나 옮겨 설치하는 경우 주민 통행에 위험이 발생할 우려가 있는 구간
  ※ 국도와 만나 교차로를 이루는 도로
- 도로법 제2조제1호에 다른 도로
- 농어촌도로정비법 제 4조에 따른 면도(面道) 중 2차로 이상으로 설치된 면도
- 2차로 이상이며 그 차도의 폭이 6m 이상이 되는 도로
- 그 밖에 도로 연결로 인하여 교통의 안전과 소통에 현저하게 지장을 초래하는 도로
- 제5조1항 각 호의 어느 하나에 해당하는 경우에는 제한거리를 적용하지 않는다.
- 5가구 이하의 주택과 농어촌 소규모 시설(건축법 제14조에 따라 건축 신고만으로 건축할 수 있는 소규모 축사 또는 창고 등을 말한다)의 진출입로를 설치하는 경우에 제한거리를 적용하지 않는다.

〈예시도〉 변속차로가 설치되지 않았거나 설치계획이 없는 평면교차로 연결 금지구간

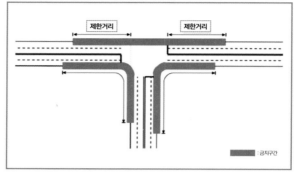

출처 : 도로점용 정보마당, 국토교통부

〈예시도〉 입체교차로의 연결 금지구간

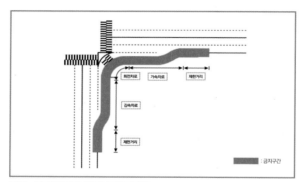

출처 : 도로점용 정보마당, 국토교통부

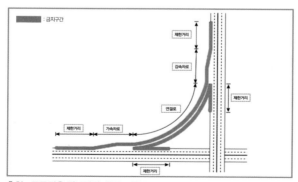

출처 : 도로점용 정보마당, 국토교통부

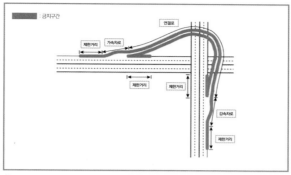

- 교차로 영향권의 최소길이와 설치제한 거리

영향권의 최소길이

설계속도 (km/h)	제한거리의 최소길이(m)	
	제5조제1항제1호 및 제2호에 따른 지역, 지구단위계획구역, 제2단계 집행계획 수립지역	그 밖의 지역
50	25	40
60	40	60
70	60	85
80	70	100

설치 제한거리

구분	지구단위계획구역,제2단계 집행계획 수립지역	그 밖의 지역
제한거리의 최소길이(m)	10	20

구분	4차로 이상	2차로
제한거리의 최소길이(m)	60m	45m

- 표에서 지구단위계획구역은 '국토의 계획 및 이용에 관한 법률' 제51조에 따라 지정된 구역을 말한다.
- 표에서 제2단계 집행계획 수립지역은 '국토의 계획 및 이용에 관한 법률' 제85조에 따른 단계별 집행계획 중 제2단계 집행계획이 수립된 도시지역을 말한다.

[별지 제1호서식] <개정 2014.12.29.>

도로와 다른 시설의 연결허가신청서

접수번호		접수일자		처리기간	21일

신청인	성명(법인의 경우 그 명칭 및 대표자의 성명)		생년월일(법인등록번호 또는 외국인등록번호)		
	주소(법인의 경우 주사무소 소재지)				
	연락처	전화	휴대전화	전자우편	

신청내용	① 연결 목적	② 점용기간	
	점용장소 · 점용면적		(m²)
	공사 실시방법	공사시기 년 월 일 ~ 년 월 일	
	도로 복구방법		
	③ 도로 종류 및 노선명		
	도로와 연결하는 다른 시설의 종류 및 명칭		

「도로법」 제52조, 제61조 및 「도로와 다른 시설의 연결에 관한 규칙」 제4조에 따라 도로에 다른 도로, 통로, 그 밖의 시설을 연결하기 위하여 위와 같이 허가를 신청합니다.

년   월   일

신청인   (서명 또는 인)

도로관리청 귀하

신청인 제출서류	1. 연결계획서 2. 설계도면(변속차로, 부가차로, 회전차로 및 부대시설 등의 설계도면을 말하며, 점용장소의 면적은 1/1,200 이상의 평면도에 도로 중심선에서의 좌우거리 및 위치를 표시합니다) 3. 주요 지하매설물 관리자의 의견서(주요 지하매설물이 있는 점용지역에서 연결공사를 하는 경우에만 해당합니다.)	수수료: 1,000원
유의사항	1. 허가를 받지 않고 도로에 다른 도로 · 통로, 그 밖의 시설을 연결하면 2년 이하의 징역 또는 2천만원 이하의 벌금에 처합니다(「도로법」 제114조제5호). 2. 허가를 받지 않고 도로를 점용하면 2년 이하의 징역 또는 2천만원 이하의 벌금에 처하며, 변상금이 부과됩니다(「도로법」 제72조 및 제114조제6호). 3. 허가를 받은 자는 관계 규정에 따라 점용료를 내야 하며, 허가면적을 초과하여 점용하면 300만원 이하의 과태료가 부과됩니다(「도로법」 제66조 및 제117조제2항제1호). 4. 허가기간을 연장하려면 허가기간이 끝나기 전까지 연장허가를 받아야 합니다.	
작성방법	①란은 휴게소 · 주유소 · 공장 · 아파트 · 진입로 등 연결 목적을 적습니다. ②란은 「도로법 시행령」 제55조제5항제1호부터 제5호까지, 제7호, 제9호 및 제10호에 따른 점용물인 경우 10년 이내로 적고, 그 밖의 점용물인 경우 3년 이내로 적습니다. ③란은 일반국도 노선번호를 적습니다.(예: 국도 ○○호선 등)	

처리절차						
신청서 작성	→ 접 수	→ 현지조사	→ 검 토	→ 결 재	→ 허가서	→ 발 급
신청인	처리기관	처리기관	처리기관	처리기관	처리기관	

210mm×297mm[백상지 80g/m²(재활용품)]

출처 : 도로점용 정보마당, 국토교통부

못난이 땅
작지만 에너자이저
- 불하와 목적 외 사용승인

04

한 소유주가 보유하고 있던 3필지의 토지가 다음 페이지의 자료처럼 기호 4, 기호 5, 기호 6 이렇게 개별 매각으로 나왔습니다. 공매기관(온비드)에서 3필지 전체를 한꺼번에 일괄 매각하는 방법도 있지만 개별 매각이 유리하다고 판단되면 이처럼 필지별 개별 매각을 진행하는 경우도 있습니다.

기호 4번의 토지는 도로구역에 포함되어 있어 미불용지에 해당합니다. 제가 원하는 유찰가격까지 오지 않고 매각되었습니다. 제가 보기에 기호 6번 토지는 큰 메리트가 없었습니다. 감정가 대비 75%까지 가격이 떨어져서 싸다고 생각했는지 누군가 낙찰을 받았습니다. 좋은 물건을 싸게 사면 좋겠지만 가격이 싸다는 이유만으로 사는 건 좋지 않습니다. 싼 건 싼 이유가 있는 것이니까요. 기호 6번의 뒷토지인 302-1번지는 현재 공매로 나온 토지의 소

공매로 나온 경기도 용인시의 사례 토지

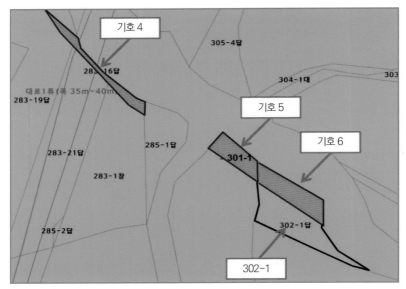

출처 : 토지이음

유주와 동일인입니다. 혹시라도 체납된 세금을 다 해결하지 못하면 뒷토지도 공매에 나올 수 있습니다. 그래서 기호 6번의 토지는 큰 메리트가 없습니다. 기호 6번은 기호 5번과 함께 있어야 그나마 힘을 발휘할 수 있습니다.

사례 토지의 입찰 정보

2019-05758-005		입찰시간 : 2019-12-23 10:00~ 2019-12-24 17:00			조세정리2팀(☎ 1588-5321)	
소재지	경기도 용인시 처인구 포곡읍 삼계리 301-1 [지도] [지도] [주소복사] (도로명주소 :)					
물건용도	토지	감정가	14,640,000 원	재산종류	압류재산(캠코)	
세부용도	도로	최저입찰가	(50%) 7,320,000 원	처분방식	매각	
물건상태	낙찰	집행기관	한국자산관리공사	담당부서	경기지역본부	
토지면적	48㎡ (14.52평)	건물면적		배분요구종기	2019-11-04	
물건상세	도로 48㎡					
위임기관	서울특별시	명도책임	매수인	조사일자	0000-00-00	
부대조건	2019/11/04					

입찰번호	회/차	대금납부(기한)	입찰시작 일시~입찰마감 일시	개찰일시 / 매각결정일시	최저입찰가
0009	044/001	일시불(30일)	19.11.18 10:00 ~ 19.11.20 17:00	19.11.21 11:00 / 19.11.25 10:00	14,640,000
0009	045/001	일시불(30일)	19.11.25 10:00 ~ 19.11.27 17:00	19.11.28 11:00 / 19.12.02 10:00	13,176,000
0009	046/001	일시불(30일)	19.12.02 10:00 ~ 19.12.04 17:00	19.12.05 11:00 / 19.12.09 10:00	11,712,000
0009	047/001	일시불(30일)	19.12.09 10:00 ~ 19.12.11 17:00	19.12.12 11:00 / 19.12.16 10:00	10,248,000
0009	048/001	일시불(30일)	19.12.16 10:00 ~ 19.12.18 17:00	19.12.19 11:00 / 19.12.23 10:00	8,784,000
0009	049/001	일시불(30일)	19.12.23 10:00 ~ 19.12.24 17:00	19.12.26 11:00 / 19.12.30 10:00	7,320,000

낙찰 : 7,340,000원 (100.27%)

기호 5 북서측에서 촬영   기호 5 동측에서 촬영

출처 : 옥션원

　저는 기호 5번 301-1번지 땅에 관심을 가졌습니다. 지목은 도로, 면적 48㎡, 감정가격이 1,464만 원입니다. 감정가 대비 50% 유찰되었을 때 최저가에서 살짝 올려 734만 원에 단독 낙찰받았습니다.

출처 : 디스코

*건축별 용도지역 조견표의 자연녹지지역의 교차점을 찾아 2, 3번에 무슨 건축을 할 수 있는지 확인해보세요.

제가 낙찰받은 1번(기호 5) 토지는 2, 3번 토지를 완벽하게 가로막고 있습니다. 그럼 옆에 있는 4번 토지로 진입하면 되지 않는가 하고 물을 수 있습니다. 같이 한번 살펴볼까요?

4번 토지의 소유자 정보

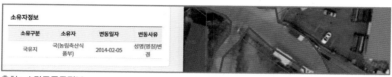

출처 : 스마트국토정보

우선 질문에 따라 4번 토지를 확인해봅니다. 지목은 '구거(도랑)', 법인소유로 확인됩니다. 디스코에는 단순히 법인소유라고 보여주지만, 스마트국토정보로 찾아보면 '국(농림축산식품부)'으로 나옵니다. 국가 소유란 말이지요.

구거나 도로 등 국가 소유의 땅을 점용하고자 할 때는 '목적 외 사용승인'이라는 것을 받아야 합니다. 내 토지로 진입로를 만들려고 할 때, 점용하고자 하는 국가 소유 땅의 지목이 도로인 경우는 쉽게 목적 외 사용승인 허가가 납니다. 하지만 도로가 아닌 다른 지목의 경우 목적 외 사용승인 허가가 어렵습니다. 이때는 '불하' 신청을 해볼 수 있습니다.

불하(拂下)란?

국가나 공공 단체의 재산을 민간에 팔아넘기는 일을 말합니다. 국가나 지자체의 공유재산의 종류는 일반재산과 행정재산으로 나뉩니다. 먼저 일반재산은 재원확보를 위해 주로 공매로 매각합니다. 인접 필지의 소유주가 일반재산이 필요한 경우 불하제도를 활용할 수 있습니다. 즉, 개인이 국가나 지자체의 땅을 팔라고 요청하는 거지요. 불하결정이 나면, 공유재산과 연접되어 있는 인근 토지의 소유주 간에 지명경쟁을 하거나, 수의계약을 통해 매각이 이뤄집니다.

행정재산은 행정에 꼭 필요한 공공용지, 도로, 구거 등으로 이미 사용되고 있거나 앞으로 사용이 될 재산이면 개인에게 매각이 불가합니다. 다만 행정재산으로 분류가 되어 있다 하더라도 행정에 이용되지 않는 폐도로, 폐구거 등은 용도폐지를 하면 불하가 가능할 수도 있습니다.

공유재산 및 물품관리법 제11조(용도의 변경 또는 폐지)
지방자치단체의 장은 공유재산이 다음 각 호의 어느 하나에 해당하는 경우에는 그 용도를 변경하거나 폐지할 수 있다.
1. 행정재산이 사실상 행정목적으로 사용되지 아니하게 된 경우
2. 행정재산인 국제경기장 등 체육시설, 국제회의장 등 회의시설, 국제전시장 등 전시장, 그 밖의 공공시설로서 그 일부를 원래 용도로 사용하지 아니하기로 한 경우
3. 제43조의3에 따른 위탁개발을 위하여 필요한 경우
4. 일반재산을 행정재산으로 용도 변경하려는 경우

농림축산식품부 소유인 4번 토지의 경우 구거와 도로로 이용되고 있기 때문에 불하가 어렵습니다. 어쩔 수 없이 2번 토지의 진출입로로 4번 토지를 이용하려면 목적 외 사용승인을 받아야 하는데, 이것마저도 쉽지 않습니다(도로가 아니면 목적 외 사용승인이 어렵기 때문에 불하신청을 알아보았는데, 불하마저 불가하니 어렵더라도 목적 외 사용승인을 받도록 해야겠죠?).

구거의 목적 외 사용승인 조건

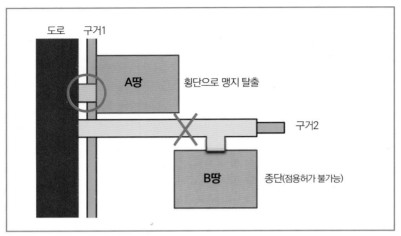

출처 : 저자 제공

하지만, 여기서 꼭 알아두셔야 할 점은 구거의 경우 횡단으로는 그나마 목적 외 사용승인이 허가되지만, 종단으로는 목적 외 사용승인이 허가되는 경우가 거의 없습니다. 운이 좋게 종단으로 허가받는다 하더라도 구거의 크기에 맞춰 흄관 또는 하수 관로를 묻어야 하기 때문에 토지를 매수하는 비용보다 더 많이 듭니다. 4번 토지로 진출입할 수 없는 이유, 이제 확실히 아시겠지요?

1번 토지의 지목은 '도로'이며 현황도 '도로'로 이용되고 있습니다. 건축법 제44조(대지와 도로의 관계)에 따르면 "건축물의 대지는 2m 이상의 도로에 접해야 한다. 다만 해당 건축물의 출입에 지장이 없다고 인정되는 경우에는 허가에 문제가 없다"라고 되어있습니다. 2번 토지의 입장으로 봤을 때 건축에는 문제가 없을 듯합니다. 하지만, 여기는 도시지역 읍지역으로, 행정관청 허가과에 문의한 결과 "1번 토지의 일부는 도로포장이 되어 있고, 일부는 잡종지로 되어 있어 사용승낙서를 받아와야 한다"는 답을 들었습니다. 특히나 상수, 오수, 폐수 등 관로를 묻기 위해서 토지를 굴착해야 하니 상하수도 관련 부서에서도 사용승낙서의 첨부를 요구했습니다. 종합적으로 볼 때, 뒷토지 소유주는 앞으로 건축하게 될 경우, 1번 토지 소유주의 사용승낙서 및 소유권 확보가 꼭 필요합니다.

뒷토지 2필지의 면적은 5,291㎡(1,600평)입니다. 주변 시세가 평당 150만 원이니 가격이 약 24억 원입니다. 그럼에도 불구하고 1번 토지가 없으면 아무 소용이 없습니다. 얼핏 보면 길에 바로 붙어 있어 도로가 있는 듯 보이지만, 건축법에서는 건축을 할 수 없는 땅으로 맹지나 다름없던 것이었습니다.

낙찰받은 지 1년 9개월 후, 결국 7배의 차익을 남기고 이 토지를 뒷토지 소유주에게 매도했습니다. 여러분이 저처럼 앞토지 소유자가 될 수도 있고, 뒷토지 소유자가 될 수도 있습니다. 투자 시 한쪽이 아닌 양쪽의 입장이 되어 행정규제를 사전에 파악해보세요. 그리고 관심 있는 토지에 구거가 붙어 있다면, 해당 토지의 소유자를 확인해서 목적 외 사용승인이 가능한지를 확인하십시오. 맹지를 탈출해야 지가를 상승시킬 수 있습니다. 이 모든 것을 입찰 전에 미리 파악하면 돈을 벌 수 있고, 섣부른 입찰로 곤경에 빠지지 않을 수도 있습니다.

다시 한 번 강조하지만, 사례를 보고 무조건 못난이 토지가 돈이 되는구나라고 생각하시면 안 됩니다.

해당 사례는 도시지역의 개발압력이 있고 거래가 빈번하게 일어나는 지역이며, 뒷토지는 아직 개발 전인 나대지 상태입니다. 이미 개발을 마친 곳이라면 큰 의미가 없습니다.

건축법 제3조제2항에 따르면 '비도시지역으로서 동이나 읍이 아닌 지역'에는 건축물의 대지가 도로에 2m 이상 접해야 한다는 건축법 제44조 접도 의무를 적용하지 않기 때문에 앞토지의 사용 승낙서가 필요 없습니다. 비도시지역에서 이런 토지는 힘을 발휘하지 못하기 때문에 입찰 시 반드시 주의하셔야 합니다.

자, 보너스로 뒷이야기를 들려드리면, 1번 토지(기호 5번) 옆 기호 6번으로 낙찰된 토지는 어떻게 되어 있을까요? 사진을 보니 펜스가 쳐져 있고, 컨테이너를 가져다두었네요. 사진만 보고 전부를 알 수는 없으나 잘 해결되었다거나 크게 잘 사용되고 있다는 느낌은 아닙니다. 두 토지 모두 위치, 형상, 지목, 면적 등 외형상으로는 모든 사항이 아주 비슷하지만, 토지의 가치는 필요와 쓰임에 따라 확연히 달라집니다.

로드뷰로 본 사례 토지

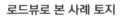

출처 : 카카오맵

공유재산이란?

'공유재산 및 물품 관리법' 제2조제1호에 따르면 공유재산이란 국가가 부담, 기부채납이나 법령에 따라 지방자치단체의 소유로 된 재산을 말합니다(소유 주체에 따라 다를 뿐 개념적인 정의는 국유재산과 공유재산이 유사합니다).

공유재산의 구분

	구분	내용	유형
행정재산	공용재산	지방자치단체가 직접 그 사무·사업용 또는 공무원의 주거용으로 사용하거나 사용하기로 결정(5년이내)한 재산 및 사용목적으로 건설중인 재산	청사, 시·도립 학교, 박물관, 도서관, 병원, 시민회관, 공무원 관사·아파트등
	공공용재산	지방자치단체가 직접 공공용으로 사용하거나 사용하기로 결정(5년이내) 재산 및 사용을 목적으로 건설중인 재산	도로, 제방, 하천, 시·도립공원, 구거, 유수지등
	기업용 재산	지방자치단체가 직접 경영하는 기업용 또는 그 기업에 종사하는 직원의 거주용으로 사용하거나 사용하기로 결정(5년이내)한 재산 및 사용을 목적으로 건설중인 재산	상·하수도등
	보존용재산	법령, 조례, 규칙에 따라 또는 필요에 의하여 지방자치단체가 보존하고 있거나 보존하기로 결정한 재산	보존림, 문화재, 기념품, 민속자료, 공원부지

		내용	유형
일반재산		행정자산으로 직접 사용하지 않고 있거나 사용할 계획이 없는 행정재산 이외의 모든 공유재산	나대지, 전, 답, 건물 등

출처 : 온비드

공유재산의 매각

공유재산은 '공유재산 및 물품 관리법 제36조(일반재산의 매각)'에 해당하는 경우에만 매각할 수 있습니다. 공유재산의 매각은 사법상의 계약이지만, 공법상의 제약이 따를 수 있습니다. 주의할 점은 정보공개 대상 재산에 대해 매수신청서를 접수했다고 하더라도 '공유재산 관리법령'에 부합되지 아니한 경우에는 매각이 불가합니다.

공유재산의 매각 방법

원칙	일반경쟁입찰 (법 제29조)	• 일반재산을 매각하는 계약을 체결할 때에는 그 뜻을 공고하여 경쟁입찰에 부쳐야 한다. • 경쟁입찰은 예정가격 이상의 입찰자가 있는 경우에 유효한 입찰로 성립한다. • 다만, 대통령령으로 정하는 경우에는 지명경쟁에 부치거나 수의계약으로 할 수 있다. • 경쟁입찰에 의하여 매각하는 경우에는 행정안전부장관이 지정하는 정보처리장치(온비드)를 이용하여 입찰공고 및 개찰·낙찰선언을 하여야 한다. • 이 경우 지방자치단체의 장은 필요하다고 인정되면 일간신문 등에 게재하는 방법을 병행할 수 있다.
예외	수의계약방식 (법령발췌)	• 지명경쟁에 의할 수 있는 경우(영 제37조) • 수의계약에 의할 수 있는 경우(영 제38조)

출처 : 온비드

05 못난이 땅 생각과 역발상
- '전'으로 지목변경을 해보자

흔히들 부동산은 10년 이상 장기적으로 투자해야 많은 돈을 벌수 있다고 생각합니다. 꼭 그렇기만 할까요? 부동산 투자도 단기에 투자 금액의 100% 이상의 수익을 낼 수 있습니다. 어떻게 하면 될까요? 일반적으로 하듯 땅을 사서 보유만 하고 있는 것이 아니라 내 땅을 사줄 사람을 적극적으로 찾아다니는 것입니다. 아니 더 정확하게 말하자면 처음부터 내 땅을 사줄 사람을 찾아놓고 땅을 사는 것입니다. 이런 방식으로 투자하면 단기간에도 고수익이 날 수 있습니다. 물론 사람마다 투자 방식이 다 다르지만, 저는 이런 매력 때문에 단기 투자를 선호합니다.

단기 투자의 핵심은 땅을 낙찰받으면 누구에게 팔아야 할지 이해관계인을 파악해서 미리 매도전략을 세우는 것입니다. 마치 낙찰 자체가 목적인 듯 무작정 입찰하는 초보 투자자들이 많습니다. 저에게 상담을 요청하는 대부분이 입찰 전 물건에 대한 문의가 아니라 낙찰받은 후 해결하지 못하는 경우입니다.

'요즘 경매·공매가 인기라던데, 나도 남들처럼 돈 좀 벌어봐야지' 하다가 돈을 벌기는커녕, 보증금마저 잃게 되는 경우를 정말 많이 봤습니다. 하지만 명심해야 할 것이 있습니다. 바로 투자의 책임은 자신에게 있다는 것입니다. 투자의 세계는 잘하든 못하든 오롯이 자신이 모든 책임을 져야 하는 냉혹한 세계입니다. 따라서 전략을 잘 세워야 합니다.

사건번호 제2020-17673-001, 경기도 평택시 오성면의 토지(면적은 11㎡(3.32평), 지목은 도로)입니다. 무려 42명이나 입찰에 참여했네요. 최고 낙찰가는 감정가의 300%인 3,778,000원입니다.

사례 토지의 입찰 정보와 위치도

2020-17673-001		입찰시간 : 2021-04-05 10:00~ 2021-04-07 17:00		조세정리팀(☎ 1588-5321)	
소재지	경기도 평택시 오성면 길음리 319-2 ▣지도 ▣지도 주소복사 (도로명주소 :)				
물건용도	토지	감정가	**1,254,000 원**	재산종류	압류재산(캠코)
세부용도	도로	최저입찰가	(100%) 1,254,000 원	처분방식	매각
물건상태	낙찰	집행기관	한국자산관리공사	담당부서	경기지역본부
토지면적	11㎡ (3.328평)	건물면적		배분요구종기	2021-03-22
입찰자수	유효 42명 / 무효 1명(인터넷)				
입찰금액	3,778,000원/ 3,219,000원/ 3,050,000원/ 3,001,000원/ 2,599,999원/ 2,597,000원/ 2,570,000원/ 2,500,000원 198,200원/ 2,000,000원/ 2,000,000원/ 1,983,000원/ 1,799,000원/ 1,692,800원/ 1,668,300원/ 1,600,100원 89,998원/ 1,589,000원/ 1,583,000원/ 1,579,000원/ 1,559,000원/ 1,539,990원/ 1,510,000원/ 1,504,000원/ 0,000원/ 1,500,000원/ 1,459,000원/ 1,430,000원/ 1,400,000원/ 1,399,900원/ 1,399,000원/ 1,356,000원/ 1, 900원/ 1,310,000원/ 1,301,000원/ 1,300,000원/ 1,300,000원/ 1,299,990원/ 1,259,000원/ 1,254,999원/ 1,2 00원/ 1,254,000원				
0010	013/001	일시불(30일)	21.04.05 10:00 ~ 21.04.07 17:00	21.04.08 11:00 / 21.04.12 10:00	1,254,000
				낙찰 : **3,778,000원** (301.28%)	
0010	014/001	일시불(30일)	21.04.12 10:00 ~ 21.04.14 17:00	21.04.15 11:00 / 21.04.19 10:00	1,129,000
0010	015/001	일시불(30일)	21.04.19 10:00 ~ 21.04.21 17:00	21.04.22 11:00 / 21.04.26 10:00	1,004,000
0010	016/001	일시불(30일)	21.04.26 10:00 ~ 21.04.28 17:00	21.04.29 11:00 / 21.05.03 10:00	878,000

본건 토지(도로) 남동측에서 촬영　　본건 토지(도로) 북동측에서 촬영

출처 : 옥션원, 온비드

아쉽게도 저는 패찰했습니다. 사전분석을 통해 이 정도 가격이면 충분히 낙찰되겠다고 생각했는데, 결과적으로 그렇지 않아 두고 두고 아쉬웠습니다. 알아보니 입찰가로 300만 원을 넘게 적은 사람이 저 외에도 2명이나 더 있었습니다. 도대체 왜 감정가 125만 원에 불과한 3평짜리 땅에 이렇게 많이 입찰했을까요? 이것을 보고 여러분은 어떤 생각이 드시나요?

공매를 하다보면 이렇게 면적이 매우 작은 과소 토지를 종종 접하게 됩니다. 세금을 체납한 채무자는 재산압류를 면하기 위해 부동산을 급하게 처분합니다. 이때 규모가 큰 건부터 급하게 처리하다 보니 미처 매각하지 못한 잔여지가 공매로 나온 경우입니다. 과소 토지·지분 토지·맹지는 거래가 잘 이루어지지 않기 때문입니다.

사례 토지의 위치도

출처 : 카카오맵

* 카카오맵 로드뷰를 이용해 과거와 현재의 현장 모습을 비교해보세요.

2016년에는 슬라브집이 있었고 현재는 건물이 없는 나대지 상태입니다. 나대지가 아니라면 민사소송판결에 의해 지료(사용료) 청구로 시시비비를 가려야 합니다. 따라서 현재 나대지인 것에 주목해야 합니다. 현 상태에서 319-1번지에 건축을 하려면, 319-2번지의 사용승낙서가 필요 없습니다. 319-2번지의 지목이 도로이기 때문입니다.

그렇다면 319-2번지를 낙찰받는 것은 의미가 없을까요? 아닙니다. 만약 제가 319-2번지 토지의 소유주라면 얼른 해당 토지의 현황을 밭으로 만들고 지목도 '전'으로 변경할 것입니다. 농지의 지목변경은 개발행위 없이 증지비용 1,000원으로 전환이 가능합니다.

공간정보의 구축 및 관리 등에 관한 법률 시행령 제58조

제58조(지목의 구분) 법 제67조제1항에 따른 지목의 구분은 다음 각 호의 기준에 따른다(개정 2020. 6. 9).

1. 전
물을 상시적으로 이용하지 않고 곡물·원예작물(과수류는 제외한다)·약초·뽕나무·닥나무·묘목·관상수 등의 식물을 주로 재배하는 토지와 식용(食用)으로 죽순을 재배하는 토지

공간정보의 구축 및 관리 등에 관한 법률에 따라 현황이 '전'이면, 지목도 본래 용도에 맞게 '전'으로 변경 가능합니다. 이렇게 전으로 바꾸면 뒷토지는 건축을 하지 못하는 맹지가 됩니다. 건축을 할 때 앞토지의 사용승낙서가 반드시 필요합니다.

사례 토지의 위치도와 로드뷰

출처 : 디스코

해당 토지 주위를 둘러보면 위로 전원주택 단지가 있어 옹벽으로 막혀 있고(319번지), 아래로는 슬레이트집이 있습니다(318번지). 2번 토지는 오로지 1번의 토지로만 진출입이 가능합니다.

사례 토지의 등기부등본

순위번호	등 기 목 적	접 수	등 기 원 인	권리자 및 기타사항
		제27697호	해제	
4	소유권이전	2021년4월19일 제29293호	2021년4월16일 매매	소█ █████ █████████ ██████ ██████ ████████ 거래가액 금9,900,000원

[토지] 경기도 평택시 오성면 길음리 319-2

출처 : 인터넷 등기소

사례 토지의 실거래 내역

출처 : 디스코

결과를 볼까요? 해당 토지를 낙찰받은 사람은 377만 원에 낙찰받은 땅을 2, 3번 토지 소유주(동일인)에게 매도했습니다. 매도금액은 990만 원으로, 단 며칠 만에 100% 이상 수익을 남긴 것을 확인할 수 있습니다.

아시겠죠? 무턱대고 낙찰받는 게 다가 아닙니다. 낙찰받고 나서 내 땅을 살 사람을 찾는 게 아니라, 어떤 땅을 누구에게, 어떻게, 팔지 미리 전략을 세워보고 나서 매수의 타당성이 있는 물건에 입찰하는 것입니다. 명심하시기 바랍니다.

자, 여기서 한 걸음 더 들어가보겠습니다. 다른 가설을 설정해서 전략을 세워볼까요? 만약 2번과 3번의 토지 소유주가 다를 경우는 어떻게 할까요? 2번, 3번 토지 소유주 중 누구에게 협상을 시도해야 더 좋은 전략이 될까요? 보통은 2번 토지가 1번 토지의 영향을 직접적으로 받기 때문에, 2번 토지 소유주에게 매도해야 한다고 생각합니다. 맞습니다. 하지만 저는 다르게 생각합니다. 3번 토지 소유주에게 1번 토지를 매도해야 한다고 생각합니다. 왜 그럴까요? 3번 토지는 2번 토지에 가로막혀 맹지가 되었는데 굳이 1번 토지가 필요할까요?

사례 토지와 주변 토지 현황

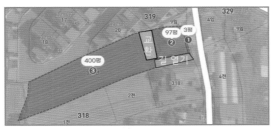

출처 : 디스코

저는 토지의 면적에 주목합니다. 면적이 각각 97평과 400평입니다. 주변 시세대로(평당 150만 원) 환산해보면 2번 토지는 1억 4,450만 원, 3번 토지는 6억 원입니다. 자, 생각해보세요. 6억 원이나 하는 내 땅이 맹지입니다. 토지를 팔고 싶어도 살 사람이 없고, 설령 살 사람이 있어도 제값을 받지 못합니다. 토지 소유자는 얼마나 답답하겠습니까? 바로 이 심리를 이용해 3번 토지 소유주와 협상하는 것입니다.

즉, 3번 토지가 맹지를 탈출하려면 2번 토지가 꼭 필요합니다. 그렇다고 2번 토지 소유주에게 섣불리 굴면 협상에서 불리한 위치에 서게 됩니다. 어쨌든 2번 토지 소유주가 칼자루를 쥐고 있으니까요. 그런데 3번 토지 소유주가 1번의 토지를 매수하면 전세가 역전됩니다. 무슨 말일까요?

3번 토지 소유주에게 다음과 같이 상황 설명을 합니다.

"일단 1번 토지를 매수해놓고 가만히 계세요. 2번 토지에 건축을 하려면 반드시 1번 토지가 필요합니다. 이에 2번 토지 소유주가 먼저 연락이 올 것입니다. 그때 이렇게 제안하도록 하세요. 1번을 길로 쓸 수 있도록 해줄 테니, 당신도 내 땅으로 가는 길을 열어달라. 그러면 길 면적만큼 내 땅 일부를 잘라서 당신에게 주겠다라고요.

1번 토지가 꼭 필요한 2번 토지 소유주가 거절할 이유가 없으므로 원만하게 해결될 것입니다. 심지어 두 토지 모두 맹지를 탈출할 수 있으니 어느 한쪽이 손해를 보는 일도 없을 거고요."

물론 1번 토지를 2번 토지 소유주에게 팔아도 상관없습니다. 2번도 1번이 필요한 만큼 간단히 해결되겠지요. 하지만 조금만 더 입체적으로 전략을 세워서 간절함이 더 큰 3번 토지 소유주의 마음을 건드린다면 보다 유리한 위치에서, 보다 나은 가격으로 매매를 성사시킬 수 있지 않을까요? 그런데 아시다시피 실제로는 2번, 3번 토지의 소유주는 동일인입니다. 그렇다고 해서 저의 시나리오가 아주 쓸데없는 것이었을까요?

지목 변경 토지 이동 신청서

* 행정기관에서 동일하게 사용하는 서식은 출처 생략합니다.

돈이 되는
지분 물건을 골라라

01 어떤 지분 물건을 선택해야 좋은 선택일까?
- 옥석을 가려야 하는 지분 토지

최근 경·공매 시장이 과열되어 사건마다 입찰 금액이 과하게 높아진 경향이 있습니다. 앞서 언급했듯 초보자들은 무턱대고 높은 가격으로 입찰합니다. 막상 낙찰되면 이후에 어떻게 처리해야 할지 모릅니다. 아무리 소액으로 연습 삼아 입찰한 것이라고 해도, 매도전략 없는 낙찰은 결국 돈이 묶이는 결과를 낳습니다.

공유자와 원만하게 합의되지 않아 소송으로 이어지는 사례도 있습니다. 끝내 공유물분할청구 소송까지 진행되어 필지 전체가 형식적 경매로 나오는 일이 허다합니다.

토지 투자는 모양만큼이나 다양하게 별의별 경우가 발생합니다. 철저하게 분석하고 전략을 세워도 예상 밖의 일은 늘 생기기 마련입니다. 말이 전혀 안 통하는 이해관계인을 만나기도 하고, 심하게 융통성이 없는 주무관청 직원을 만나기도 합니다. 갑자기 행정규제가 변경되기도 하지요. 그렇더라도 매 입찰마다 분석하고 전략을 세워서 임해야 합니다. 소중한 돈을 잃지 않기 위해서는 각고의 노력이 필요한 법입니다. 세상에 잃어도 되는 돈은 없습니다. 그럼, 어떤 지분의 물건을 취득해야 손실을 최소화할 수 있는지 알아보겠습니다.

경·공매에 임하는 마인드

간혹 이런 질문을 받을 때가 있습니다. "경·공매는 가뜩이나 돈이 없어 빚진 사람 땅을 빼앗아오는 거 아닌가요? 아무리 돈이 좋아도 남한테 해코지하면서까지 돈을 버는 건 좋지 않다고요."

정말 경매나 공매로 낙찰받는 사람은 남의 땅을 뺏는 나쁜 사람일까요? 끝내 빚을 갚지 못한 사람의 땅이 경·공매 물건으로 나오는 것은 사실입니다. 하지만 최고가 매수인은 채무자의 돈을 제일 많이 갚아주는 사람입니다. 낙찰가가 높을수록 채무자의 빚이 그만큼 탕감되는 것이니까요. 모든 일이 그렇듯, 항상 긍정적인 마인드를 유지하십시오. 채무자에게 도움을 준다는 좋은 생각을 가지고 경·공매 투자를 해야 합니다. 그래야 길게 갈 수 있습니다.

옥석 가리기

공유지분은 1필지의 토지에 여러 명의 소유자가 있는 것을 말합니다. 2인 이상의 사람들이 상속이나 증여, 혹은 필요에 의해 토지를 함께 보유하는 경우입니다. 그렇다면 지분 물건은 어떻게 경·공매 물건으로 나오게 되는 걸까요?

자전거를 예로 들어보겠습니다. 출퇴근 용도로 자전거가 필요하자, 3명의 형제가 돈을 모아서 자전거를 구매했습니다. 형제는 자전거를 각 지분 1/3씩 공동으로 소유하기로 했습니다.

어느 날 막내가 급하게 돈이 필요해서 친구에게 돈을 빌리려고 합니다. 친구는 담보를 가져오라고 합니다. 그래서 막내는 자전거의 지분(1/3)을 담보로 설정하고 친구에게 돈을 빌립니다. 막상 돈을 갚을 날이 되자 막내는 친구에게 돈을 갚을 수 없다고 말합니다. 그러자 친구는 빌려준 돈을 받아낼 요량으로 지분 1/3의 저당권을 실행합니다. 이런 과정으로 전부가 아닌 일부가 경매에 나옵니다.

자 그럼, 지분 물건 경·공매는 어떻게 해야 돈이 될까요?

관리가 잘된 자전거와 망가져서 곧 버려야 할 자전거가 있습니다. 지분 물건으로 관리가 잘된 깨끗한 자전거가 나온 경우, 다른 공유자에게 이 자전거가 꼭 필요하다면 어떻게 될까요? 분명 공유자 중 누군가는 이를 되사려고 할 것입니다.

만일 낙찰받은 자전거 지분에 대해 공유자와 협의가 안 되면 어떻게 할까요? 이때는 법원의 힘을 빌릴 수 있습니다. 자전거 전체에 대해 공유물분할청구 소송을 통해 경매로 매각할 수 있습니다. 공유물분할의 방식에는 현물분할과 현금분할이 있는데, 현물분할은 현재의 물건을 공평하게 지분비율대로 나누는 것입니다. 현재 물건을 공평하게 나누기 어려울 때는 현금으로 분할합니다. 우선 전체를 경매에 부친 다음 매각이 되면, 이를 현금으로 똑같이 나눕니다.

반대로 자전거 상태가 엉망인 경우라면 어떨까요? 안 그래도 이 고물 자전거를 어떻게 처분할지 골치 아팠는데 경매가 진행된다니, 공유자는 배당이 많든 적든 일단 팔아서 현금으로 나눠 가지려고 하지 않을까요?

지분 토지를 선정할 때 공유자에게 필요한지, 아니면 전체의 토지를 경매에 내놓았을 때도 높은 가격에 매각할 수 있는지 파악해

야 합니다. 그리고 인근 토지의 경매 낙찰가는 얼마인지 분석해야
합니다. 지분 토지는 시세보다 저렴하게 낙찰받아야 공유자와의
협상이 유리합니다. 물론, 공유자에게 꼭 필요하다면 시세보다 조
금 높게 낙찰받아도 큰 문제는 없겠지요.

지분권자에게 꼭 필요한 땅을 찾아라!

한눈에 봐도 잘 관리한 땅이 있고, 관리를 전혀 하지 않은 땅이
있습니다. 관리를 잘한 땅은 공유자들이 직접 땅을 가꾸거나, 동네
주민들에게 임대 준 경우입니다. 시세보다 저렴하게만 낙찰받으면
공유자에게 지분을 되팔 수 있습니다. 만약 공유자가 되사줄 여력
이 안 되면, 공유자 소유의 나머지 지분도 매수하는 것을 생각해볼
수 있습니다. 온전한 1필지로 만들어 매도하는 거지요.

관리가 잘된 시골 땅은 동네 유지에게도 쉽게 팔 수 있습니다.
시골 땅이 잘 거래될까 싶지만, 동네 땅 부자들은 돈보다 땅을 더
선호합니다. 농사를 지어 번 돈으로 옆 땅을 사들여 더 크게 농사

| 잘 관리된 농지 | 방치된 농지 |

출처 : 저자 제공

를 지으려는 경향이 있습니다.

반면, 관리가 안 된 땅은 공유자조차 관심이 없고, 주로 농사짓기 힘든 위치에 있는 땅이 많아 주민에게 임대하는 것도 녹록지 않습니다. 이런 땅은 묵혀놓은 땅을 말하는 '묵전'이나 '묵답'이 되기 마련입니다. 도시에서 생활하느라 시골에 상속받은 땅을 방치하는 경우도 있습니다. 좋은 땅이라면 누구라도 방치하지는 않겠죠.

간혹 관리되지 않은 땅 중에 유찰이 많이 된 땅이 있습니다. 땅을 잘 다듬을 수 있다면, 과감히 도전해보시기 바랍니다. 토지가 원상 복구되면 제값에 매도할 수 있고, 보유 시 농지연금을 받을 수도 있습니다. 여기서 잠깐! 땅을 복구하는 데 드는 비용이 땅 가격보다 많이 들면 절대로 안 됩니다. 직접 복구를 할 수 있는 장비, 포클레인, 트랙터 등을 보유하고 있다면 원가절감에 훨씬 유리할 것입니다.

땅 가격보다 건물의 가치가 높은 땅에 주목하라!

경·공매 물건을 검색하다보면, 지상의 건물은 매각에서 제외되고, 토지만 매각되는 경우가 간혹 있습니다. 이런 땅을 볼 때, 토지의 가격보다 건물의 가치가 훨씬 높은 땅을 공략해야 합니다. 시골 땅은 지역마다 가격 편차가 심합니다. 생각보다 훨씬 저렴한 곳도 많습니다. 하지만 건축비용은 최소한의 기본 자재 가격이 정해져 있습니다. 예를 들어 땅 200평의 감정가는 2,000만 원인데 건물가가 1억 원이라면, 땅의 공유지 지분권자 또는 건물 소유자가 무조건 되사가게 됩니다. 낙찰자가 건물철거 소송이라도 하게 되면, 비싸게 돈을 들여 지은 건물을 철거해야 하는데, 아마 그럴 사람은 없겠죠?

잘 관리된 건물   방치된 건물

출처 : 저자 제공

하지만 아무도 거주하지 않고 폐허가 되어가는 곳의 땅을 낙찰받으면 안 그래도 처분하지 못해서 답답해하던 공유자들이 마침 잘되었다면서 좋아할 것입니다.

토지이용계획확인원을 주목하라!

토지이용계획확인원에 지구단위계획구역·주거개발진흥구역·시가화조정구역 등이 있다면 유심히 보아야 합니다. 이런 곳은 앞으로 산업단지조성, 재개발, 재건축, 도시정비, 신도시개발 등이 이뤄질 수 있습니다. 현재 도로가 없는 지역에 붉은색 선으로 도시계획시설 도로가 그어져 있다면 도로 개통이 가능한지 확인해야 합니다.

토지이용계획확인원에서 이런 내용을 확인했다면 정보공개를 통해 관련 정보를 요청할 수 있습니다. 그리고 밸류맵 등으로 해당 지역에 어떤 호재와 개발계획이 있는지 확인해보시길 바랍니다.

토지이용계획확인원

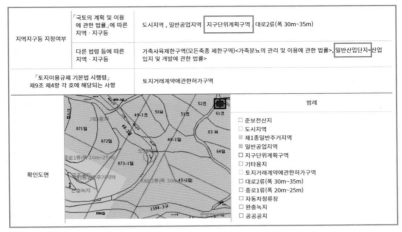

공유자가 되사줄 능력이 있는지 확인하라!

낙찰받은 지분 토지를 되사줄 능력이 있는 공유자여야 합니다. 아무리 공유자가 필요한 땅이라도, 당장에 돈이 없어 되사줄 능력이 안 된다면 공유물분할 소송에서 경매까지 2년이라는 시간과 돈이 묶이게 됩니다. 그럼 공유자의 재력은 어떻게 확인해볼까요?

홍길동이라는 공유자의 재력을 확인해보겠습니다. 인터넷 등기소 또는 닥집에서 등기사항전부증명서를 찾아보면 공유자의 주소를 확인할 수 있습니다. 이 주소를 가지고 다시 인터넷 등기소 또는 닥집에서 발췌하면 등기 주소지의 소유자가 공유자와 동일인인지 아닌지 확인할 수 있습니다. 만약 동일인이라면 근저당권을 확인해 소유자의 채무 여부를 파악합니다.

서울 강남구에 있는 행복아파트의 시세가 8억 원인데 근저당설정이 전혀 없는 경우와 토마스저축은행에 근저당 8억 원이 있는 경우 중에서 어떤 경우가 되사줄 능력이 될까요?

주요 등기사항 요약 (참고용)

[주 의 사 항]

본 주요 등기사항 요약은 증명서상에 말소되지 않은 사항을 간략히 요약한 것으로 증명서로서의 기능을 제공하지 않습니다.
실제 권리사항 파악을 위해서는 발급된 증명서를 필히 확인하시기 바랍니다.

[집합건물] 서울 특별시 강남구 1004번지 행복아파트 101-1004호   고유번호 ****-****-***

1. 소유지분현황 (갑구)

등기명의인	(주민)등록번호	최종지분	주　　　소	순위번호
소유자 : 홍 길 동		단독소유	서울 강남구 1004번지 행복 101-1004	1

2. 소유지분을 제외한 소유권에 관한 사항 (갑구)

순위번호	등기목적	접수정보	주요등기사항	대상소유자
2	압류	2007년5월26일 제9738호	권리자 국	
2-1	공매공고	2014년11월19일 제16266호		
3	압류	2017년11월22일 제16407호	권리자 남화군	- -

3. (근)저당권 및 전세권 등 (을구)

순위번호	등기목적	접수정보	주요등기사항	대상소유자
2	근저당권	2002년12월3일 제18605호	토마스저축은행 8억	1

현장을 다니며 직접 발품을 팔아라!

시골집을 지분으로 입찰하기로 했다면 직접 발품을 팔아 현장 확인을 해야 합니다. 이때 현장답사로 집만 구경하고 오는 것이 아닙니다. 마을 이장님이나 동네 어르신들에게 음료수라도 사드리면서 그 집에 대한 정보를 얻는 것입니다. 빈집은 아닌지, 노부모가 살아 계신다든지, 자식들이 경제적 능력은 있는지, 효심은 깊은지(시골집이 없어진다면 누군가는 부모님을 모셔야 하니까요) 등등. 시골마을에 가면 이웃 가정사에 대해 속속들이 알고 있습니다. 많이 물어보고 많이 알아보십시오.

참고로 지분경매나 지분공매를 한다면 공유자와 너무 대립할 필요가 없습니다. 서로 조금씩 양보하면 기분 좋게 해결됩니다. 그러면 서로에게 좋은 것이 아닐까요?

지금까지 설명한 내용은 모두 일반 부동산 투자나 온전한 필지의 경매, 공매 투자에도 해당하는 이야기입니다. 힘들게 번 돈으로 투자했는데 장기간 돈이 묶여서 수익화할 수 없다면 얼마나 속상하겠습니까? 반드시 철저하게 조사하고, 분석한 후에 투자하세요. 그래도 늦지 않습니다.

무늬는 '전', 하지만 건축물대장이 있는 땅
- 건축물대장이 있는 농지에 주목

다음의 자료는 경상북도 영양군의 한 토지의 입찰 정보입니다. 지목은 '전'이고, 면적은 $203.25m^2$(61.48평)이며, 지분 1/4의 토지입니다. 건물은 매각에서 제외되고, 토지만 지분으로 나왔습니다. 감정가가 약 407만 원인데 1번 유찰되어 375만 원에 단독으로 낙찰받았습니다.

지목은 '전'이지만 물건 주소지 아래 새 주소가 부여되어 있으면, 현재 건물이 있거나 과거에 건물이 있었던 토지입니다. 지목 농지, 새 주소가 있는 토지라는 것에 주목해야 합니다. 지목 '전'은 농지를 뜻합니다. 28개의 지목 중 농지(전, 답, 과수원)는 딱 3개 밖에 없습니다. 농지는 개인과 농업법인만 취득할 수 있습니다. 일반 법인은 농지를 취득하지 못합니다. 일반 법인인 제가 이 농지를 어떻게 취득할 수 있었을까요? 예외적으로 일반 법인이 취득할 수 있는 농지가 있습니다.

사례 토지의 입찰 정보

2020-03305-001		입찰시간 : 2022-03-14 10:00~ 2022-03-16 17:00				조세정리팀 (☎ 1588-5321)	
소재지	경상북도 영양군 청기면 행화리 473-3 ▣지도 ▣지도 주소복사 (도로명주소 : 경상북도 영양군 청기면 행전길 97)						
물건용도	토지	감정가		4,065,000 원	재산종류	압류재산 (캠코)	
세부용도	전	최저입찰가		(90%) 3,659,000 원	처분방식	매각	
물건상태	낙찰	집행기관	한국자산관리공사		담당부서	대구경북지역본부	
토지면적	203.25㎡ (61.483평)	건물면적			배분요구종기	2022-02-21	
물건상세	전 203.25㎡						
위임기관	서울특별시	명도책임	매수인		조사일자	0000-00-00	
부대조건							

▪ 입찰 정보(인터넷 입찰)

입찰번호	회/차	대금납부(기한)	입찰시작 일시~입찰마감 일시	개찰일시 / 매각결정일시	최저입찰가
0007	009/001	일시불(30일)	22.03.07 10:00 ~ 22.03.08 17:00	22.03.10 11:00 / 22.03.14 10:00	4,065,000
0007	010/001	일시불(30일)	22.03.14 10:00 ~ 22.03.16 17:00	22.03.17 11:00 / 22.03.21 10:00	3,659,000
				낙찰 : 3,750,000원 (102.49%)	
0007	011/001	일시불(30일)	22.03.21 10:00 ~ 22.03.23 17:00	22.03.24 11:00 / 22.03.28 10:00	3,252,000
0007	012/001	일시불(30일)	22.03.28 10:00 ~ 22.03.30 17:00	22.03.31 11:00 / 22.04.04 10:00	2,846,000
0007	013/001	일시불(30일)	22.04.04 10:00 ~ 22.04.06 17:00	22.04.07 11:00 / 22.04.11 10:00	2,439,000
0007	014/001	일시불(30일)	22.04.11 10:00 ~ 22.04.13 17:00	22.04.14 11:00 / 22.04.18 10:00	2,033,000

본건 전경(서측에서 촬영)   본건 전경(남측에서 촬영)

출처 : 옥션원

일반 법인이 취득 가능한 농지

· 도시지역의 주거·상업·공업지역의 농지
· 도시지역의 자연녹지지역에 도시계획시설이 전부 또는 대부분이 도로로 사용되고 있는 사실이 표시되어 있는 농지
· 2009년 11월 28일 이후 지구단위계획구역으로 지정 후 농지 전용이 완료된 농지
· 1973년 1월 1일 이전부터 농업경영 외의 용도로 전용된 농지
· 토지이용계획확인원에 표기된 영농 여건이 불리한 농지
· 개발행위를 위해 이미 농지 전용을 마친 농지
· 농지취득자격증명 통지서에 농지법상 농지 아님으로 반려통지서를 받은 농지

경상북도 영양군 청기면 건축물대장

문서확인번호 1649-5090-9611-2584

일반건축물대장(갑)

(2쪽 중 제1쪽)

고유번호	4776032043-1-04730003	정부24접수번호	20220409-98983227	명칭		호수/가구수/세대수	0호/1가구/0세대
대지위치	경상북도 영양군 청기면 행화리	지번	473-3	도로명주소			

※대지면적	813㎡	연면적	61.36㎡	※지역		※지구		※구역	
건축면적	61.36㎡	용적률 산정용 연면적	61.36㎡	※구조	목조	주용도	주택	층수	지하 층/지상 1층
※건폐율	%	※용적률	%	높이		지붕	스레트	부속건축물	
※조경면적 ㎡	※공개 공지·공간 면적 ㎡	※건축선 후퇴면적 ㎡	※건축선 후퇴거리			

건축물 현황					소유자 현황			
구분	층별	구조	용도	면적(㎡)	성명(명칭) 주민(법인)등록번호 (부동산등기용등록번호)	주소	소유권 지분	변동일 변동원인
주1	1	목조/스레트	주택	61.36	김경호 580423-1*******	경상북도 안동시 임하면 고곡 길 260	1/1	2017.6.5. 소유권이전
		- 이하여백 -			- 이하여백 -			

※ 이 건축물대장은 현소유자만 표시한 것입니다.

이 등(초)본 건축물대장의 원본내용과 틀림없음을 증명합니다.

발급일 : 2022년 04월 09일

담당자 : 종합인원과
전 화 : 054 - 680 - 6181

영양군수

※ 음영 항목은 총괄표제부가 있는 경우에는 적지 않을 수 있습니다.
◆ 본 증명서는 인터넷으로 발급되었으며, 정부24(gov.kr)의 인터넷발급문서진위확인 메뉴를 통해 위·변조 여부를 확인할 수 있습니다.(발급일로부터 90일까지) 또한 문서 하단의 바코드로도
진위확인(정부24 앱 또는 스캐너용 문서확인 프로그램)을 하실 수 있습니다.

출처 : 정부24

이 토지는 '1973년 1월 1일 이전부터 농업경영 외의 용도로 전용된 농지' 및 건축물대장의 대지면적 표기가 있어 '농지취득자격증명 통지서에 농지법상 농지 아님으로 반려통지서를 받은 농지'로 적용되어 일반 법인으로 취득할 수 있었습니다. 건축물대장이 있더라도 대지면적에 아무것도 기재된 내용이 없다면 농지법

경상북도 영양군 청기면

출처 : 카카오맵

상에 농지 아님으로 인정받기 어렵습니다.

분명 지목이 전으로 되어 있는데, 사진을 보면 건축물이 존재합니다. 이렇게 건축물이 있을 때는 무허가 건물인지, 건축물대장이 있는지 확인합니다. 정부24 홈페이지에서 확인해보니, 건축물대장이 존재했습니다. 대지면적 $813m^2$, 건물면적 $61m^2$입니다. 건축물대장이 없는 무허가 건물이라면, 1973년 1월 1일 이전부터 건물이 있었다는 것을 입증해야 합니다.

국토정보지리원을 이용해 과거 항공사진을 입증자료로 사용합니다. 행정관청에 입증자료(건축물대장 또는 과거 항공사진 등)를 첨부해 농취증을 신청합니다. 1973년 1월 1일 이전부터 농지로 사용되고 있지 않았음이 확인되므로, 농지법 제8조에 따른 농지법상에 농지 아님으로 반려통지를 내어줍니다.

만일 이러한 사실을 입증하지 못한 상태에서 농취증을 신청하면, "불법 형질 변경된 농지로서 반려 통지합니다"라는 내용이 고지됩니다. 이런 경우 낙찰되더라도 소유권이전등기를 못합니다.

간혹 무허가 건물이 있더라도 담당 주무관에 따라 농지법상 농지 아님으로 판단하기도 합니다. 또 원상복구계획서를 제출하면 농취증을 발급하는 경우도 있습니다. 그러므로 사전에 정부24에서 농지취득자격을 신청해보거나, 담당 주무관에게 전화로 "경·공매 입찰하려고 하는데 농취증 발급이 가능합니까?" 하고 확인해봐야 합니다.

농지취득자격 반려통보

일상목제방하늘보호공원, 여기가 바로 대한민국 별천지!

청 기 면

경북청정뉴딜

수신 내부결재
(경유)
제목 농지취득자격반려통보(민원접수번호:202251700230000930,대표자명:

민원접수번호-202251700230000930호로 신청된 농지취득자격증명신청건에 대하여
아래와 같은 사유로 반려 통보합니다.

신 청 인		신 청 농 지				반려사유	비고
성 명	주 소	소재지	지번	지목	면적(m²)		
↓		행화리	473-3	전		신청대상 토지가 농지법 제2조 제1호에 따른 농지에 해당되지 아니함.	

출처 : 청기면

경상북도 영양군 청기면의 1968년 3월 1일 항공사진

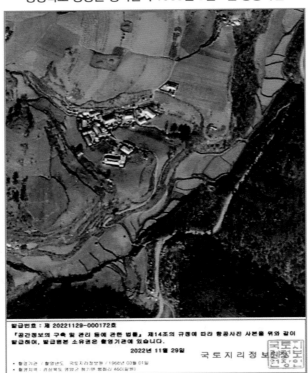

발급번호 : 제 20221129-000172호
「공간정보의 구축 및 관리 등에 관한 법률」 제14조의 규정에 따라 항공사진 사본을 위와 같이
발급하며, 발급원본 소유권은 촬영기관에 있습니다.

2022년 11월 29일   국토지리정보

• 촬영기관 / 촬영년도 국토지리정보원 / 1968년 03월 01일
• 촬영지역 경상북도 영양군 청기면 행화리 460(일원)

출처 : 국토지리정보원

여기서 잠깐! 그렇다면 물건 검색 중에 지목이 농지이고, 새 주소가 있는 토지는 건축물대장을 일일이 다 확인해야 할까요? 그러면 물건 검색에 너무 많은 시간과 수고가 듭니다. 입찰도 하기 전에 지치겠죠? 쉽게 확인할 수 있는 방법을 알려드리겠습니다.

디스코를 통한 건물 정보 확인

출처 : 디스코

앞서 그림처럼 디스코에서 토지 지번을 검색하면 주소지 아래에 단독주택, 계획관리지역, 토지 246평, 연 19평, 1950년, 1층이라고 나옵니다. 지적도에 파란색으로 작은 네모 모양의 건물이 표시됩니다.

디스코를 통한 건물 정보 확인

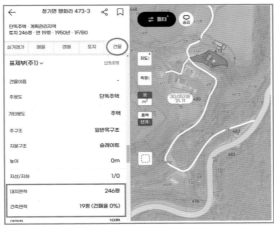

출처 : 디스코

좀 더 상세히 건물 정보를 보려면 건물 버튼을 클릭합니다. 건물에 대한 상세 내용 즉, 대지면적 246평, 건축면적 19평 이렇게 확인이 되는 것은 건축물대장이 있다는 뜻입니다. 건물 정보가 확인되는 것만 건축물대장을 발급하면 됩니다. 디스코에서 확인했는데 건물 정보가 없으면 무허가 건물입니다. 앞서 설명했듯 국토정보지리원을 활용해 1973년 1월 1일 이전 농지개혁이 되기 전에 건축물이 있었다는 것을 증명하면 농지가 아니라는 것을 인정받을 수 있습니다.

사례 토지의 건축물대장

대지위치	경상북도 영양군 청기면 행화리		지번	473-3
※대지면적	813㎡	연면적	61.36㎡	※지역
건축면적	61.36㎡	용적률 산정용 연면적	61.36㎡	주구조 목조

출처 : 정부24

이 토지는 지목만 '전'으로 표기되었을 뿐, 실제로 '대지'인 토지입니다. 토지의 면적과 건축물대장의 대지면적이 100% 동일할 때, 공유자 전원이 동의하거나 또는 공유자 지분을 매수해 1인 소유의 토지가 되면 '대지'로 지목 변경을 신청할 수 있습니다.

여기서 잠깐! 건축물대장은 있는데, 실제 건물이 없이 전·답으로 이용될 경우는 공간정보구축 및 관리 등에 관한 법률 제58조에 의한 '지목의 구분'에서 전·답으로 밖에 인정되지 않습니다.

출처 : 온비드

이 토지는 375만 원에 낙찰받았습니다. 약 61.5평이니 평당 61,000원 정도지요. 아무리 양철 지붕의 오래된 시골집이라도 잔디 마당이 있고 관리가 잘 되어 있으면 보통 평당 20만 원은 합니다. 그래서 최소 1,200만 원의 가치가 있을 것으로 생각했습니다. 저는 3가지 매도계획을 세웠습니다.

· 공유자와 협의해 전체 면적을 매수한 후, 일반 매물로 매도하는 방법
· 낙찰받은 지분을 공유자에게 매도하는 방법
· 전체를 공유물분할 소송하고, 경매를 진행하는 방법

공유자에게 내용증명을 발송하고 연락을 기다렸습니다. 연락이 없어 부득이 공유물분할청구 소송을 진행하니, 그중 1명의 공유자에게서 연락이 왔습니다. 600만 원에 되팔라고 합니다. 토지 가치에 대해 설명하고, 1,200만 원을 요구했습니다. 그 가격에는 어림도 없다는 듯 단숨에 거절합니다. 차라리 1,500만 원에 3/4 지분을 팔겠다고 합니다. 그래서 그렇게 하자고 했습니다. 형제들과

의논 후 연락을 주겠다며 통화를 끝냈습니다.

매도계획 첫 번째 즉, 나머지 3/4의 지분을 1,500만 원에 매수해 온전한 1인 소유자로 만들어 일반인에게 4,000만 원에 매도할 생각이었습니다. 며칠이 지나서 어떻게 진행되고 있는지 연락했습니다. 형제들의 의견이 맞지 않았는지 갑자기 팔 마음이 없다고 합니다. 그곳에 누가 사냐고 하니 아무도 살지는 않지만, 추석 때 벌초도 하고, 농기구도 가져다놓고, 잠시 들렀다 쉬는 곳이라고 합니다. 그러더니 "700 줄게", "800까지는 줄게" 하며 조금씩 가격을 올립니다. 서로 조금씩 양보해서 900만 원에 매도되었습니다.

TIP!

왜 법인으로 토지를 취득해야 할까요?

부동산 투자자 중에는 1인 법인 투자자가 많습니다. 법인을 설립하는 이유는 절세하기 위해서입니다. 법인이 투자에 필요한 각종 비용 및 경비에 대해 세제 혜택을 받을 수 있습니다. 차량임대비, 주유비, 인건비, 사무실 임대료, 비품구입비, 기타비용 등에 대해 공제를 받을 수 있습니다. 무엇보다 법인이 단기에 토지를 매도하더라도 2023년 세법이 개정되면서 2억 원 이하 9%, 2억 원 초과 200억 원 이하는 19%의 세율만 부담하면 됩니다. 하지만 개인은 세제 혜택을 받을 수 없습니다. 특히 토지를 취득 후 1년, 2년 이내 매도하면, 단기 양도세율이 중과됩니다. 설령 2년이 넘더라도 양도차익에 따라 과세표준이 정해지기 때문에 투자 시 개인은 불리합니다. 투자로 수익을 많이 남기는 것도 중요하지만, 절세를 모르면 정작 내 손에 쥐는 돈은 얼마 안 됩니다. 부동산 투자에서 절세는 필수입니다.

양도소득세율

과세표준	기본세율	누진공제액
1,200만 원 이하	6%	
4,600만 원 이하	15%	108만 원
8,800만 원 이하	24%	522만 원
1.5억 원 이하	35%	1,490만 원
3억 원 이하	38%	1,940만 원
5억 원 이하	40%	2,540만 원
10억 원 이하	42%	3,540만 원
10억 원 초과	45%	6,540만 원

연도별 법인세율

과세표준	2018.1.1. 이후 개시 사업연도	2023.1.1. 이후 개시 사업연도
2억 원 이하	10%	9%
2억 원 초과 200억 원 이하	20%	19%
200억 원 초과 3,000억 원 이하	22%	21%
3,000억 원 초과	25%	24%

내 땅 앞에
도로가 생긴다?
- 도시계획시설 예정 도로

2016년 전까지만 해도, 새만금의 여파로 군산 지가가 많이 올랐습니다. 자연히 지역에 기획 부동산 회사가 성황이었지요. 그러다 군산단지 총 생산액의 69.4%를 차지하는 현대중공업과 한국GM이 2016년 5월과 2017년 7월에 나란히 문을 닫았습니다. 근로자들은 다른 일자리를 찾아 군산을 떠났고, 인근 가게가 문을 닫으며 지역 경제가 침체되었습니다.

이 토지도 2016년 기획 부동산 회사에서 작업했던 토지 중 하나였습니다. 지역 경제 침체와 더불어 기획 부동산 회사에서 미처 팔지 못한 지분 토지가 공매로 나왔습니다.

지목은 '전'이고, 면적은 299㎡(90.4평)로 전체 1/2 지분 토지입니다. 감정가 19,435,000원에 50% 유찰되어 1,033만 원(평당 115천 원)에 단독으로 낙찰받았습니다. 용도지역은 제1종일반주거지역입니다. 도시지역의 주거·상업·공업지역에 있는 농지로 농취증

사례 토지의 입찰 정보

2019-02527-001		입찰시간 : 2020-01-28 10:00~ 2020-01-29 17:00				조세정리팀(☎ 1588-5321)	
소재지	전라북도 군산시 일피면 축산리 313-5 [지도] [지도] [주소복사] (도로명주소 :)						
물건용도	토지	감정가	19,435,000 원		재산종류	압류재산(캠코)	
세부용도	전	최저입찰가	(50%) 9,718,000 원		처분방식	매각	
물건상태	낙찰	집행기관	한국자산관리공사		담당부서	전북지역본부	
토지면적	299㎡ (90.447평)	건물면적			배분요구종기	2019-07-01	
물건상세	전 299㎡						
위임기관	서대전세무서	명도책임	매수인		조사일자	0000-00-00	
부대조건	본건은 사다리형의 평탄한 토지로 지적도면상 맹지이므로 사전조사후 입찰바라며 전으로 사용중임 "입찰전 농지취득자격증명 발급 가능여부를 행정기관에 확인 후 입찰바라며, 본건은 공유물 지분 매각으로 공유자로부터 우선매수신청시 매각결정취소 될수 있음. 식재된 수목, 경작중인 농작물 등이 존재하는 경우 매각에서 제외하오니 사전조사 후 입찰바람." 2019/07/01 농지(전, 답, 과수원 등)에 대해서는 농지법 제8조의 규정에 의거 농지취득자격증명을 발급받을 수 있는 개인과 농업법인만이 소유권 이전등기를 받을 수 있고, 농지취득자격증명을 발급받지 못하는 개인이나 일반법인이 농지를 낙찰 받은 후 농지취득자격증명을 발급받지 못하여 소유권이전 등기를 할 수 없더라도 매각결정은 취소되지 않으므로 입찰자 책임 하에 사전 조사하고 입찰에 참가하시기 바랍니다						

입찰 정보(인터넷 입찰)

입찰번호	회/차	대금납부(기한)	입찰시작 일시-입찰마감 일시	개찰일시 / 매각결정일시	최저입찰가
0008	003/001	일시불(30일)	20,01,28 10:00 ~ 20,01,29 17:00	20,01,30 11:00 / 20,02,03 10:00	9,718,000
				낙찰 : 10,330,000원 (106.3%)	
0008	004/001	일시불(30일)	20,02,03 10:00 ~ 20,02,05 17:00	20,02,06 11:00 / 20,02,10 10:00	8,747,000
0008	005/001	일시불(30일)	20,02,10 10:00 ~ 20,02,12 17:00	20,02,13 11:00 / 20,02,17 10:00	7,775,000
0008	006/001	일시불(30일)	20,02,17 10:00 ~ 20,02,19 17:00	20,02,20 11:00 / 20,02,24 10:00	6,803,000
0008	007/001	일시불(30일)	20,02,24 10:00 ~ 20,02,26 17:00	20,02,27 11:00 / 20,03,02 10:00	5,831,000
0008	008/001	일시불(30일)	20,03,02 10:00 ~ 20,03,04 17:00	20,03,05 11:00 / 20,03,09 10:00	4,859,000

출처 : 옥션원

이 없이도 일반 법인이 취득할 수 있는 토지입니다.

이 토지가 유찰된 이유를 추정해보면 첫째, 지역 경제가 무너졌기 때문입니다. 둘째, 4명의 공유자가 기획 부동산 회사로부터 평당 90만 원에 매수했기 때문에 지분으로 낙찰받더라도 공유자에게 되파는 것이 힘들어 보입니다. 셋째, 맹지입니다. 그래서 아무도 관심을 두지 않은 것 같습니다.

사례 토지의 항공 사진

출처 : 카카오맵

저의 생각은 좀 달랐습니다. 다시 새만금의 바람이 불고 지역 경제와 상권이 되살아나면, 지가 역시 상승할 거라고 믿었습니다. 남들이 힘들어하고 어려워할 때 즉, 가격이 많이 떨어졌을 때 주워 담아야 돈을 버는 기회가 생깁니다.

남들은 이 토지를 공유자에게 팔지 못할 거라고 생각합니다. 하지만 평당 115,000원에 낙찰받는다면, 공유자 매수가의 1/8로 가져오는 것입니다. 22만 원에 되팔아 공유자에게 물타기를 해주면 어떨까 하는 생각이 들었습니다. 공유자가 4명이나 있으니 땅을 팔 대상이 4명이나 있는 것이네요.

반대로 공유자의 지분을 낙찰받은 가격으로 매수할 수도 있습니다. 온전한 한 필지의 소유로 만들어서 매물로 내놓는 것입니다. 제 경험에 비추어볼 때, 주거지역의 토지는 경제와 상권이 되살아나면 공동주택, 재개발 등의 호재가 생길 수 있습니다. 물론 시간이 오래 걸릴 수 있으니 여유를 가져야겠지요.

토지이용계획확인원의 도면을 보니 해당 토지 앞으로 붉은색으로 두 개의 줄이 그어져 있습니다. '지역지구등 지정여부'란에 '제1종일반주거지역, 중로2류(폭 15~20m)(접합)'을 확인할 수 있습니다.

사례 토지의 토지이용계획확인원

소재지	전라북도 군산시 임피면 축산리 313-5번지			
지목	전 ❓		면적	596 ㎡
개별공시지가(㎡당)	42,300원 (2022/01) 연도별보기			
지역지구등 지정여부	「국토의 계획 및 이용에 관한 법률」에 따른 지역·지구등	도시지역 , 제1종일반주거지역 , 중로2류(폭 15m~20m)(121)(접합)		
	다른 법령 등에 따른 지역·지구등	가축사육제한구역(모든축종 사육제한)<가축분뇨의 관리 및 이용에 관한 법률>, 상대보호구역<교육환경 보호에 관한 법률>, 문화재보존영향 검토대상구역<전라북도지정문화재보호조례>		
「토지이용규제 기본법 시행령」 제9조 제4항 각 호에 해당되는 사항				

범례
- □ 문화재보존영향 검토대상구역
- □ 도시지역
- ■ 제1종일반주거지역
- ■ 자연녹지지역
- ■ 농림지역
- ■ 보전관리지역
- □ 농업진흥구역
- □ 도로구역
- □ 가축사육제한구역
- □ 중로2류(폭 15m~20m)
- □ 소로2류(폭 8m~10m)

□ 작은글씨확대 축척 1 / 1200 ▼ 변경 도면크게보기

출처 : 토지이음

    현재 이 토지는 맹지지만, 도시계획시설 예정 도로 그대로 길이 개설되면 길에 붙은 토지가 됩니다. 당연히 건축할 수 있게 되니, 토지의 신분이 상승해 가격이 올라갑니다. 투자는 돌다리도 두들겨 보고 건너는 자세가 필요하지 않겠습니까?

    먼저, 확인할 것이 있습니다. 장기 미집행 도시계획시설 일몰제에 관한 내용입니다. 정부나 지자체에서 도시계획시설로 지정한 뒤 20년이 넘도록 도시계획시설을 조성하지 않았을 경우, 도시계획시설을 해제하는 제도입니다. 헌법재판소의 결정에 따라 2020년 7월 1일부터 도시계획시설 지정 시효가 해제(일몰)됩니다.

도시계획시설의 종류

분류	도시계획시설의 종류
교통시설	도로, 철도, 항만, 공항, 주차장, 자동차 정류장, 궤도, 자동차 및 건설기계검사시설
공간시설	광장, 공원, 녹지, 유원지, 공공공지
유통·공급시설	유통업무설비, 수도·전기·가스, 열공급설비, 방송·통신시설, 공동구·시장, 유류저장 및 송유설비
공공·문화체육시설	학교, 공공청사, 문화시설, 공공필요성이 인정되는 체육시설, 연구시설, 사회복지시설, 공공직업훈련시설, 청소년수련시설
방재시설	하천, 유수지, 저수지, 방화설비, 방풍설비, 방수설비, 사방설비, 방조설비
보건위생시설	장사시설, 도축장, 종합의료시설
환경기초시설	하수도, 폐기물처리 및 재활용시설, 빗물저장 및 이용시설, 수질오염방지시설, 폐차장

즉, 도로지정고시를 낸 후 20년이 지나면 실효를 한다는 제도입니다. 그렇게 되면 저 붉은색 선이 감쪽같이 사라지게 되겠지요. 맹지 탈출은 고사하고, 영원히 맹지로 남아 있어야 합니다. 정보공개 제도를 통해서도 알아봐야 할 것 같습니다.

· 최초 도로지정 고시가 언제인지?
· 도시계획시설 예정 도로에 대해 사업 집행 단계는 몇 단계인지?
· 실효가 되는지?

최초 고시는 1977년 12월 30일에 고시했습니다. 실효 대상 여부는 검토 중으로 최종 결정된 후 집행 계획을 검토할 예정이라는 답변을 받았습니다. 1977년에 고시했으면 20년도 넘었습니다. 이대로 실효되면 이 토지를 낙찰받을 아무런 이유가 없습니다. 그냥 덮어야 할까요? 그런데 도시계획선을 따라 토지의 지적선을 보면, 도시계획선에 맞춰 토지가 분할된 것이 보입니다.

처리기관	군산시	통지일자	2019. 12. 18
청구 내용	1. 군산시의 무궁한 발전이 있기를 기원합니다. 2. 전라북도 군산시 임피면 축산리 313-4, 315-6 도시계획시설 예정 도로로 현재 군산시 소요입니다. 최근 군에서 도시계획 예정 도로(중로2류)를 협의매수하셨는데요. 　가. 최초 도시계획시설 지정 고시일은 언제입니까? 　　고시문 첨부를 부탁드립니다. 　나. 공익사업집행 단계는 몇 단계 입니까? 　다. 공익사업이 없다면 중로2류 실효는 언제입니까?		
공개내용	1. 귀 댁의 건강과 행복을 기원합니다. 2. 귀하께서 문의하신 군산시 임피면 축산리 313-4번지 도시계획시설 도로 집행 여부에 대하여 다음과 같이 답변드립니다. 　- 도시계획시설(도로) 중로2-121(고시 : 1977. 12. 30)호선이며, 2010년 부터 일부 토지 매입이 된 상태이며, 사업시행 여부는 우리 시 관내 전체 도시계획시설에 대하여 실효대상 여부를 검토 중에 있어 최종 결정된 후 집행계획 검토 예정임을 알려드립니다.		

사례 토지 주변 토지의 소유자 확인

출처 : 디스코

이렇게 잘려져 분할된 토지는 주로 개인이 건축하기 위해 자르는 경우 또는 기획 부동산 회사에서 인근 토지를 전부 매수하고 계획선에 맞춰 자르는 경우입니다. 하지만 그림처럼 계획선에 맞춰 일제히 분할된 것은 지자체에서 도로를 개설하기 위해 토지를 분할하는 경우입니다.

　디스코를 통해 지적의 분할된 부분을 일일이 확인해봤습니다. 일부는 국가와 한국농어촌공사의 토지이고, 나머지는 2017~2018년 사이 군산시에서 사유지를 보상하고 협의 매수한 상태였습니다. 이로 미루어보아 실효보다 도로개설사업을 진행하는 쪽으로 무게를 둬야 할 것 같습니다.

소유 지분 현황

등기명의인	(주민)등록번호	최종지분	주　　　　소	순위번호
박■자 (공유자)	■■■-*******	596분의 66	대전광역시 대덕구 중리로■■■ ■, 501호 (중리동)	5
윤■숙 (공유자)	■■■-*******	596분의 33	대전광역시 동구 대전로■■■ ■, 101동 302호 (천동, ■■■■■1단지아파트)	6
윤■호 (공유자)	■■■-*******	596분의 33	대전광역시 유성구 장대로■■■ ■, 3동 202호 (장대동, ■빌라)	3
이■순 (공유자)	■■■-*******	596분의 165	대전광역시 대덕구 중리동로■■ ■, 401호 (중리동)	4
주식회사 ■■개 발 (공유자)	■■■-■■■■■	596분의 299	대전광역시 서구 둔산로■■ ■, 302호 (둔산동)	2

[토지] 전라북도 군산시 임피면 축산리 ■■■ 전 596㎡　　고유번호 2111-2016-006803

1. 소유지분현황 (갑구)

출처 : 인터넷 등기소

　단기 토지 투자의 생명은 빠른 실행력입니다. 지분 물건 특성상, 낙찰받고 소유권을 이전했다고 해서 공유자들이 먼저 찾아와서 매수하겠다고 하는 일은 절대로 없습니다. 내가 먼저 발 빠르게 움직여야 합니다. 4명의 공유자에게 내용증명을 보냅니다. 4명 중 2명은 연락이 없고 10평의 지분을 가진 2명은 연락이 왔습니다. 기획 부동산 회사에서 평당 90만 원에 매수했으니 1/3 가격인 평당 30만 원으로 할인해 주겠다고 제안했습니다. 기획 부동산 회사에서 워낙 비싼 가격에 당하다 보니 꿈쩍도 하지 않았습니다. 반대로 지분 토지를 낙찰받은 금액인 12만 원에 팔라고 하니 그 또한 싫다고 합니다. 이렇게 2명의 공유자와는 협상이 결렬되었습니다.

　그냥 놔두면 시간만 지체될 뿐이라, 바로 공유물분할청구 소송을 했습니다. 그리고 며칠 후, 지분 50평을 가진 분에게서 연락이 왔습니다.

　"기획 부동산 회사의 사장님이 가만히 놔두면 알아서 매수해주겠다고 합니다."

　한번 생긴 믿음은 쉽게 깨어지지 않는 듯합니다. 아마 기획 부동산 회사 측에서는 90만 원에 팔아먹었을 때도 이 토지에 대해 말도 안 되는 비전을 제시했을 것입니다. 앞으로 300만 원 이상은 갈 것이라는 등 말입니다.

"기획 부동산 회사에서는 되사주지 않습니다. 현실을 직시하세요"라고 말했지만, 말이 통하지 않습니다. 기획 부동산 회사 사장님과 다시 잘 의논해서 연락을 주겠다고 합니다.

그렇게 또 일주일이 지났습니다. 기획 부동산 회사의 사장님이 경찰서에 잡혀갔는데, 어떻게 하면 좋겠냐고 공유자가 말합니다. 이제라도 기획 부동산 회사의 실체를 알았으니 천만다행입니다.

"해당 토지 앞으로 길이 개통될 것이니, 평당 30만 원씩 2,700만 원을 받고 싶습니다"라고 말했습니다. 너무 비싸다고 합니다. 2,400만 원으로 양보합니다. 아무리 돈을 모아도 2,000만 원밖에 마련하지 못한다고 하네요. 잠시 생각했습니다. 좀 더 받으려고 실랑이를 하기보다 차라리 투자의 회전율을 높이는 것이 좋을 것같아, 이쯤에서 마무리 짓기로 협의했습니다. "기존에 90만 원에 샀는데 평당 22만 원에 줘서 고맙다. 기회가 되면 또 연락하자"며 기분 좋게 해결했습니다. 이 건은 7개월 만에 종결되었습니다.

사례 토지의 매매 계약서

부 동 산 매 매 계 약 서

전라북도 군산시 임피면 축산리 313-5 전 596㎡
(중 주식회사토지이야기, 주식회사산들 지분 이전)

2. 계약내용
제1조 위 부동산을 매도인과 매수인 쌍방 합의하여 아래와 같이 매매계약을 체결한다.
제2조 위 부동산의 매매에 있어 매수인은 매매대금을 아래와 같이 지불키로 한다.

| 매매대금 | 금 이천만원정원정(₩20,000,000) |
| 계 약 금 | 금 이백만원정은 계약시 지불하고 |

출처 : 저자 제공

04 저렴하니까!
줍줍
- 등기부등본에 소유자 주민등록번호가 없어요

"2006년 2월, 충남도청은 대전광역시 중구에 있던 도청사를 홍성군 홍북면과 예산군 삽교읍 일원으로 이전하기로 최종 확정했습니다. 2009년 6월 도청 신도시 개발구역 내 행정타운 예정지에서 신도시 기반공사와 충남도청 신청사 기공식을 가졌습니다."

이 호재를 시작으로 주변의 땅 가격이 천정부지로 치솟던 시절이었습니다. 충남도민의 숙원인 도청신도시(내포신도시) 조성사업은 2012년 말 입주를 시작해 2020년까지 신도시 내 인구 10만 명을 목표로 했습니다. 하지만 예상과는 달리 세종시로 인구가 몰리면서, 2019년 12월경 내포신도시의 인구는 27,000명 정도에 그치게 되었습니다. 사람들의 기대에 못 미치면서, 주변의 땅 거래는 예전과는 달리 시들해졌습니다.

사례 토지의 입찰 정보

출처 : 옥션원

　이 토지 역시 감정가의 무려 75%까지 유찰되었습니다. 지인들과 공동으로 입찰해 1,751만 원(평당 66,200원)으로 낙찰받은 사례입니다. 지목은 '임야'이고, 면적은 874.5m^2(264.5평)이며, 전체 1/2 지분 토지입니다.

　이 토지는 왜 이렇게 유찰이 되었을까요? 내포신도시의 개발계획과 달리 기대에 못 미치는 인구 유입량이 첫 번째 요인이기도 하지만, 지분·분묘·맹지·땅 꺼짐 등의 여러 문제점이 많은 토지였습니다. 당연히 입찰자들의 성에 차지 않았을 것입니다.

사례 토지의 위치와 로드뷰

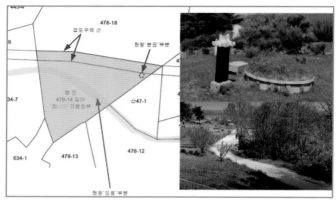

출처 : 온비드

하지만 토지를 살펴보면 내포신도시에서 불과 1km 내외에 위치합니다. 계획관리지역으로 건축할 수 있는 용도가 다양하며, 건폐율도 40%가 나오는 곳입니다. 가격이 저렴하기도 하니, 지분·맹지·분묘·도로의 문제만 해결하면 분명 수익이 클 거라고 판단했습니다.

사례 토지의 위치와 로드뷰

출처 : 디스코

토통령의 답이 정해져 있는 땅 투자

해당 토지를 개발하려면 도로의 접도 여부가 중요합니다. 1~5번 토지를 지나 이 토지의 중앙을 가로지르는 현황도로가 있습니다. 1~5번까지의 사유지가 있는지 확인해보니 전부 홍성군 소유의 군유지였습니다. 건축이 가능할까요?

자치법규정보시스템에서 홍성군 건축조례를 검색해서 도로의 지정을 확인해보면 다음과 같이 나옵니다.

제38조(도로의 지정)

① 법 제45조제1항제2호에 따라 주민이 장기간 통행로로 이용하고 있는 도로로서 이해관계인의 동의를 얻지 아니하고 건축위원회의 심의를 거쳐 도로로 지정할 수 있는 경우는 다음 각 호와 같다. 다만, 사유지인 경우에는 포장되어 사용 중인 경우에 한정한다.

   1. 국가 또는 군에서 직접 시행하거나 지원에 따라 주민 공동사업 등으로 개설되어 사용하고 있는 경우

   2. 주민이 통로로 사용하고 있는 복개된 하천·제방·구거·철도·농로·공원 내 도로 그 밖에 이와 비슷한 국·공유지

   3. 현재 주민이 사용하고 있는 통로를 이용하여 건축허가(신고)된 사실이 있는 경우

   4. 전기·상수도·하수도·도시가스 등 공공기반시설이 설치되어 있는 경우

② 제1항에 따른 통로를 이용하여 건축허가를 받고자 하는 건축주는 현황 사진·현황측량성과도·토지의 소유권을 증명하는 서류 등 필요한 서류를 첨부하여 도로의 지정을 신청하여야 한다.

* 관심 토지 지역의 자치법규 건축조례를 많이 확인해보세요. 지자체마다 조례가 조금씩 다릅니다.

이 토지는 조례에 제38조제1항제2호, '주민이 통로로 사용하고 있는 복개된 농로'로 보입니다. 여기서 끝이 아니죠? 지자체 건축허가과에 전화하거나 국민신문고, 민원사전청구제도 등을 통해 한 번 더 확인합니다. 그 결과 현황도로 및 군유지로 되어 있어 건축허가가 가능할 것이라는 긍정적인 답변을 얻었습니다.

토지이음으로 토지이용계획확인원을 확인해보니, '역사문화환경보존지역〈문화재보호법〉'이라고 기재되어 있습니다. 문화재보호법상 1구역, 2구역, 3구역에는 주요 문화재가 있어 건축하는 데 행위의 제한을 받습니다. 따라서 문화재공간정보서비스를 통해서 몇 구역인지 찾아봅니다. 행정관청에도 재차 확인합니다. 그 결과, 이 토지는 별다른 규제가 없었습니다.

토지이용계획확인원

출처 : 토지이음

문화재공간정보서비스를 통한 문화재 확인

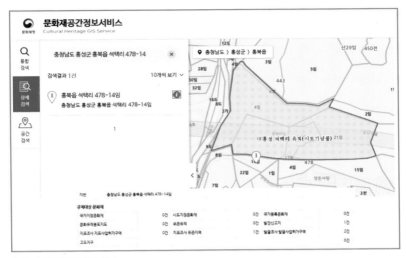

출처 : 문화재공간정보서비스

사례 토지의 등기 사항 확인

주요 등기사항 요약 (참고용)

[주 의 사 항]

본 주요 등기사항 요약은 증명서상에 말소되지 않은 사항을 간략히 요약한 것으로 증명서로서의 기능을 제공하지 않습니다.
실제 권리사항 파악을 위해서는 발급된 증명서를 필히 확인하시기 바랍니다.

고유번호 1611-1996-429548

[토지] 충청남도 홍성군 홍북읍 석택리 478-14 임야 1749㎡

1. 소유지분현황 (갑구)

등기명의인	(주민)등록번호	최종지분	주　　　　소	순위번호
최　　(공유자)		:분의 1	충청남도 홍성군 홍북면	1
최　　(공유자)	62　-*******	:분의 1	충청남도 예산군 덕산면	2

출처 : 인터넷 등기소

　이제 공유자가 어떤 사람인지 봅니다. 토지를 되사줄 능력이 있는지, 공유자는 몇 명인지 등 '주요 등기사항 요약'으로 확인해봅니다. 공유자의 주민등록번호가 확인되지 않습니다. 1984년 이전에는 소유권이전등기 시 주민등록번호 기재가 의무화되지 않았던 때입니다. 이렇게 지분을 낙찰받고자 할 때, 공유자의 주민번호가 공백으로 되어 있는 경우는 주의를 기울여야 합니다.

사례 토지의 공유자 확인

【 갑 　 구 】		(소유권에 관한 사항)		
순 위 번 호	등 기 목 적	접 　 수	등 기 원 인	
1 (전 1)	소유권보존	1981년8월25일 제23443호		공유자 지분 최벽 중 지분 최놈

출처 : 인터넷 등기소

갑구의 공유자 취득 내용을 봅니다. 지금으로부터 40년 전, 1981년에 소유권보존에 의한 이전 등기를 했습니다. 당시 재력이 있던 30~40대로 추정합니다. 그러면 현재는 적어도 70~80세 정도 된다는 거지요. 만약 이분이 돌아가셨다면? 망자를 상대로 소송이나 매매를 할 수는 없겠지요. 상속인에게 대위상속등기를 한후, 상속인을 상대로 협상 또는 소송을 진행해야 합니다. 이렇게 되면, 시간과 비용이 많이 발생하기 때문에 주의하셔야 합니다.

운이 좋게도 문화재공간서비스에서 환호유적지 발굴내용을 보았고, 이에 힌트를 얻었습니다. 포털 사이트에서 환호유적지를 검색한 결과, 2016년 기사에서 공유자의 이름을 발견할 수 있었습니다. 공유자가 살아계실 거라는 확신이 들었습니다. 또 유적지 발굴로 인한 토지 수용으로 토지 보상금도 수령했음을 확인했습니다.

등기사항에 주민번호가 없거나 공유자의 연세가 많은 경우, 생존 여부를 확인하는 방법이 있습니다. 우선 등기부등본으로 공유자의 주소지를 확인합니다. 디스코를 통해 공유자 이웃의 건물 즉, 집 주소를 찾아봅니다. 토지대장을 열람해서 소유주를 확인해 보십시오. KT 114에 마을 주민의 이름을 문의해 전화번호를 알아냅니다. 그런 다음 마을 주민께 직접 전화해 공유자의 안부를 물어보는 것입니다 (휴대전화가 아무리 많이 보급되었어도 시골에 거주하는 어르신들 집에는 유선전화가 거의 다 있습니다). 옛 속담에 "먼 친척보다 가까운 이웃이 낫다"는 말이 있습니다. 이웃 주민이 공유자의 사정을 꽤 잘 알고 있을 것입니다. 이런 방식으로 생존 여부를 확인할 수 있습니다.

이런 방법으로 알아내지 못한 경우에는 실제로 임장을 가서 확인해야 합니다. 앞서 말한 대로 음료수 한 병으로 많은 정보를 얻을 수 있을 것입니다. 다만, 거리상 무리가 있다면 최후 상속등기까지 득실을 따져서 입찰 참여 여부를 결정해야 합니다.

등기사항전부증명서에 있는 공유자의 주소지로 내용증명을 발송했습니다. 연락이 닿아 차로 3시간이나 걸리는 공유자의 집에서 만나 이야기했습니다. 공유자가 말하길, 해당 땅은 선산으로 사촌동생과 함께 상속받은 땅인데 사촌동생이 사업을 잘못해서 이런 일이 벌어졌다고 합니다. 선산이기 때문에 종중들과의 마찰도 있고, 골치가 아파서 공매로 나온 토지를 매수할 의향은 없다고 합니다. 그렇다면 토지 분할은 해줄 수 있겠냐고 여쭈어봤습니다.

"현황도로를 경계로 위쪽으로는 분묘가 있으니 공유자분이 계속 소유하시고, 아래의 임야는 저희가 소유하겠습니다. 대신 분할

비용 및 소유권이전등기 비용은 모두 우리쪽에서 부담하겠습니다"라고 제안하니 흔쾌히 승낙했습니다. 다만 지금은 농번기라 바쁘니, 농번기가 끝나고 만나자고 하셨습니다.

"바빠서 그러시는 거면 위임장만 작성해주시면 저희가 법무사를 통해서 모든 업무를 진행하겠습니다."

"홍성군청까지는 멀지 않아 얼마든 왔다 갔다 할 수 있으니 걱정하지 마시오."

이때까지만 해도 좋은 공유자를 만나서 다행이라고 생각했습니다. 그러나 약속한 날이 다가와 토지 분할을 이야기했으나 마음이 변했는지 그걸 왜 자신이 해줘야 하는가, 시간과 기름값, 경비가 든다고 하시며 전화를 끊어버렸습니다. 이후에 연락하니 마음대로 하라고 했고, 일주일 후 다시 공유자가 말하길, 종중들이 왜 그냥 분할해주느냐고 해서 마음이 상했다고 합니다. 그제야 미안하다며 만나서 동의해주겠다고 하셨습니다.

다시 3시간이 넘는 거리를 달려 공유자의 집으로 향했습니다. 하지만 약속 시간에도 불구하고 공유자는 자리에 없었습니다. 휴대전화로 전화해도 받지 않았습니다. 공유자의 배우자가 집전화로 전화해 연락이 닿았습니다. 갑자기 마음대로 하라고 하시며, 그렇게 1시간을 기다렸으나 공유자는 끝내 나타나지 않았습니다.

공유자의 마음이 바뀐 이유가 무엇인지 되짚어보며 전략을 다시 짰습니다. 다시 일주일이 흘러, 이번에는 함께 낙찰받은 지인이 공유자에게 간다는 말도 하지 않고 찾아갔습니다. 그랬더니 공유자를 만날 수 있었습니다. 공유자에게 차비에 보태시고 막걸리라도 사드시라며 돈 30만 원을 쥐어드렸습니다. 그제야 마음이 풀리셨는지 지적측량분할 동의 및 소유권이전까지 동의해주었습니다.

지적도 등본과 공유물 분할 계약서

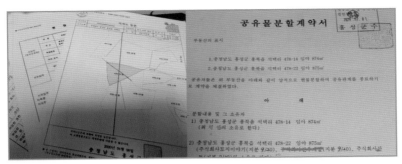

출처 : 저자 제공

측량을 하던 날 분할된 토지에 말뚝을 박고 망을 치고 있었습니다. 현황도로가 끝나는 지점에서 1톤 트럭 한 대가 나오길래 인사를 했습니다. 안쪽에서 돼지농장을 하는 젊은 청년이었습니다. 현재 현황도로로 사용되고 있지만 엄연히 사유지임을 밝히고 "앞으로 다른 길로 돌아가주셨으면 좋겠다"라고 양해를 구했습니다. 그러고는 혹시 이 토지를 살 마음이 있냐고 물어봤더니, 저렴하게만 주면 매수하겠다고 했습니다. 4,500만 원을 제시했더니 너무 비싸다며 일단 서로 연락처를 교환하고 헤어졌습니다.

이후 인근 중개업소에 매물로 내놓았지만 몇 개월이 지나도록 매수자가 나타나지 않았습니다. 내포신도시에 인구 유입이 제대로 되지 않은 탓에 매물이 잘 나가지 않는다고 했습니다. 다른 투자로 전환하기 위해 수익률을 낮추기로 지인들과 협의했습니다. 3개월이 지나 결국 청년과 3,500만 원에 합의하고 마무리를 지었습니다. 낙찰가 대비 높은 금액에 매도하지는 못했지만, 낙찰받은 지 11개월 만에 100%의 수익을 낸 사례입니다.

민원사전청구제도

민원대상

• 복합민원 중 민원신청시 토지매입·설계측량 등 사전에 경제적 비용이 수반되는 민원
• 복합민원이 아닌 단순민원의 경우라도 불가처리 되었을 경우 민원인이 경제적 손실이 불가피한 민원

민원사무명

처리부서		민원명	연락처	비고
실·과	팀			
허가건축과	허가팀	농지전용허가	630-1732	-
		산지전용허가	630-1733	-
		개발행위허가	630-1735 630-1731	-
가정행복과	보육팀	어린이집인가	630-1343	-
	경로 복지팀	봉안시설설치신고 (봉안묘,봉안탑,봉안당)	630-1838	
		가족묘지등의설치허가		
경제과	지역 경제팀	대규모점포 개설(변경)등록	630-1292	
	일자리지원팀	직업소개사업 등록(변경)	630-1363	
	에너지팀	석유판매업 (주유소)등록	630-1591	
		액화석유가스의충전사업 설치(변경)허가		
허가건축과	주택팀	주택건설(대지조성)사업 계획(변경)승인	630-1473	-
	건축팀	건축허가및건축신고	630-1471 630-1521 630-1523 630-1474 630-1522 630-1476	홍성읍(대교·월산·옥암·고암), 광천읍, 홍성읍, 결성면, 서부면, 홍복읍, 내포신도시, 금마면, 갈산면, 구향면, 홍동면, 장곡면, 은하면

심사청구 절차

01 상담 및 구비 서류작성 신청인	02 심사청구서 접수 종합민원실	03 해당부서 서류검토 처리부서	04 실무종합심의 관계부서 협의 처리부서	05 결과통지 처리부서

출처 : 홍성군청

■ 민원 처리에 관한 법률 시행규칙 [별지 제8호서식]
■ 수수료: 없음

사전심사 청구서

제출서류

■ 행정기관의 장이 정한 구비서류

접수번호:	접수일:	처리기간: 행정기관의 장이 정한 기간

1. 청구인 정보

청구인	이름(법인명):	연락처:
	주소(소재지):	
주소 (법인의 경우 주된 사무소 소재지)		

2. 청구내용

민원사항	
주된 행위의 목적과 내용	
예정 사업기간	
그 밖의 주요사항	

3. 서명 및 날인

「민원 처리에 관한 법률」 제30조제1항 및 같은 법 시행령 제34조에 따라 위와 같이 사전심사를 청구합니다.

년   월   일

신청인   (서명 또는 인)

접수기관 귀하

유의사항

• 이 서식은 행정기관별로 적절하게 조정 할 수 있습니다.

처리절차

사전심사청구	→	접수	→	검토·확인	→	결과통지
신청인		접수기관		접수기관		접수기관

210mm×297mm[백상지(80g/㎡) 또는 중질지(80g/㎡)]

05 매수할 사람이 이미 정해져 있다
- 매수할 사람을 정해놓자

전라남도 고흥군 하면 우주발사체 '나로호'가 생각이 날 것입니다. 그곳에서 조금 떨어진 포두면 길두리에 있는 토지입니다. 관리번호 2019-09937-001, 지목은 '전'이고, 면적은 606㎡(183.31평)로 전체 면적 중 1/2 지분이 공매로 나온 토지입니다.

감정가격은 19,937,000원인데 40% 유찰되어 최저 매각가가 11,963,000원입니다. 입찰자 2명 중 100만 원 차이로 제가 낙찰받았습니다. 이 토지 역시 지목이 '전'이지만, 일반 법인 취득이 가능한 토지입니다(일반 법인이 취득 가능한 농지의 조건은 앞서 내용에서도 다루었으므로 생략하겠습니다). 도시지역의 주거·상업·공업지역의 농지이기 때문입니다.

1/2 지분에 용도지역이 제1종일반주거지역이지만, 개발 가능성이나 호재가 없는 시골 땅입니다. 일반적으로 보기에 별로 구미가

사례 토지의 입찰 정보

2019-09937-001		입찰시간 : 2019-11-25 10:00~ 2019-11-27 17:00			조세정리팀(☎ 1588-5321)	
소재지	전라남도 고흥군 포두면 길두리 1002-4 ☐지도 ☐지도 주소복사 (도로명주소 :)					
물건용도	토지	감정가	**19,937,400 원**	재산종류	압류재산(캠코)	
세부용도	전	최저입찰가	(60%) 11,963,000 원	처분방식	매각	
물건상태	낙찰	집행기관	한국자산관리공사	담당부서	광주전남지역본부	
토지면적	606㎡ (183.315평)	건물면적		배분요구종기	2019-10-14	
물건상세	전 606㎡					
위임기관	용인세무서	명도책임	매수인	조사일자	0000-00-00	
부대조건						

입찰 정보(인터넷 입찰)

입찰번호	회/차	대금납부(기한)	입찰시작 일시~입찰마감 일시	개찰일시 / 매각결정일시	최저입찰가
0015	041/001	일시불(30일)	19.10.28 10:00 ~ 19.10.30 17:00	19.10.31 11:00 / 19.11.04 10:00	19,938,000
0015	042/001	일시불(30일)	19.11.04 10:00 ~ 19.11.06 17:00	19.11.07 11:00 / 19.11.11 10:00	17,945,000
0015	043/001	일시불(30일)	19.11.11 10:00 ~ 19.11.13 17:00	19.11.14 11:00 / 19.11.18 10:00	15,951,000
0015	044/001	일시불(30일)	19.11.18 10:00 ~ 19.11.20 17:00	19.11.21 11:00 / 19.11.25 10:00	13,957,000
0015	045/001	일시불(30일)	**19.11.25 10:00 ~ 19.11.27 17:00**	19.11.28 11:00 / 19.12.02 10:00	**11,963,000**
					낙찰 : 13,020,000원 (108.84%)
0015	046/001	일시불(30일)	19.12.02 10:00 ~ 19.12.04 17:00	19.12.05 11:00 / 19.12.09 10:00	9,969,000

출처 : 옥션원

당기지 않는 물건입니다. 그래서 입찰 참여율이 저조했나 봅니다. 하지만 저는 이번에도 남들이 잘 못 보는 부분까지 파고들어 결국 가치를 만들어냈습니다.

수도권이나 환황해권역에 비해 지방은 인구가 감소하고 있습니다. 특별한 개발 호재가 없는 한, 지가 상승도 거의 되지 않고 거래도 잘 이뤄지지 않습니다. 그런데 해당 토지 주변으로는 빈번하게 거래가 이루어지고 있습니다. 저는 해당 토지 주변에만 유독 거래가 있다는 사실에 주목했습니다.

토지이용계획확인원

소재지	전라남도 고흥군 포두면 길두리 1002-4번지		
지목	전 ❓	면적	1,212 ㎡
개별공시지가(㎡당)	20,900원 (2022/01) 연도별보기		
지역지구등 지정여부	「국토의 계획 및 이용에 관한 법률」에 따른 지역·지구등	제1종일반주거지역	
	다른 법령 등에 따른 지역·지구등	가축사육제한구역(제한구역(모든축종))<가축분뇨의 관리 및 이용에 관한 법률>, 상대보호구역<교육환경 보호에 관한 법률>	
「토지이용규제 기본법 시행령」 제9조 제4항 각 호에 해당되는 사항			
확인도면			

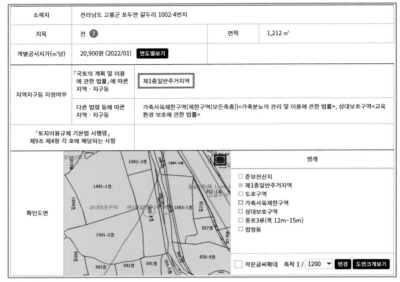

범례
☐ 준보전산지
■ 제1종일반주거지역
☐ 도로구역
☐ 가축사육제한구역
☐ 상대보호구역
☐ 중로3류(폭 12m~15m)
☐ 법정동

☐ 작은글씨확대 축척 1 / 1200 ▾ 변경 도면크게보기

출처 : 토지이음

사례 토지와 주변

출처 : 디스코

토통령의 답이 정해져 있는 땅 투자

또한, 바로 뒤, '2전'은 이 토지가 없으면 맹지나 다름없습니다. 하지만 방심은 금물이라는 말이 있습니다. 특히 토지 투자에는 예기치 못한 여러 변수가 있다고 했지요? 이 토지 주변에 연접되어 있는 토지들의 등기사항전부증명서를 열람해서 토지의 이동을 조사해보았습니다.

조사 결과, 주변의 연접 필지 모두를 한 사람이 매집했다는 것을 알 수 있었습니다. 따라서 뒷토지 '2전'도 맹지가 아닙니다. 굳이 이 토지가 꼭 필요하지는 않습니다. 맹지라면 1/2 지분이라도 이 토지를 매수하려고 할 텐데 아쉽습니다.

모양은 네모 반듯하고 예쁘지만, 1/2 지분이라는 단점, 게다가 연접 필지의 소유주가 이 토지 없이도 충분히 건축을 할 수 있다는 점, 여러 부분에서 입찰에 타당성이 있는지 좀 더 고민해보았습니다.

연접한 토지의 소유자 확인

출처 : 인터넷 등기소

이번에는 여러 필지의 연접한 토지를 한 사람이 매수했다는 사실에 초점을 맞추었습니다. 이분의 재력을 가늠해봅니다. 주요 등기사항 요약을 보니 을구에 저당권 내용이 없었습니다. 여러 필지의 땅을 샀는데 대출이 하나도 없는 것은 그만큼 충분한 재력이 있다는 말입니다. 최근 거래의 주소로 미루어보아 이분이 같은 지역에 거주하고 있겠다고 생각했습니다. 그래서 등기사항전부증명서의 소유자 주소를 확인했습니다.

출처 : 카카오맵

과연 연접 필지를 매수한 토지 소유자와 거주지 주소의 소유자는 동일인이었습니다. 로드뷰로 주소지를 확인해보니 포두면에서 철물점을 크게 운영하고 있었습니다.

'인근 토지를 매집하고 있으니, 이 토지도 분명 필요할 거야'라는 생각에 직접 연락해보기로 결심했습니다. 철물점 상호로 114에 문의해 전화번호를 알아냈습니다.

"선생님, 안녕하세요. 포두면 길두리 ○○번지의 소유주시죠?"

"네, 그런데 누구십니까?"

"네, 선생님께서 최근 매수하신 ○○번지 토지 앞 1002-4번지

지분을 팔고 싶은데, 혹시 매수할 의향이 있으신지요?"

"가격만 맞으면 매수하겠습니다."

그렇게 대화를 마치고 전화를 끊었습니다. 매수의 여지를 확인 했으니 입찰에 참여할 이유가 충분합니다. 최저가에서 105만 원을 올려 적어 1,302만 원에 낙찰받았습니다.

이제 매도 준비만 하면 됩니다. 하지만 욕심이 생깁니다. 이 토지 공유자의 1/2 지분을 낙찰가에 매수해서 철물점 사장님께 전체로 되팔면 수익이 두 배가 남는다는 생각이 번뜩였습니다.

등기사항전부증명서 열람

【 갑 구 】	(소유권에 관한 사항)			
순위번호	등 기 목 적	접 수	등 기 원 인	권리자 및 기타사항
1 (전 4)	공유자 전원의 지분 전부 이전	1991년7월2일 제10471호	1991년6월30일 매매	공유자 지분 2분의 1 이■회 ■■-******* 서울 강남구 삼성동 ■■ ■■빌라 가동 103호 지분 2분의 1 박■향 ■-******* 서울 강동구 명일동 ■ ■아파트 302동 606호

출처 : 인터넷 등기소

공유자의 지분을 매수하기 위해 주요 등기사항전부증명서를 확인했습니다. 1991년 6월 30일이니 매수한 지 30년이나 지났습니다. 공유자의 주소지 서울 강남구 장미빌라를 확인해보니, 이미 빌라는 없어지고 재개발로 삼성 ○○아파트가 들어섰습니다. 공유물분할청구 소송을 해서 주소 보정을 받으면 공유자의 최근 주소를 파악할 수 있습니다. 하지만 그렇게 하면 일정 시간이 소요되어 단기 투자에 맞지 않습니다. 그리고 철물절 사장님의 마음이 변하기 전에 매도하는 게 맞다고 판단되어 분할 소송은 포기했습니다. 그냥 1/2 지분만 철물점 사장님께 팔기로 생각했습니다.

이미 유선상으로 매수 의사를 확인했기 때문에, 토지 소유권을 이전하고, 보름 만에 철물점 사장님에게 매도했습니다. 매도가 1,800만 원의 그다지 큰 금액은 아니지만, 단기간에 수익을 볼 수 있었던 사례입니다. 남들이 하지 않는 생각과 행동으로 얻은 결과입니다.

도시계획시설 투자는
어떻게 할까?

도로가 날 땅, 반전에 반전

01

- 임야 경사도 확인 방법

이른 더위가 한창이던 2019년 6월, 여느 때와 같이 공매 물건을 발굴하고 있었습니다. 감정가 약 2,078만 원, 65% 유찰되어 최저가 약 727만 원의 토지가 눈에 띄었습니다. 지목은 '임야'이고, 면적은 989.66㎡(299.3평)으로, 전체 1/3 지분으로 나온 토지입니다. 762만 원(평당 25,400원)으로 지인과 함께 입찰해 낙찰받았습니다.

입찰 전 당연히 조사는 필수겠지요? 무엇보다 가격이 많이 유찰되었으니 무엇 때문인지, 쓸모가 있을지 없을지, 돈이 되는 땅인지 면밀히 검토했습니다. 공매 물건의 지적도(다음 자료 하단의 사진 중 가운데)를 보면 공매로 나온 토지와 그 주변 토지가 갈색입니다.

용도지역에서 갈색은 무슨 지역일까요? 네, 계획관리지역입니다. 계획관리지역은 다양한 건물을 지을 수 있기 때문에, 비도시

사례 토지의 입찰 정보

지역에서 제일 선호하는 용도지역입니다(색상만 보고 무슨 용도지역인지 단번에 떠올릴 정도로 많이 봐야 합니다. 색상으로 용도지역을 파악하면, 물건의 검색 시간을 단축할 수 있다고 재차 말씀드렸죠?).

간혹 토지이용계획확인원에서 '임야'인데 농림지역이라고 표기가 된 것이 있습니다. 이렇게 농림지역으로 분류가 된 곳은, 대부분 경사도가 20도 이상입니다. 경사도 20도 이상이면 개발이 거의 불가능하니 이런 경우 굳이 임야의 경사도를 별도로 확인하지 않

토지이용계획확인원을 통해 본 농림지역 임야

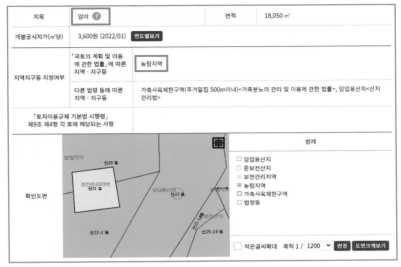

지목	임야 ❼		면적	18,050 ㎡
개별공시지가(㎡당)	3,600원 (2022/01) 연도별보기			
지역지구등 지정여부	「국토의 계획 및 이용에 관한 법률」에 따른 지역·지구등	농림지역		
	다른 법령 등에 따른 지역·지구등	가축사육제한구역(주거밀집 500m이내)<가축분뇨의 관리 및 이용에 관한 법률>, 임업용산지<산지관리법>		
「토지이용규제 기본법 시행령」 제9조 제4항 각 호에 해당되는 사항				

확인도면

범례
- ☐ 임업용산지
- ☐ 준보전산지
- ▨ 보전관리지역
- ▨ 농림지역
- ☐ 가축사육제한구역
- ☐ 법정동

☐ 작은글씨확대 축척 1 / 1200 ▾ 변경 도면크게보기

출처 : 토지이음

아도 됩니다. 주거, 상업, 공업, 녹지, 관리지역은 경사도 20도 이하의 임야가 대부분이라서 개발이 가능합니다. 이렇게 용도지역만 보고도 대략적으로 경사도 파악이 가능합니다.

한편, 농림지역의 경우 지목에 상관없이 농업인 주택이나 창고 같은 농업인이 지을 수 있는 건물밖에 짓지 못합니다. 또한 임야인 경우에도 임업인이 지을 수 있는 산림경영관리사(15평 이하 주택)밖에 지을 수 없습니다. 즉 농업인, 임업인이 아니고서는 건축할 수 있는 개발행위가 거의 없습니다.

임업인과 농업인이 지을 수 있는 시설

■ 산지관리법 시행령 [별표 3의3] <개정 2020. 3. 3.>

산지일시사용신고의 대상시설·행위의 범위, 설치지역 및 설치조건
(제18조의3제4항 관련)

1. 「건축법」에 따른 건축허가 또는 건축신고 대상이 아닌 간이농림어업용 시설과 농림수산물 간이처리시설의 경우

대상시설·행위의 범위	설치지역	설치조건
가. 산림경영관리사	산지전용·일시사용제한지역이 아닌 산지	1) 임업인이 설치하는 시설로서 부지면적이 2백제곱미터 미만일 것 2) 주거용이 아닌 경우로서 작업대기 및 휴식공간이 바닥면적의 100분의 25 이하일 것
나. 농업용·축산업용 관리사, 농막	공익용산지가 아닌 산지	1) 농림어업인이 설치하는 시설로서 부지면적이 2백제곱미터 미만일 것 2) 주거용이 아닌 경우로서 작업대기 및 휴식공간이 바닥면적의 100분의 25 이하일 것
다. 산림작업인부 대피소 등 산림작업에 필요한 시설(주거목적이 아닌 경우만 해당한다)		부지면적이 2백제곱미터 미만일 것
라. 가목부터 다목까지 외의 간이농림어업용 시설과 농림수산물 간이처리시설		
마. 별표 3 제1호 및 제6호의 시설 중 산지일시사용 목적으로 설치하는 시설		

임야의 경사도 계획조례로 확인하기

자치법규정보시스템 홈페이지 통합검색에 '부여군 군계획 조례'를 검색합니다.

제19조(개발행위허가의 기준) ① 영 제56조 및 영 별표 1의2 제1호에 따라 군수는 다음 각 호의 요건을 모두 갖춘 토지에 한정하여 개발행위를 허가할 수 있다.

1. 입목축적은 '산지관리법 시행령' 제20조제6항에 따른다.
2. 경사도가 20도 미만인 토지. 다만, 경사도가 20도 이상 토지에 대하여는 군계획위원회의 심의를 거쳐 허가할 수 있다.
3. 표고는 '산지관리법 시행령' 제7조제2항 별표 2의 기준에 따른다.
4. 도시생태계 보전가치 I 등급(비오톱 현황조사에 의하여 대상지 전체에 대하여 절대 보전이 필요한 지역을 말한다)이 아닌 토지

② 입목축적·경사도 및 표고 산정방식은 '산지전용 허가 기준 등의 세부 검토 기준에 관한 규정'에 따른다.

③ 제1항은 군계획위원회 심의를 거쳐 개발행위를 허가하는 경우에는 적용하지 아니한다.

④ 제1항 및 제3항에도 불구하고 영 별표 1의2 제2호가목에 따라 주변 토지이용과의 관계 등을 고려하여 특정건축물 등에 대하여 별도의 기준을 정할 수 있다.

⑤ 제4항에 따른 특정건축물 등의 종류 및 허가 기준은 별표 24와 같다.

부여군의 군계획 조례 제19조 개발행위의 허가 기준 "1호 입목축척에 따른다", "2호 경사도 20도 미만의 토지, 경사도가 20도 이상 토지에 대하여는 군계획위원회의 심의를 거쳐 허가할 수 있다"에 따르면 즉, 20도 이상의 임야는 개발이 어렵다는 것입니다.

임야의 경사도 확인하기

임업정보 다드림 홈페이지(http://gis.kofpi.or.kr) 검색

출처 : 임업정보 다드림

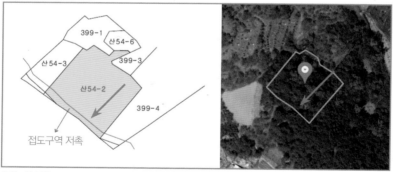

출처 : 옥션원

　지적도의 '접도구역 저촉'이라는 것에서 힌트를 얻습니다. 접도구역(接道區域)이란 도로 확장용 용지 확보, 도로 보호, 도로 미관의 보존, 위험 방지 따위를 위해 법으로 지정한 일정 거리의 구역으로 토지의 형질 변경, 건축, 식목, 벌목 따위가 금지되거나 제한되는 곳을 말합니다.

위성사진으로는 아직 아무것도 확인되지 않습니다. 이를 바탕으로 곧 도로가 생기겠다는 것을 알 수 있습니다. 도로구역 라인을 따라 디스코에서 확인해보면 국가 소유로 되어 있습니다. 토지수용이 이미 완료되었네요.

국토관리청 공고 화면

국토관리청공고

| 전체 | 일반 | 고시 | 공고 |

- 부서 [   ] [부서찾기]
- 등록일자 [2010-08-01] ~ [2022-08-01] (예:2009-02-08)
- 주제어 ☐작성자 ☑제목 ☐내용 [부여   ] [검색]

총 6개의 게시물이 있습니다.   화면당 목록개수 [10] [변경]

번호	분야	제목	등록일자	담당부서	조회
6	공고	보상계획 공고(보령-부여)	2021.02.04	보상과	404
5	공고	보상협의공고(보령-부여 도로건설공사)	2018.08.09	보상과	3071
4	공고	보상협의공고(대전지방국토관리청 ...	2017.09.25	보상과	2592
3	공고	환경영향평가항목 등의 결정내용 ...	2013.11.19	도로계획과	2806
2	일반	주민등의 의견수렴 결과 및 반영여...	2013.07.30	도로계획과	2557
1	고시	도로건설공사 기본계획 고시(보령-부여)	2011.09.21	도로계획과	921

위치도(보령~부여, L=13.12km)

보령 / 보령시 Boryeong-si / 시점:보령미산도화담 / 보령~부여 L=13.12km / 1구간 L=9.18km / 2구간 L=3.94km / 종점:부여구룡주정 / 성주우회 L=5.0km / 내산우회 L=4.6km / 부여 Buyeo-gun / 부여

출처 : 국토교통부

고시문 찾기

'지역을 연계해주는 도로 따라 투자하기와 지가 상승 예측' 부분에서 고시문 찾는 방법에 대해 설명했습니다. 복습하는 마음으로 다시 해볼까요?

충청남북도	대전지방국토관리청	대전시 동구 계족로 447	042-670-3214	

소재지는 충남 부여군입니다. 충청남북도에서 도로개설을 관리하는 기관은 대전국토관리청입니다. 대전국토관리청 홈페이지 '공고'란에 기간 범위를 넓게 지정하고, 검색창에 '부여'라고 입력하면, 도로건설기본계획공사 및 보상협의공고문이 조회됩니다. 고시문 및 위치도면을 확인해 내 토지가 도로에 편입되는지, 아니면 도로 옆에 붙은 토지인지 혹은 맹지인지 알 수 있습니다. 좀 더 자세한 내용은 정보공개청구 제도를 활용합니다. 공익사업의 고시문, 토지편입조서, 위치도 및 도로설계 도면을 요청합니다.

도로와 땅의 높낮이

출처 : 저자 제공

이때, 도로가 어떻게 설계되는지 주의해서 봐야 합니다. 도로와 토지 높이가 같은지, 낮은지, 높은지 반드시 비교 검토합니다. 토지가 도로보다 낮으면 성토해야 하고, 도로보다 높으면 절토를 해야 합니다. 당연히 그에 따른 비용이 수반됩니다.

도로 설계도

출처 : 국토교통부, 저자 제공

이 토지는 도로보다 높이가 많이 높고, 철조망 울타리가 있어서 맹지나 다름없는 토지였습니다. 해결방안은 도로개설 전에 절토해서 도로 높이와 토지 높이를 맞춰놓아야 합니다. 그래야 도로공사 측에 진출입로를 만들어달라고 요구할 수 있을 것입니다. 하지만, 이 토지는 개발행위 없이 임야를 무단으로 훼손할 수 없어 현실적으로 진출입로를 만드는 것은 불가능합니다.

도로 옆에 붙어 있는 토지는 맞지만, 실질적으로 공중 부양한 토지인지라 개발이 어렵고 가치가 없습니다. 이 모든 것을 확인했음에도 불구하고, 왜 입찰에 참여했을까요? 분석이 잘못된 것일까요?

등기사항전부증명서에 답이 있다

저는 등기사항전부증명서를 유심히 봅니다. 갑구를 보고 2001년 6월 23일 김씨 집안의 형제들이 선산으로 이용하려고 매수했음을 직감했습니다. 그래서 이 토지를 낙찰받으면 형제들이 되사줄 것이라고 생각했습니다. 되사줄 능력을 파악하기 위해, 인터넷 등기소에 각 공유자의 주소지를 열람했습니다. 그중 논산에 거주하는 김경○ 님 소유의 아파트에 저당권 설정이 없는 것을 확인했습니다.

'조상들 모실 선산으로 매수한 토지니 되사주겠지' 하는 마음으로 공유자들에게 내용증명을 발송했습니다.

공동으로 입찰한 지인이 김경○ 님 아버지의 당숙부라는 분으로부터 연락을 받았습니다. 이야기를 들어보니, 선산으로 사용할 목적으로 임야를 산 것은 맞다고 합니다. 그런데 3명은 형제가 아니

사례 토지의 등기사항전부증명서

【 갑 구 】			(소유권에 관한 사항)	
순위번호	등 기 목 적	접 수	등 기 원 인	권 리 자 및 기 타 사 항
1 (전 2)	소유권이전	2001년7월3일 제9286호	2001년6월23일 매매	공유자 지분 분의 김경 67 논산시 각* 지분 분의 김문 71 인천 연수* 지분 분의 김민 67 서울 강시구*

라, 8촌 형제지간으로 아버지 세대의 나이가 연로해 그 아들들의 명의로 해둔 것이라고 합니다. 얼마에 되팔 거냐고 묻기에 지인이 4,500만 원을 이야기해뒀습니다. 너무 비싸긴 한데 이번 벌초 때 만나서 이야기해보고 한 달쯤 뒤에 통화하자고 했습니다. 한 달이 지나 연락을 해보니, 해결하지 못하겠다며 마음을 바꾸었습니다.

공유물분할청구 소송 후 경매까지 가야 한다

결국 공유물분할청구 소송을 진행했습니다. 변론기일이 잡혀 논산법원에서 김경○ 님을 만났습니다.

"선산으로 이용하실 거 아닙니까? 매수할 마음이 없습니까?"

"매수할 마음이 전혀 없습니다. 8촌지간이라 얼굴도 전혀 모르는 남이나 다름없습니다."

이거 정말 큰일입니다. 제가 등기사항 갑 구를 완전히 잘못 해석했네요. 형제지간이라고 생각했는데, 사촌도 아니고, 8촌이라니…. 8촌이면 남이나 다름없습니다. 너무 성급하게 판단했나 봅니다.

실제 이런 일들은 권리상으로 확인이 안 됩니다. 현장에 가서 사람들을 직접 만나봐야 알 수 있는 내용이지, 그냥은 도저히 알 수가 없는 내용입니다. 이번 일로 이런 경우도 있을 수 있다는 것을 배웠습니다.

이 토지는 끝내 경매까지 진행되었습니다. 형식적 공유물분할은 경매가 성사되면, 각 지분대로 현금배당을 받습니다. 당연히 높은 금액에 낙찰이 되어야 배당금을 많이 받을 수 있겠지요. 그래서 저는 유찰 없이 1차에 낙찰되기를 간절히 바라며, 입찰기일 전부터 일종의 꼼수인 조회 수 작업을 했습니다.

사례 토지의 입찰 진행 내용

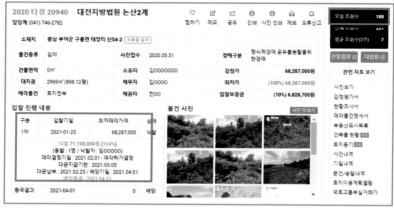

2020 타경 20940 　대전지방법원 논산2계
담당계 (041) 746-2782

소재지	충남 부여군 구룡면 태양리 산54-2 [도로명 검색]		
물건종류	임야	사건접수	2020.05.31	경매구분	형식적경매 공유물분할을위한경매
건물면적	0㎡	소유자	김0000000	감정가	68,287,000원
대지권	2969㎡ (898.12평)	채무자	김0000	최저가	(100%) 68,287,000원
매각물건	토지전부	채권자	전00	입찰보증금	(10%) 6,828,700원

입찰 진행 내용

구분	입찰기일	최저매각가격	상태
1차	2021-01-25	68,287,000	낙찰

낙찰 71,100,000원 (104%)
(응찰 : 1명 / 낙찰자 : 임00000)
매각결정기일 : 2021.02.01 - 매각허가결정
대금지급기한 : 2021.03.05
대금납부 : 2021.02.25 / 배당기일 : 2021.04.01
배당종결 : 2021.04.01

| 종국결과 | 2021-04-01 | 0 | 배당 |

물건 사진

출처 : 두인경매

각 유료 경매 사이트마다 매일 최소 10~100번 이상씩 클릭을 했습니다. 조회 수를 많이 올려서 경매인으로 하여금 관심을 많이 받는 물건이라고 생각하도록 하는 것이지요. 이 토지는 소망대로 1차에 낙찰되었습니다. 낙찰가도 7,110만 원으로 2,330만 원을 배당받았습니다.

도로공사 중인 사례 토지의 사진

출처 : 두인경매

무조건 클릭을 많이 한다고 해서 높은 금액에 낙찰되는 것은 아닙니다. 조회 수의 영향도 조금은 있었겠지만, 무엇보다 이 토지는 경매되기 전부터 도로공사가 진행되고 있었습니다. 개황도에 '도로개설 공사 중임'이라는 문구와 함께, 도로 옆에 붙은 토지가 되었기 때문에, 높은 금액으로 낙찰된 것이 아닐까 싶습니다.

낙찰자가 이 토지의 17m 아래 도로가 개설되는 것을 아는지 어떤지는 알 수 없습니다. 중요한 것은 할 수 있는 한 면밀히 조사해 함정에 빠지지 않는 것입니다. 그래야 돈을 잃지 않습니다. 그보다 더 중요한 것은 해결 방법을 빠르게 강구할 줄 알아야 한다는 것입니다. 누가 봐도 좋은 토지는 누구에게든 높은 가격에 팔 수 있습니다. 거칠고 가치 없어 보이는 원석을 발굴해서 빛나는 다이아몬드로 가공해 파는 것이 투자자의 능력입니다.

참고로, 비도시지역의 토지를 개발하려면, 도로가 접해 있더라도 도로의 연결규칙과 가감속 차선이 있어야 개발 가능한 건축물도 있습니다. 이 점을 꼭 기억하시기 바랍니다.

도시계획시설 예정 도로에 투자하라
- 절세의 기술

자고로 좋은 경·공매 물건은 신건에, 특히, 미래 가치가 있고, 낙찰받은 금액보다 더 많은 기대수익이 예상될 때 많이 낙찰됩니다. 아무리 좋은 땅이라도 무조건적으로 높은 금액에 입찰해서는 안 됩니다. 상권이 아주 좋은 지역이라도 주변 시세보다 더 많은 금액을 지불한다면, 과연 그것을 잘 샀다고 할 수 있을까요?

입찰할 때 자신의 위치와 역량, 기대수익률 등을 정확히 검토한 후 입찰가를 산정해야 합니다. 예를 들어 건축가라면 주변 시세보다 다소 높은 금액에 매수하더라도 주택이나 상가, 빌딩을 건축해 직접 분양할 수 있습니다. 원가를 제하고 나서도 더 많은 수익을 만들어 낼 수 있는 것이 바로 자신의 역량입니다.

사례 토지의 입찰 정보

출처 : 옥션원

이 토지는 충남 아산시 용화동에 있는 토지입니다. 공매 목록 사진 중 2번째 사진과 3번째 지적도를 통해 도로이거나 도로 옆에 있는 토지임을 알 수 있습니다. 목록의 사진으로 물건에 대해 직관적으로 파악할 수 있습니다. 이 토지가 도로에 포함되어 있으면 미불용지일 가능성이 있고, 도로 옆에 붙어 있으면 가치 있는 토지가 되겠지요. 입찰하지 않을 이유가 없습니다.

사례 토지의 낙찰 결과

입찰자수	유효 4명 / 무효 0명(인터넷)
입찰금액	62,626,200원/ 62,200,000원/ 61,110,000원/ 58,880,000원

출처 : 온비드

지목은 '전'이고, 면적은 172㎡(52평)이며, 감정가격은 5,762만 원입니다. 법인으로 입찰해 4명의 입찰자 중 최고가 매수인이 되었습니다(입찰가 약 6,260만 원/ 평당 약 120만 원). 2등 입찰자와의 차이는 불과 42만 원 남짓입니다. 이 차이가 나중에 얼마의 수익을 가져다주었을까요?

도시계획구역 중 자연녹지지역 내에 소재한 농지에 대한 소유권이전등기 시 농지취득자격증명 첨부 요부
제정 1998년 11월 26일(등기선례 제5-730호, 시행)

가. 토지이용계획확인서상 도시계획구역 중 자연녹지지역 내에 소재하고 있고 도로에 저촉된다는 취지의 기재가 되어 있는 농지에 대하여 소유권이전등기를 신청하는 경우에는, 도시계획확인도면에 당해 토지의 전부 또는 대부분이 도로로 사용되고 있는 사실이 표시되어 있는 경우에 한하여 농지취득자격증명을 첨부하지 않고 소유권이전등기를 경료받을 수 있다.

나. 토지이용계획확인서상 도시계획구역 중 자연녹지지역 내에 소재하고 있고 군사시설보호구역이며, 농지법 제8조의 규정이 적용되는 농지라는 취지의 기재가 되어 있는 토지에 대하여 소유권이전등기를 신청하는 경우에는 농지취득자격증명을 첨부하여야 한다.

앞에서 조건에 따라 농지임에도 법인으로 취득할 수 있었습니다. 물론 소유권이전등기 신청 시에도 농취증이 필요하지 않습니다. 자세한 내용은 등기선례 제 5-730호에 정의되어 있으니 참고하시기 바랍니다.

토지이용계획확인원에 자연녹지·대로3류(폭 25~30m)라고 표기되어 있습니다. 토지이용계획확인원에서 대로3류 선이 잘 안보이네요. 이럴 때 다음 자료 좌측 상단의 '이음지도보기'를 클릭해

사례의 토지이용계획확인원

출처 : 토지이음

서 보면 작아서 잘 안 보이는 필지까지 쉽게 확인할 수 있습니다.

해당 토지 주위로 최근 실거래가 많이 발생했습니다. 스마트국토정보로 최근 거래 필지를 조사해봅니다. ○○개발이라는 곳에서 매집을 하고 있는 것으로 보입니다. ○○개발이 어떤 곳인지 검색해보니 주택건설 회사였습니다. '인근에 주택개발사업이 있겠구나' 하고 직감했습니다. 이제 정보공개청구 요청을 해봐야 할 것 같습니다.

공개내용의 '가. 공매 토지는 주택개발 사업자가 도로개설을 진행한다'는 답변을 받았습니다. 내용을 요약을 하자면 이렇습니다.

정보공개청구

청구 내용	1. 아산시의 무궁한 발전이 있기를 기원합니다. 2. 충청남도 아산시 용화동 484-2번지 도시계획시설 도로 구역에 접도해 있습니다. 　가. 공익사업예정 및 집행단계 몇 단계입니까? 최초 고시일로부터 20년이 지나 장 　　기 미집행도시계획시설 도로 실효는 언제 됩니까? 　나. 인근아파트 재개발 사업이 있다면 토지 편입조서 및 사업시행 인가서 및 인가 　　계획서를 받아보고 싶습니다.
공개 내용	1. 귀하의 가정의 무궁한 발전을 기원합니다. 2. 용화동 484-2번지의 현황에 대하여 아래와 같이 답변 드립니다. 　가. 용화동 484-2번지 공익사업으로 인한 도로개설 대상이 아닙니다. 용화남산2 　　지구 주택개발사업자가 진행하는 사항입니다. 　나. 현재 사업시행을 위한 실시계획인가를 추진 중인 구간으로, 사업계획의 변경이 　　없는 이상 장기 미집행 시설 해제 가능성은 없는 것으로 사료됩니다.
비공개 내용	요청하신 인근 아파트 사업과 관련된 정보는 현재 주택건설사업계획승인 신청되어 검토 중인 사항으로, 확정되지 않은 정보에 대하여는 비공개하오니 이점 양해하여 주 시기 바랍니다.

출처 : 정보공개

주택개발사업을 하는 ○○개발회사가 도시계획 도로를 넓혀 아파트를 건설합니다. 도시계획시설 도로의 사유지를 협의매수 또는 강제수용한 후, 지자체에 기부채납을 해야 하는 토지입니다. 어떤 방식으로든 개발회사가 매수할 수밖에 없습니다.

　○○개발회사의 아파트 건설 사업이 어떻게 진행되나 알아봐야 하겠습니다. 만에 하나 사업 기간이 길어지면, 투자금이 묶이게 되는 저로서는 여간 부담스러운 일이 아닐 수 없으니까요. 그렇기는 하지만 저보다는 수백억 원을 들인 주택개발사업자가 좀 더 급하지 않을까요? 직접 확인하기 위해 ○○개발회사 담당자와 통화를 해보았습니다.

　주택건설사업인정고시가 언제 나오는지 물었더니 모른다고 합니다. 언제 고시될지 모른다고 했으니, 적어도 한두 달 내에는 고시가 되지 않을 것으로 판단했습니다. 레버리지까지 이용하면서 몇 달치 이자를 더 낼 필요가 없습니다. 토지의 잔대금 납부 기일까지 최대한 늦게 납부하기로 했습니다. 투자에서 돈은 버는 것도 중요하지만, 절세 또한 매우 중요하다고 강조했습니다. 이번에는 어떤 절세의 기술이 들어갔을까요?

"민법 제187조(등기를 요하지 아니하는 부동산 물권 취득) 상속, 공용징수, 판결, 경매 기타 법률의 규정에 의한 부동산에 관한 물권의 취득은 등기를 요하지 아니한다. 그러나 등기를 하지 아니하면 이를 처분하지 못한다"에 의거해 잔대금을 납부하고 두 달 이내에 소유권이전을 하면 됩니다.

출처 : 저자 제공

먼저, 조경업체에 맡겨 '묵전'이던 농지에 아로니아 나무 25그루를 심어 농지로 원상복구를 마쳤습니다. 그 이후 소유권이전등기신청을 위해 취득세 신고를 했습니다.

지방세법 제11조(부동산 취득의 세율)
가. 농지 : 1,000분의 30
나. 농지 외의 것 : 1,000분의 40

지방세법 11조

농지의 세율은 3.4%(취득세 3%+농특세 0.2%+지방교육세0.2%)

농지 외의 것은 4.6%(취득세4%+농특세 0.2%+지방교육세0.4%)

지방세법 시행령

제21조(농지의 범위) 법 제11조제1항제1호 각 목 및 같은 항 제7호 각 목에 따른 농지는 각각 다음 각 호의 토지로 한다(개정 2010. 12. 30, 2013. 1. 1).

1. 취득 당시 공부상 지목이 논, 밭 또는 과수원인 토지로서 실제 농작물의 경작이나 다년생식물의 재배지로 이용되는 토지. 이 경우 농지 경영에 직접 필요한 농막(農幕)·두엄간·양수장·못·늪·농도(農道)·수로 등이 차지하는 토지 부분을 포함한다.
2. 취득 당시 공부상 지목이 논, 밭, 과수원 또는 목장용지인 토지로서 실제 축산용으로 사용되는 축사와 그 부대시설로 사용되는 토지, 초지 및 사료밭

지방세법 시행령 제21조(농지의 범위)를 보면, "공부상 지목이 논, 밭 또는 과수원의 토지로서 경작이 되고 있어야 된다"고 규정하고 있습니다. 이 토지는 공부상 지목이 '전'이기는 하나, 오랫동안 농사를 짓지 않고 방치해서 '지방세법 제11조의가. 농지 1,000분의 30' 적용을 받지 못합니다.

묵전이었던 농지에 작물을 심고 복구해서 취득세를 신고하면 농지로 적용되어 절세할 수 있습니다. 지자체 세무공무원은 위성사진과 로드뷰를 참고해서 취득세율을 부과합니다. 만일 세무공무원이 사진을 보고도 4.6% 세율로 적용했다면, 즉시 이의를 제기합니다. 그러면 세무공무원이 현장에 직접 나가서 확인합니다. 현장 확인 시 작물이 있는 농지로 이용되고 있으면 취득세 3.4%를 적용해 부과합니다.

취득세(등록면허세) 납부확인서

납세번호	기관	검	회계	과목	세목	과세연도	월	구분	읍·면·동	과세번호	검
	200	8	30	101	501	2020	08	3	610	040849	1

전자납부번호 | 44200-1-30-20-9-0375980-2

성명(법인명):   주식회사 토지이야기   주민(법인·외국인)등록번호: 175211-*******

주소(영업소):

	세목	구분	금액	납기
등기(등록) 원인:	취득세(부동산)	신고	2,880,790원	20.10.19
등기(등록) 물건:				

과세표준: 62,626,200 원   시가표준액: 35,776,000 원

세목	지방세	가산금	납 부 일
취득세	1,878,780 원	0 원	
지방 교육세	125,250 원	0 원	2020년 08월 25일
농어촌특별세	125,250 원	0 원	
계	2,129,280 원	0 원	

위 금액의 납부를 확인합니다.

이 토지 역시 처음에는 4.6% 세율을 적용받아 2,880,790원의 취득고지서를 받았습니다. 이에 즉시 이의제기해 2,129,280원으로 정정을 받았습니다. 무려 751,510원이나 절세할 수 있었습니다.

물론 조경 비용이 140여 만 원이었으니 절세한 금액보다 더 들긴 했지만, 이 사례의 경우 사업인정고시일 이전 농지에 수목이 있으면 수목에 대한 이전보상비가 나오기 때문에 두루 이득입니다.

사례 토지의 감정평가

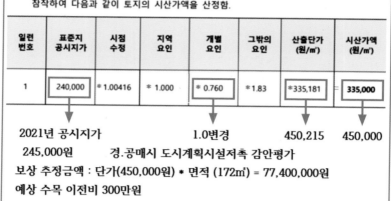

7. 공시지가기준법에 의한 시산가액

표준지공시지가를 기준으로 시점수정, 지역요인 및 개별요인, 그 밖의 요인 등을 종합 참작하여 다음과 같이 토지의 시산가액을 산정함.

일련 번호	표준지 공시지가	시점 수정	지역 요인	개별 요인	그밖의 요인	산출단가 (원/㎡)	시산가액 (원/㎡)
1	240,000	* 1.00416	* 1.000	* 0.760	*1.83	*335,181	= 335,000

2021년 공시지가   1.0변경   450,215   450,000
245,000원   경·공매시 도시계획시설저촉 감안평가
보상 추정금액 : 단가(450,000원) * 면적 (172㎡) = 77,400,000원
예상 수목 이전비 300만원

출처 : 온비드

저의 보상금 받기 시나리오는 이러했습니다.

공시지가기준법에 의한 시간가액
표준지 공시지가(원/m)×시점수정×지역요인×개별요인×그 밖의 요인

해당 토지의 2020년 3월 감정평가서를 기준, 공시지가기준법에 의한 토지 의한 시산가액을 참고합니다.

공매 감정평가 금액

시산가액(335,000원)×토지 면적(172m^2)

= 감정가 57,620,000원

토지 취득 총비용

낙찰가격(62,626,200원)+취득세(2,129,280원)
+조경비용(1,450,000원) = 합계(66,205,480원)

2021년 보상 예상 가격을 유추합니다. 2020년 표준지 공시지가 24만 원을 2021년 표준지 공시지가 245,000원으로 수정, 개별요인을 0.76에서 1.0으로 수정(경·공매 감정평가 시 공법상 도시계획시설이 제한받은 상태로 감정평가함. 보상감정평가 시 도시계획시설이 제한받지 않은 상태로 감정평가해야 함)했습니다. 전체를 곱하니 시산가액이 450,000/㎡원으로 바뀌었습니다.

시산가액(450,000원)×해당 토지 면적(172㎡) = 77,400,000원
수목이전 보상비용 300만 원 예상

이를 바탕으로 ○○개발과 협상해서 1억 원을 받을 생각이었습니다. 주택개발사업자들이 아파트를 건설할 때, 적게는 수백억 원에서 많게는 수천억 원까지 차입해야 합니다. 공사기간이 지연될수록 차입한 대금의 이자 비용이 보상금보다 더 많이 나갈 것입니다. 그러니 협의보상금으로 2,000만 원을 더 요구한다고 해서, 주택개발사업자가 저를 상대로 1년이나 더 걸리는 매도청구 소송까지 진행하는 어리석은 짓은 안 하겠지요. 다만, 이 토지는 사업부지 밖의 도시계획시설에 저촉된 토지로서 이른바 알박기를 할 수 있는 토지는 아닙니다. 끝까지 협의매수에 응하지 않으면 강제로 수용당하는 리스크도 있습니다. 8월 말에 소유권이전등기가 완료되고, 9월 초에 ○○개발에서 연락이 왔습니다.

"안녕하세요. 용화동 484-2토지 보상감정평가가 완료되었습니다."

"사업인정고시도 안 되었는데 무슨 감정평가가 다 되었습니까? 말도 안 되는 말씀 마세요."

사례 토지의 주택건설사업계획승인

아산시 고시 제 2020 - 341호

주택건설사업계획승인

주택법 제15조의 규정에 따라 주택건설사업계획승인하고 같은 법 제15조제6항 규정에 따라 다음과 같이 고시합니다.

2020. 8. 3.

아 산 시 장

1. 사 업 명 : 아산 용화남산2지구 주택건설사업
2. 사업주체
  - 상 호 : **개발(주) 대표 윤**
  - 소재지 : 아산시 외암로 ****

3. 대지위치 : 아산시 용화동 480-3 외 24필지
4. 사업개요

구 분	승 인 내 역	비 고
대지면적	39,947㎡	
연 면 적	110,291.9061㎡	
주 용 도	공동주택(아파트), 부대복리시설	
사업규모	9개동, 763세대, 지하3/지상24층	사업승인일 :
구 조	철근콘크리트구조	2020.07.31.
공급방법	민간임대	
사 업 비	193,031,886천원	
사업기간(예정)	2020. 9. ~ 2023. 3.	

5. 의제처리 인·허가사항
  - 건축허가, 배수설비설치신고

출처 : 아산시청

"8월 3일 주택건설사업계획 승인이 났습니다. 그래서 8월 10일 경 감정평가를 완료했습니다. 보상통지서 보내드릴게요."

"아니, 사업인정고시가 언제 날지 모른다고 해놓고 이럴 수 있습니까?"

"그건 그때 상황이었습니다."

"그러면 최근에 심어놓은 나무 보상금액은 어떻게 됩니까?"

"보상감정평가 때 나무가 없어서 수목 이전에 대한 보상금은 별도로 없습니다. 그리고 사업인정고시 이후에 심어진 나무에 대해서는 보상하지 않습니다."

"무슨 소리입니까? 기존에 두릅나무 20그루, 앵두나무 1그루가 있지 않았습니까? 그거라도 보상해주세요."

"아, 그렇습니까? 그럼 다시 감정평가를 하고 연락드리겠습니다."

전화를 끊고 난감함을 금치 못했습니다. 사업인정고시가 언제 날지 모른다는 담당자의 말에, 이자 비용을 줄일 요량으로 잔대금도 최대한 늦게 내고, 수목 이전에 대한 보상을 받으려고 돈을 들여 나무까지 심었는데, 완전히 자충수에 빠졌습니다. 그나마 보상 감정평가가 빨리 되었다고 했으니 보상금이라도 빨리 나오길 기다렸지만 2020년 12월이 지나도록 연락이 없었습니다. 2021년 2월에 담당자에게 전화했습니다.

"토지 보상 절차 진행이 어떻게 되어갑니까? 작년에 바로 보상할 것처럼 말씀하시더니 어떻게 된 겁니까?"

"회사 자금력이 부족해서 보상금 지급이 지연되고 있습니다. 6월쯤이 되면 마무리될 것 같습니다."

6월까지 기다려보아도 또 연락이 없자, 7월에 다시 전화를 해봤습니다.

"왜 연락을 안 주셨습니까?"

"작년에 보상감정평가한 지가 1년이 다 되어 가기 때문에, 재감정을 해야 합니다."

1년이 지나고 다시 감정평가를 하게 되면 표준지공시지가인상, 주변 거래 사례 변경 등으로 토지 보상가격이 올라갑니다.

사례 토지의 보상금 신청액

■ 아산시 용화남산2지구 도시계획도로												
고시번호	소재지			지번		지목	면적(㎡)		지분		보상금 신청액(원)	
	도/시	군/구	읍/면/동	당초	편입	공부	지적면적	편입면적	분시	분모	단가	금액
59	충청남도	아산시	용화동	484-2	484-2	전	172.0	172.0	1 / 1		465,500	80,066,000

■ 아산시 용화남산2지구 도시계획도로										
일련번호	소재지			지번	물건의종류	구조	규격	전체수량 일 면적	편입수량 일 면적	단위	개별보상금산정액(원)
	도/시	시/군	읍/면/동	당초						
	충청남도	아산시	용화동	484-2	두릅나무	R5		20.00	20.00	주	915,000
	충청남도	아산시	용화동	484-2	조경석	자연석	H0.8	8.00	8.00	m	일괄
	충청남도	아산시	용화동	484-2	앵두나무	앵두나무	W1.0*H0.7	1.00	1.00	주	일괄
											915,000

출처 : 저자 제공

다시 진행한 보상감정평가 결과는 토지 보상금 80,066,000원, 수목비용 915,000원으로 합치면 80,981,000원입니다. 제가 예상한 보상금액보다 조금 더 나왔습니다. 당초의 계획대로 1억 원을 받기 위해 보상담당자와 지속적인 통화를 했지만, 협상은 번번이 결렬되었습니다. 수용되는 토지가 여기뿐 아니라 여러 필지가 있어, 9,000만 원 이상은 도저히 못 올려준다고 합니다. 대표님이 1억 원은 무리라고 딱 잘라 말한다고 하면서 더는 어쩔 수 없다고 했습니다. 어차피 수용재결까지 가더라도 시간만 더 걸릴

뿐, 감정가 약 8,100만 원에서 10% 정도밖에 더 안 오를 것을 알고 있었던 저는 한발 물러서기로 했습니다. 비록 1억 원이라는 목표는 달성하지 못했지만, 2등 입찰자와 불과 약 40만 원 차이로 아슬아슬하게 낙찰된 덕에 12개월 만에 2,380만 원의 수익을 낼 수 있었습니다.

사례 토지의 보상금 청구서

보 상 금 청 구 서

받음   개발 주식회사 대표(

금액   금구천만원정   (₩90,000,000)
       하단에 기재된 손실보상협의계약서의 내용을 이행하기로 하고 위 금액을 청구합니다.

       2021년 9월   일

청구인
주 소 :
성 명 : 주식회사 토지이야기   (인)
연락처 :

		입금계좌	은 행 명	
			계좌번호	
			예 금 주	

* 보상금의 전부 또는 일부를 수령위임 하는 경우에는 위임장 용의 내용에 따른다.

부동산의 표시 및 청구내역

구분	소재지	지번	지목(종류)	면적(수량)	단위	지분	단가(원)	보상금액(원)
토지	아산시용화동	484-2	전	172.0	㎡	1/1	517,936	89,085,000
물건	아산시용화동	484-2	두릅나무	20.0	주	1/1	915,000	915,000
물건	아산시용화동	484-2	조경석	8.0	m	1/1	일괄	일괄
물건	아산시용화동	484-2	앵두나무	1.0	주	1/1	일괄	일괄
합계								90,000,000

출처 : 저자 제공

03 도시계획시설이 실효되는 곳에 투자하라
- 정보공개청구 요령

    부동산 투자가 아직도 돈이 많아야만 할 수 있는 거라고 생각하십니까? 앞에서 소개된 사례들을 보면 아시겠지만 제가 회전시키는 자금은 크지 않습니다. 기껏해야 몇 천만 원, 아니 실제로는 천만 원이 안 되는 자금으로도 투자합니다. 물론 보유하고 있는 돈이 많으면 좀 더 덩어리가 큰 땅에 투자하거나 아니면 더 넓게 분산 투자를 한다든가 해서 기회가 많은 것은 사실입니다. 하지만 그렇지 않다고 해서 포기하기는 이릅니다. 큰 바퀴를 굴리지 못한다면, 작은 바퀴를 빨리 돌리면 됩니다. 그렇게 자금을 모아 큰 바퀴를 굴릴 준비를 하면 되는 거죠. 그러니 자금을 핑계 삼지 마십시오. 소액으로도 레버리지를 활용해서 얼마든지 토지 투자를 할 수 있습니다.

    최근 부동산 담보 대출 규제가 너무 강화되다보니, 대출 자체가 힘든 것도 사실입니다. 2금융권의 한 은행 관계자의 말에 따르면, 개인은 DSR(총부채원리금상환비율)를 보고 토지담보대출이 가능하다고 합니다. 또 토지와 관련된 업종의 사업자가 있을 경우, DSR은 고려하지 않고 대표의 신용등급 등을 고려해서 시설운전자금대출이 가능하다고 합니다. 대출을 받는다 해도, 건물과 달리 토지는 임대료도 받을 수 없고, 환금성도 낮아서 이자를 고스란히 부담해야 합니다. 이자 상환에 대한 압박이 자칫 투자를 그르칠 수 있기 때문에, 웬만한 경우를 제외하고는 소액, 단기 투자를 선호합니다. 짧게는 며칠, 길게는 2년 안에는 마무리 짓는 것을 목표하고 있습니다.

지금부터 들려드릴 이야기는 저의 부동산 투자 초기의 사례로 4년을 보유하고 매도한 토지입니다. 토지 투자를 하면서 두 번째로 길게 보유했던 토지이기도 합니다.

2015년 토지에 대한 지식이 한창 무르익을 때쯤이었습니다. 수십 권의 책을 읽으면서 실전 투자에 대해 갈증이 일었습니다. 당시 새만금 열풍이 뜨거웠던 터라, 저 역시 해당 지역에 관심이 많았습니다. 부동산 열기가 얼마나 뜨거운지, 지역 중개업소만 해도 20~30군데가 넘었고 기획 부동산 회사도 판을 쳤습니다. 마침 가입해 있던 인터넷 카페에서 '새만금 토지 투어'를 간다고 해서, 저도 신청했습니다. 다른 회원들과 새만금 홍보관도 가보고, 맛있는 뽕잎 바지락 칼국수도 먹고, 또 카페지기가 소개하는 다양한 물건을 보니 너무 좋았습니다. 소개하는 물건들이 다 도로에 붙어 있는 토지다 보니 하나같이 좋아 보였습니다. 물건 중 저렴한 물건이 평당 20만 원, 좋은 것은 80만 원 정도 했습니다. 그렇게 투어를 마치고 헤어지니 오후 4시쯤 되었습니다.

저는 남의 말만 듣고는 잘 믿지 못하는 부분이 좀 있습니다. 하나를 보고 듣더라도 직접 제 눈과 귀로 확인을 해야 마음이 놓이는 성격입니다. 그래서 인근 공인중개사 사무실 중 일부러 간판이 낡고 허름한 곳을 찾아갔습니다. 간판이 낡은 만큼 이 지역 사람이 오랫동안 운영해왔을 거라고 생각했기 때문입니다.

사무실에 들어가보니, 추측대로 지역에서 공인중개사로 20년 넘게 일하셨다고 합니다. 실제 공인중개사 자격이 있는 것은 아니었습니다. 공인중개사 자격시험이 생기기 전에 동네에서 복덕방을 오래 운영하시던 분인데, 국가에서 관례상 자격 없이도 중개를 할 수 있도록 해준 것입니다. 시골 마을이나 공인중개사 중 연세가 많은 분 중에 이런 분들이 종종 있습니다.

카페에서 소개받은 물건을 그분께 보여주며, 현 시세를 물어봤습니다. "시세보다 훨씬 비싸다. 내가 직접 땅을 보여 주겠다"며 자신의 차에 타라고 하시더니, 문의했던 땅보다 더 저렴하다면서 이곳저곳을 소개해주셨습니다.

여러 개의 매물을 보고 저녁 7시가 다 되었을 때쯤, 어떤 집으로 저를 데리고 들어가셨습니다. 집은 새로 깔끔하게 단장이 되어 있었고, 동네 사람 여럿이 있었습니다. 저를 그분들에게 소개하며, 이 집 주인은 전 군수님이라고 했습니다. 자신이 전 군수님께 소개했던 땅인데, 이번에 이렇게 집을 지은 거라며 집들이를 하는 중이라고 했습니다. 초면에 집들이까지 참석하게 되었습니다. 잠시 후 얼마 떨어지지 않은 집에 또 들어갔습니다. 저보다 1~2살 많아 보이는 사람이 있었는데, 원래 이 동네 사람인데 젊을 때 다른 데 나가서 일하다가 이번에 귀농한다고 다시 고향으로 돌아왔다고 합니다. 이 집도 자기가 저렴하게 소개한 것이라고 합니다.

그렇게 어영부영 그분을 따라다니며 동네 사람들을 만나다가 헤어졌습니다.

집으로 돌아오는 내내 이날 있었던 일을 생각했습니다. 이분이 한 행동이 단순히 사람이 좋아서 베푼 선행인지, 아니면 땅을 팔기 위해서 그런 건지는 정확히 모르겠지만, 왠지 경계가 풀리고 믿음이 갔습니다.

결국 그 공인중개사분이 소개해준 땅 중 평당 가격이 가장 비싸던, 4차선 옆 부안읍내의 자연녹지 임야 136평을 매수했습니다. 매매가는 1억 4,000만 원이었는데, 부족한 돈은 대출로 메꿨습니다. 땅 시세는 높았지만, 대출 감정가격은 낮게 나와 대출은 매매가의 35%, 5,000만 원밖에 되지 않았습니다. 이때까지만 해도 '역시 토지 투자는 돈 있는 사람이 해야 하는구나'라고 생각했습니다.

직장 생활만으로는 평생 여유로운 삶을 살지 못할 것 같아 대출까지 내어 투자를 했지만, 성격이 급한 저에는 맞지 않았습니다. 땅이란 것이 가격이 금방 오르는 것도 아닐 뿐더러, 매달 꼬박꼬박 빠져나가는 이자에 심리적으로 압박을 받았습니다.

'그냥 놀리고 있을 것이 아니라 차라리 상가를 지어 임대를 내볼까'라고 생각했고, 근처에 있던 지역 건축사무소에 문의했습니다. 그랬더니 "인구가 그리 없어서 상가를 지어도 임대가 잘 안 나간다. 옆 땅 주인을 아는데 그 사람에게 팔아봐라. 팔 마음이 있으면, 대신 물어봐주겠다"고 했습니다. 잘됐다 싶은 마음에 당장 팔아달라고 했습니다. 땅을 산 지 1년을 조금 넘긴 시점에서 일부 수익을 실현하고 팔아버렸습니다. 땅을 팔고 보름쯤 지났을까요? 이 땅을 소개했던 중개업소 소장님에게서 전화가 왔습니다.

"그거 지금 평당 150만 원에 팔 수 있어요. 내가 팔아줄게."

'허 참, 이래서 땅은 중장기로 보유해야 하나 보다!' 하고 생각했습니다.

땅을 팔아 이제 대출도 없고, 마음이 한결 가벼웠습니다. 수중에 1억 2,000만 원이라는 여윳돈이 다시 생기니, 또다시 땅을 사고 싶은 마음이 생겼습니다. '작은 땅에서 큰 땅으로 갈아타라'라는 책에서의 한 내용이 번득 떠올라 이번에는 큰 땅을 소개해달라고 했습니다. 그래서 부안 공설운동장 옆 계획관리지역 800평을 1억 원에 매수했습니다. 남은 2,000만 원에 대출을 더해서라도 땅을 더 사고 싶었습니다. 대출 이자에 대한 걱정과 부담이 컸던 기억에도 불구하고, 시간이 지나 이런 상황이 오니 머리에서는 행복회로가 먼저 돌아갑니다. 대출을 받아 땅을 사고 나면, 이번에는 온갖 압박과 걱정이 생겨납니다. 심리적으로 이런 것을 잘 컨트롤해야 좋은 투자자가 되지 않을까 생각합니다.

중개업소 소장님이 의복리 상업지역의 토지 220평을 1억 원(평당 45만 원)에 권했지만, 법정지상권 문제가 있어 포기했습니다. 그때 상업지역의 토지는 80~100만 원가량이었습니다. 지금 생각해보면, 공설운동장 옆 800평 대신 상업지역의 이 토지를 매수했어야 했는데 당시 공부가 부족했었나 봅니다. 결국 다른 부동산에서 소개받은 창북리 땅이 눈에 들어왔습니다. 주거지역과 자연녹지지역이 혼재된, 397평에 매매가가 6,800만 원인 땅이었습니다.

이 토지는 2008년에 대전에 사는 어떤 분이 6,000만 원에 매수했었습니다. 새만금의 개발 속도가 지지부진하다 보니 8년이 지났어도 시세에 변함이 없다고 했습니다. 토지 진입로 쪽에는 완충녹지가 끼어 있고, 주거지역은 맹지다 보니 건축을 할 수가 없는 토지였습니다. 완충녹지는 공해나 재해의 우려가 있는 지역으로부터 생활지역의 환경영향을 최소화하기 위해 설정된 녹지지역입니다. 완충녹지에는 공법상 제한으로 어떤 행위 자체를 하지 못합니다. 이렇다 보니 매물로 내놓아도 인기가 없어 팔리지 않았던 것입니다.

이때, 문득 공부한 내용이 떠올랐습니다. '장기 미집행 도시계획시설 일몰제'였습니다.

장기 미집행 도시계획시설

정부와 지방자치단체가 도로 공원 녹지 등 공공시설 건설을 위해 고시한 도시계획시설 중 10년 이상 사업을 벌이지 못한 시설을 말한다. 도시계획시설로 지정되면 해당 토지 소유자는 보상을 받지 못하고 원래 허용된 용도대로 토지를 이용할 수 없다.

전국 지방자치단체가 2020년 '장기 미집행 도시계획시설 일몰제' 시행을 앞두고 비상이 걸렸다. 도로 공원 등 도시개발을 위해 행정적으로 묶어놓은 사유지 개발 제한이 이때부터 잇따라 해제되기 때문이다. 지자체가 사전에 계획한 사업을 하려면 보상해주거나 토지를 매입해야 한다. 보상에만 수십조 원의 예산이 필요할 것으로 예상되어 지자체들이 엄두를 못 내고 있다.

2016년 5월 31일 국토교통부에 따르면 도시계획시설로 결정된 이후 10년 이상 지난 장기 미집행시설은 지난해 말 기준으로 서울 여의도 면적(2.9㎢)의 321배인 931㎢에 달한다. 지자체가 의욕적으로 도시계획을 세웠지만 열악한 재정 형편 탓에 예정된 사업을 추진하지 못하면서 사업예정지는 계속 늘고 있다.

문제는 2020년부터 도시계획시설 결정 후 10년이 지난 장기 미집행 시설은 효력이 자동 상실되는 일몰제가 시행된다는 것이다. 정부는 개인 재산권 피해를 최소화하기 위해 2012년 이런 내용으로 국토계획법을 고쳤다. 각 지자체가 예정된 사업을 계속 추진하기 위해서는 토지 소유자에게서 해당 부지를 사들이거나 보상을 해줘야 한다.

장기 미집행 도시계획시설은 오랜 기간 사유지에 도시계획시설 도로와 완충녹지를 지정함으로써 개인의 사권을 침해한 것입니다. 그래서 2020년 7월 1일 이전의 도시계획시설에 대해, 공익사업을 진행해서 보상해주거나 더 이상 사업이 진행되지 않으면 실효시켜주는 제도입니다. 경·공매, 매매 시 이런 도시계획시설 투자 물건들이 있으면 도시계획시설대로 사업이 진행되는지, 혹은 실효가 되는지 실익 여부를 따져보시기 바랍니다.

2020년 1월경 도시계획시설 예정 도로 및 완충녹지 실효 상황

출처 : 디스코, 토지이음

　　부안군청 도시계획과에 전화했습니다. 이 토지의 장기 미집행 도시계획시설에 대해 사업 가능성 및 실효 가능성을 확인해본 결과 실효 가능성이 높다는 답변을 들었습니다. 도로가 개통되면 이 토지의 일부는 도로와 완충녹지로 보상되고, 남은 토지는 도로 옆에 붙은 토지가 됩니다. 만일 사업이 실효되면 전체 필지를 다 사용할 수 있어 공법상 제한이 없기에 가치가 높아집니다. 한 가지 주의할 점은 맹지 위에 도시계획시설 예정 도로가 있었는데 사업이 실효되면 이 역시 말짱 도루묵이 됩니다.

저는 이 사실을 확인하고, "800만 원 에누리해서 6,000만 원에 계약할 수 있으면 지금 당장 계약금을 보내겠다. 그리고 2~3일 내로 잔금을 치르겠다"고 했습니다. 10분이 채 지나지 않아 매도하겠다는 연락을 받았습니다. 내 돈 1,500만 원에 대출 4,500만 원을 더해 계약했습니다.

이윽고 2018년 4월 10일 부안군 관리계획 완충녹지시설 폐지 결정이 고시되었습니다. 이로써 2020년 1월경 예정 도로와 완충녹지 모두 사라졌습니다.

이제 발 빠르게 움직일 때입니다. 지역 공인중개사의 연락처를 검색합니다. 매물 주소와 함께 매도금액 1억 7,500만 원을 적어 20개의 공인중개사에 모두 문자로 발송했습니다. 두세 군데만 의뢰해도 되는 것을 굳이 이렇게 한 것은, 공인중개사들이 좋은 매물은 손에 꼭 쥐고 공유하지 않기 때문입니다. 또 공인중개사마다 각자 단골손님도 있습니다. 이렇게 뿌리듯 여러 군데 내놓으면 그만큼 매도할 기회가 많아지겠지요. "그 가격에는 비싸서 못 판다", "열심히 하겠다", "물건을 줘서 고맙다" 등 다양한 반응을 보여줍니다. 공인중개사는 마법을 부리는 마법사 같은 사람들입니다. 법정수수료 외에 성공수당으로 더 많은 보수를 약속하면 어떻게든 매수자를 만들어 옵니다. 이런 방법으로 모 중개사가 "그 가격에는 비싸서 죽었다 깨어나도 못 판다"던 토지를 2020년 6월 30일경 1억 7,100만 원에 매도했습니다. 레버리지를 활용해서 11배의 수익을 발생시켰습니다.

도시계획시설의 종류에는 모두 46종류가 있습니다. 보상 투자 시 근린공원·완충녹지·도로·하천의 도시계획시설이 대부분입니다. 정보공개를 통해 공익사업 진행 또는 실효됨으로써 해당 토지의 실익 유무를 면밀히 따져보고 투자하셔야 합니다.

참고로, 중개수수료를 아까워하지 마세요! 어느 정도 이상 이익이 남거나 급하게 매도해야 하는 경우, 공인중개사에게 추가 보수를 약속하면 훨씬 더 빨리 매도할 수 있습니다. 게다가 컨설팅비용으로 현금영수증을 요청하면 양도소득세 신고 때 공제도 받을 수 있습니다. 빨리 팔고, 절세도 하고, 공인중개사로부터 고맙다는 말도 들을 수 있습니다.

근린공원 정보공개청구 방법

사례의 토지이용계획확인원

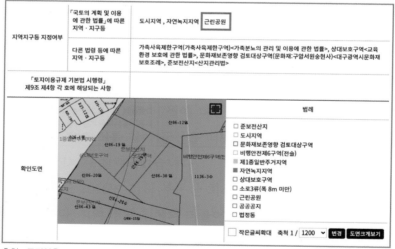

출처 : 토지이음

1. ○○○시의 무궁한 발전이 있기를 기원합니다.
2. ○○시 ○○동 ○○번지 근린공원으로 지정되어 있습니다.
   가. 근린공원 최초 시설 결정 고시문을 받아보고 싶습니다.

나. 장기 미집행 도시계획시설 일몰제에 해당하는 토지입니까? 해당하는 토지라면 실효는 언제쯤 됩니까?

다. 실효가 되지 않고 근린공원 사업이 진행되면, 언제쯤 진행 예정인지요? 단계별 집행계획은 몇 단계입니까?

라. 감정평가 방법 및 보상금 수령에 대한 지급 소요기간 및 매년 근린공원에 대한 예산 및 대기 순번은 어떻게 됩니까?

3. 사업이 지자체 주관 사업인지, 민간공원특례사업인지 알려주십시오.

가. 사업이 진행되었다면 사업인정 고시문과 토지편입조서를 주십시오.

완충녹지 정보공개청구 방법

토지이용계획확인원

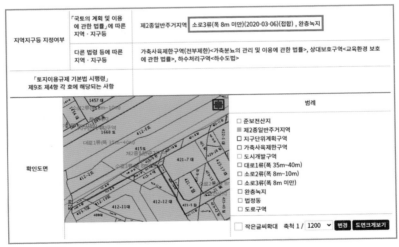

출처 : 토지이음

1. ○○시의 무궁한 발전이 있기를 기원합니다.

2. ○○시 ○○동 ○○번지 완충녹지시설 저촉되어 있습니다.

　　가. 완충녹지 지정 최초 시설 결정 고시일 및 고시문을 받아
　　　　보고 싶습니다.

　　나. 장기 미집행 도시계획시설 일몰제에 해당되는 토지입니까?

　　다. 공익사업 집행예정 일정 및 단계별 집행계획은 몇 단계
　　　　입니까?

　　단계별 집행계획은 지방자체단체마다 조금씩은 다르게 집행할
수 있습니다. 집행단계 1단계는 3년 이내에 조기 집행이 될 수 있
습니다. 2단계는 3년 이후가 될 수 있기도 하지만, 공익사업 자체
가 기약 없이 길어질 수 있다는 점이 문제입니다.

예정 도로 정보공개청구 방법

(1번은 동일하므로 이하 생략합니다)

2. ○○시 ○○동 ○○번지 소로3류 저촉된 토지입니다.

　　가. 최초 시설 결정 고시문을 받아보고 싶습니다.

　　나. 장기 미집행 도시계획 시설 일몰제에 해당하는 토지입
　　　　니까?

　　다. 공익사업 집행예정 일정 및 집행단계는 몇 단계입니까?

개설된 도로 정보공개청구 방법(이미 도로포장 공사를 마친 경우)

2. ○○시 ○○동 ○○번지 소류3류 저촉되어 개인 사유지 공중에
　　도로로 제공되고 있습니다.

　　가. 공익사업 당시 고시문을 받아보고 싶습니다.

　　나. 공익사업 당시 토지편입조서를 받아보고 싶습니다.

다. 종전 공익사업 당시 이용 현황이 어떻게 됩니까?

라. 종전 공익사업 당시 항공사진을 받아보고 싶습니다.

마. 해당 토지는 미불용지입니까?

바. 미불용지 매수청구 시 감정평가 방법 및 보상금 수령에 대한 소요기간 및 매년 예산 금액과 대기 순번은 어떻게 됩니까?

제95조(단계별집행계획의 수립)

① 특별시장·광역시장·특별자치시장·특별자치도지사·시장 또는 군수는 법 제85조 제1항의 규정에 의하여 단계별집행계획을 수립하고자 하는 때에는 미리 관계 행정기관의 장과 협의하여야 하며, 해당 지방의회의 의견을 들어야 한다(개정 2012. 4. 10, 2017. 9. 19).

② 법 제85조 제1항 단서에서 "대통령령으로 정하는 법률"이란 다음 각 호의 법률을 말한다(신설 2018. 11. 13).
   1. '도시 및 주거환경정비법'
   2. '도시재정비 촉진을 위한 특별법'
   3. '도시재생 활성화 및 지원에 관한 특별법'

③ 특별시장·광역시장·특별자치시장·특별자치도지사·시장 또는 군수는 매년 법 제85조제3항의 규정에 의한 제2단계집행계획을 검토하여 3년 이내에 도시·군계획시설사업을 시행할 도시·군계획시설은 이를 제1단계집행계획에 포함시킬 수 있다(개정 2012. 4. 10, 2018. 11. 13).

④ 법 제85조제4항에 따른 단계별 집행계획의 공고는 해당 지방자치단체의 공보와 인터넷 홈페이지에 게재하는 방법으로 하며, 필요한 경우 전국 또는 해당 지방자치단체를 주된 보급지역으로 하는 일간신문에 게재하는 방법이나 방송 등의 방법을 병행할 수 있다(개정 2020. 11. 24).

⑤ 법 제85조제5항 단서에서 "대통령령으로 정하는 경미한 사항을 변경하는 경우"란 제25조제3항 각 호 및 제4항 각 호에 따른 도시·군관리계획의 변경에 따라 단계별집행계획을 변경하는 경우를 말한다(개정 2012. 4. 10, 2018. 11. 13).

04 사도는 어떻게 투자해야 수익이 될까?
- 좋은 투자 친구와 함께하라

　도로에 투자하는 방법은 몇 가지가 있는데, 그중 대표적인 3가지를 소개하면 다음과 같습니다. 먼저, 국가·지자체에서 도로를 개설하기 위해 지정고시한 예정 도로나 이미 공사가 완료된 도로(미불용지)에 투자합니다. 예정 도로는 공익사업을 하면 소유주에게 토지를 수용하는 대가로 보상금을 지급하게 됩니다. 공익사업 과정 중에 토지가 경·공매 물건으로 나온 경우 투자를 고려할 수 있습니다.

　미불용지는 토지 소유주의 사정으로 미처 보상을 지급받지 못하였는데, 이후 해당 토지가 경·공매에 나온 것입니다. 미불용지는 감정가 1/3가량의 저가로 낙찰받아두면 이후 보상이 되어 큰 수익이 납니다. 최근 입찰인들의 미불용지 투자에 대한 관심이 높아졌습니다. 그만큼 다소 무분별한 투자로 이어져 수익성이 좀 떨어집니다. 그렇긴 해도 잘 찾아보면 아직도 돈이 되는 미불용지가 꽤 있습니다.

두 번째로 도시의 노후불량으로 재개발·재건축이 필요한 지역의 도로 투자입니다. 지자체 조례에서 정한 면적에 따라 입주권을 받거나 현금 청산을 받을 수 있습니다. 혹은 면적이 부족해서 입주권을 받지 못하는 사람에게 좋은 가격으로 매도할 수 있습니다. 단, 재개발·재건축은 기약 없이 오랜 시간이 걸릴 수도 있다는 게 단점입니다. 또한 개발이 임박하면 낙찰 금액이 올라가서 수익성이 떨어지기도 합니다.

세 번째는 개설된 사도에 투자하는 것입니다. 사도를 이용하는 연접한 토지의 이해관계인들로부터 지료(사용료)를 받거나 혹은

사례 토지의 입찰 정보

2020-04049-001		입찰시간 : 2021-05-10 10:00~ 2021-05-12 17:00		조세정리1팀 (☎ 1588-5321)	
소재지	경기도 가평군 청평면 청평리 483-5 □지도 □지도 주소복사 (도로명주소 :)				
물건용도	토지	감정가	14,703,000 원	재산종류	압류재산(캠코)
세부용도	전	최저입찰가	(50%) 7,352,000 원	처분방식	매각
물건상태	낙찰	집행기관	한국자산관리공사	담당부서	서울동부지역본부
토지면적	39㎡ (11.798평)	건물면적		배분요구종기	2020-09-07
물건상세	전 39㎡				
위임기관	동고양세무서	명도책임	매수인	조사일자	0000-00-00
부대조건					

입찰 정보(인터넷 입찰)

입찰번호	회/차	대금납부(기한)	입찰시작 일시~입찰마감 일시	개찰일시 / 매각결정일시	최저입찰가
0046	013/001	일시불(30일)	21.04.05 10:00 ~ 21.04.07 17:00	21.04.08 11:00 / 21.04.12 10:00	14,703,000
0046	014/001	일시불(30일)	21.04.12 10:00 ~ 21.04.14 17:00	21.04.15 11:00 / 21.04.19 10:00	13,233,000
0046	015/001	일시불(30일)	21.04.19 10:00 ~ 21.04.21 17:00	21.04.22 11:00 / 21.04.26 10:00	11,763,000
0046	016/001	일시불(30일)	21.04.26 10:00 ~ 21.04.28 17:00	21.04.29 11:00 / 21.05.03 10:00	10,293,000
0046	017/001	일시불(30일)	21.05.03 10:00 ~ 21.05.04 17:00	21.05.06 11:00 / 21.05.10 10:00	8,822,000
0046	018/001	일시불(30일)	21.05.10 10:00 ~ 21.05.12 17:00	21.05.13 11:00 / 21.05.17 10:00	7,352,000

낙찰 : 7,552,000원 (102.72%)

출처 : 옥션원

그들에게 매도할 수 있습니다. 다만, 지료청구 소송이나 공유물분할청구 소송까지 진행되는 경우가 생길 수 있습니다. 만약 배타적 사용수익권이 포기된 것으로 판결받게 되면, 수익은 없고 소유만 인정됩니다. 그렇지만 개설된 사도 투자로도 수익을 실현할 수 있습니다.

 다음의 토지는 경기도 가평군 청평면의 지분 토지입니다. 기본 사항으로 지목은 '전'이고, 면적은 $39m^2$(11.7평)이며, 감정가는 약 1,470만 원입니다. 현황상 도로로 이용되고 있어 50%까지 유찰되었습니다. 저의 법인과 지인의 법인이 공동입찰해서 약 755만 원에 단독 낙찰받았습니다. 지목이 '전'이지만 주거지역의 토지로써, 농취증 없이 일반 법인으로 취득했습니다.

사례 토지와 주변 토지

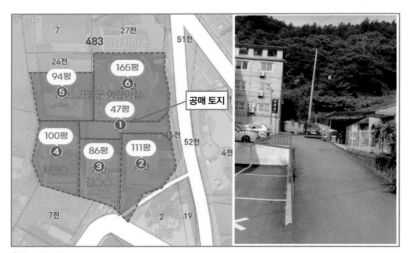

출처 : 디스코

주요 등기사항 요약 (참고용)

[주 의 사 항]

본 주요 등기사항 요약은 증명서상에 말소되지 않은 사항을 간략히 요약한 것으로 증명서로서의 기능을 제공하지 않습니다.
실제 권리사항 파악을 위해서는 발급된 증명서를 꼭 확인하시기 바랍니다.

고유번호 2845-2004-000452

[토지] 경기도 가평군 청평면 청평리 483-5 전 156㎡

1. 소유지분현황 (갑구)

등기명의인	(주민)등록번호	최종지분	주　　　소	순위번호
김	******	12분의 3		3, 14
이	******	12분의 3		16
최인	******	12분의 1		8
최인	******	12분의 2		13
최인	******	12분의 3		18

출처 : 인터넷 등기소

　1번 토지 주변으로 2, 3, 4, 5번의 연접한 토지가 있습니다. 연접한 토지들은 이 토지와 이해관계가 있습니다. 확인 결과, 2번은 지방도와 접해 있어 1번을 이용하지 않았습니다. 3, 4번의 다가구주택과 5번 어린이집의 진·출입용으로 사용하고 있었습니다.

　해당 토지의 등기사항전부증명에는 이○○ 님과 최인○ 님이 이 토지의 공유관계를 형성하고 있음을 알 수 있습니다(김○○은 이 토지 소유주입니다). 이 두 분이 1번 도로를 공유하고 있는 것으로 보아 연접필지 3번, 4번의 다가구주택을 소유하고 있을 것 같습니다. 확인 결과 실제로 그러합니다.

　등기사항 요약의 순위번호를 보면, 최인○ 님이 8번 지분의 12분의 1, 13번 지분의 12분의 2, 18번 지분의 12분의 3, 이렇게 3번이나 취득합니다. 이 순위번호대로 주요등기사항 전부증명서 갑구를 확인해보니, 최인○ 님이 계속 매수하고 있었습니다. 최인○ 님은 이 토지가 중요한 것을 알고 있는 것 같습니다. 진·출입로이니 당연하겠지요. 마찬가지로 이○○ 님도 다가구주택을 매입하면서 1,800만 원에 도로 지분을 매수하였습니다. 두 사람에게 이 토지가 꼭 필요한 것이 분명해졌습니다. 끝내 협의가 안 되어 제3자에게 경매로 넘어가버린다면 분명 도로에 대한 분쟁이 생길 것이 뻔합니다.

이 토지는 도로대장에 등재되지 않은 막다른 도로로, 2가구가 독점적으로 사용하고 있습니다. 또한 전원주택개발업자가 토지 분양을 위해서 만든 도로도 아닙니다. 따라서 배타적 사용수익권이 포기되지 않았다고 보았습니다.

※ 도로 부지 소유자가 스스로 토지를 도로로 제공해서 인근 주민이나 일반 공중에게 무상으로 통행할 수 있는 권리를 부여했거나, 그 토지에 대한 독점적이고 배타적인 사용수익권을 포기한 것으로 해석할 수 있는 경우에는 지료를 청구할 수 없습니다. 이때 배타적 사용수익권을 포기했는지 여부는 다음 판례에서 나타난 바와 같이 구체적인 제반 사정을 총체적으로 고려해서 판단될 문제입니다.

도로에 관한 대법원 판례

대법원 1998. 5. 8 선고 97다52844 판결【토지사용료】

(1) 어느 사유지가 종전부터 자연발생적으로 또는 도로 예정지로 편입되어 사실상 일반 공중의 교통에 공용되는 도로로 사용되고 있는 경우, 그 토지의 소유자가 스스로 그 토지를 도로로 제공하여 인근 주민이나 일반 공중에게 무상으로 통행할 수 있는 권리를 부여하였거나 그 토지에 대한 독점적이고 배타적인 사용수익권을 포기한 것으로 의사해석을 함에 즈음하여서는, 그가 당해 토지를 소유하게 된 경위나 보유 기간, 나머지 토지들을 분할하여 매도한 경위와 그 규모, 도로 사용되는 당해 토지의 위치나 성상, 인근의 다른 토지들과의 관계, 주위 환경 등 여러 가지 사정과 아울러 분할·매도된 나머지 토지들의 효과적인 사용·수익을 위하여 당해 토지가 기여하고 있는 정도 등을 종합적으로 고찰하여 판단하여야 한다.

(2) 토지 소유자가 토지를 분할하여 매도하면서 중앙에 위치한 토지를 남겨두어 남겨진 토지 부분이 분할·매도된 나머지 토지들로부터 공로에 이르는 유일한 통행로 사용되어온 경우, 소유자가 남겨진 토지 부분의 사용수익권을 포기한 것으로 볼 여지가 있다고 한 사례

(3) 토지의 원소유자가 토지의 일부를 도로부지로 무상 제공함으로써 이에 대한 독점적이고 배타적인 사용수익권을 포기하고 이에 따라 주민들이 그 토지를 무상으로 통행하게 된 이후에 그 토지의 소유권을 경매, 매매, 대물변제 등에 의하여 특정승계한 자는 그와 같은 사용·수익의 제한이라는 부담이 있다는 사정을 용인하거나 적어도 그러한 사정이 있음을 알고서 그 토지의 소유권을 취득하였다고 봄이 상당하므로 도로로 제공된 토지 부분에 대하여 독점적이고 배타적인 사용수익권을 행사할 수 없고, 따라서 지방자치단체가 그 토지의 일부를 도로로서 점유·관리하고 있다고 하더라도 그 자에게 어떠한 손해가 생긴다고 할 수 없으며 지방자치단체도 아무런 이익을 얻은 바가 없으므로 이를 전제로 부당이득 반환청구를 할 수 없다.

라고 판시하고 있습니다.

1. 판례는 배타적 사용수익권 포기 여부는 모든 상황을 종합적으로 판단하여 결정을 해야 한다는 내용입니다

2. (3)판례는 배타적 사용수익권을 포기했다고 볼 수 있습니다.

   즉, 전원주택 개발업자가 전원주택 부지를 개발하면서, 토지를 분할하여 도로로 사용하기 위해 중앙에 남겨놓고 도로로 만든 경우 배타적사용수익권을 포기 사례로 볼 수 있기 때문에 경·공매로 취득해서 사용료 청구 할 수 없습니다.

※ 대한법률구조공단(www.klac.or.kr) 법률 상담이 필요하시면, 무료로 사이버 상담 신청을 통해서 10일 이내 답변을 얻을 수 있습니다.

토지이용계획확인원을 통해 본 예시

소재지	부산광역시 금정구 두구동 332-10번지		
지목	도로 ❓	면적	383 ㎡
개별공시지가(㎡당)	293,300원 (2022/01) [연도별보기]		
지역지구등 지정여부	「국토의 계획 및 이용에 관한 법률」에 따른 지역·지구등	제1종일반주거지역 , 제1종지구단위계획구역 , 도로(저촉)	
	다른 법령 등에 따른 지역·지구등	가축사육제한구역<가축분뇨의 관리 및 이용에 관한 법률>, 환경정비구역<상수원관리규칙>, 상수원보호구역<수도법>	
「토지이용규제 기본법 시행령」 제9조 제4항 각 호에 해당되는 사항	<추가기재> 건축법 제2조 제1항 제11호 나목에 따른 도로		

출처 : 토지이음

토지이용계획확인원에 '건축법 제2조제1항제11호나목에 따른 도로'라고 표기된 것이 있습니다. 이것은 개인 편익을 위해 도로로 사용함으로써 공중에 제공된 도로로, 배타적 사용수익권이 포기된 도로입니다.

2007년부터 건축허가 신청 시 도로대장(건축법 제45조의 규정에 의해 도로로 지정되었음을 동의한 서류)을 등재하고 있습니다. 토지이용계획확인원에 나목도로의 문구가 없다고 도로대장에 등재가 안 된 것이라고 볼 수는 없습니다. 반드시 건축허가과에 문의해서 도로대장 등재 여부를 꼭 확인해봐야 합니다.

좋은 투자 친구와 함께하라

흔히 투자는 홀로 외롭게 하기 마련이라고 생각하는데, 결이 맞는 투자 친구가 있으면 훨씬 도움이 됩니다. 비단 투자뿐 아니라

인생에서도 그렇지요. 관심 물건에 대해 각자 분석하고 공유한 후 이를 토대로 투자를 결정하고, 문제를 해결할 수 있습니다. 투자에 익숙해지면 자칫 아집에 빠지기 쉬운데, 공유하는 과정에서 이를 경계할 수 있습니다. 입찰가가 부담스러운 물건은 공동입찰로 금액적 부담을 낮출 수 있고, 이해관계인과 협상 시에도 역할을 분담해 좋은 결과를 이끌어낼 수 있습니다.

예를 들어 한 명이 깐깐하게 굴거나 협상을 다소 강하게 밀어붙이면, 다른 한 명은 이를 중재하고 분위기를 누그러트리는 역할을 하는 거지요. 이때 사람이 너무 많으면 오히려 산만해지기만 하니 생각과 투자의 결이 맞는 한두 명의 친구로 꾸려 그룹이 총 세 명을 넘지 않는 것이 좋을 것 같습니다.

이 토지는 공유자와 협상이 쉽게 이뤄지는 듯했으나, 터무니없는 금액을 제시해 협상이 결렬되었습니다. 결국 공유물분할청구소송을 제기했습니다. 투자 그룹의 힘이 여기서 또 발휘됩니다.

이 토지의 소재지가 가평이고, 공유자의 주소지도 경기도입니다. 이대로 법원에 소를 제기하면 꼼짝없이 저와 공동입찰자들이 경기도권의 관할법원으로 올라가야 합니다(참고로 저와 함께하는 지인 모두 경상도에 거주합니다). 이에 저희는 법을 활용하기로 했습니다. 지인 두 명은 원고, 저는 피고로 지정해서 제가 거주하고 있는 법원으로 소를 제기했습니다(민사소송법 제3조, 제5조 참고). 이에 공유자 중 한 명이 관할지 위반을 주장했으나, '민사소송법 제3조 사람, 법인 등의 보통재판적은 그의 주소에 따라 정한다'에 의거해 관할지 위반이 아님으로 인정되었습니다.

"권리 위에 잠자는 자는 보호받지 못한다"는 말이 있는데, 특히 부동산 투자는 법을 잘 알고 활용하는 것이 무척 중요합니다.

이로써 제가 거주하는 관할법원에서 소송이 진행되었고, 변론 기일이 잡혔습니다. 판사님이 합의를 권유합니다.

"피고인(공유자) 두 분은 이 토지가 꼭 필요하지 않습니까? 적당한 금액 선에서 제시하시지요."

저희는 우선 2,000만 원을 제시한 후 협의로 조금 낮춰주려고 했으나, 판사님은 시가 감정을 하는 것으로 급히 결론지었습니다. 법원 밖에서 공매 감정가와 예상시가 감정가 수준인 1,500만 원을 제시했지만, 공유자 두 분의 의견이 맞지 않아서 일단 헤어졌습니다. 며칠 후 공유자 한 분이 1,200만 원에 합의할 것을 제안했습니다. 소액, 단기 투자는 회전율이 중요하다고 누차 강조했습니다. 괜한 욕심으로 일을 그르치게 되면 여러모로 손해이니 적당한 선에서 정리하는 것이 핵심입니다. 공유자와 5개월 만에 합의하고 이번 투자를 종결지었습니다.

저의 경우 투자 사례 연구를 위해 이런 사도를 단기적으로 투자했습니다만, 이해관계인과 협상해야 하는 사도는 사실상 큰 수익이 나지는 않습니다. 하지만 실제, 경·공매에서 이런 도로들이 많이 있으니, 잘 분석해서 저가에 낙찰받은 다음 이해관계인에게 적당한 금액으로 매도하면 그래도 꽤 괜찮은 수익이 될 것입니다.

소 장

원 고   ○○○ (주민등록번호)
　　　　○○시 ○○구 ○○길 ○○(우편번호 ○○○-○○○)
　　　　전화·휴대폰번호 :
　　　　팩스번호, 전자우편(e-mail)주소 :

피 고   1. 김◇◇ (주민등록번호)
　　　　　○○시 ○○구 ○○길 ○○(우편번호 ○○○-○○○)
　　　　　전화·휴대폰번호 :
　　　　　팩스번호, 전자우편(e-mail)주소 :

　　　　2. 이◇◇ (주민등록번호)
　　　　　○○시 ○○구 ○○길 ○○(우편번호 ○○○-○○○)
　　　　　전화·휴대폰번호 :
　　　　　팩스번호, 전자우편(e-mail)주소 :

공유물분할청구의 소

청구 취지

1. 별지목록1 기재의 부동산을 경매하고, 그 매각대금에서 경매비용을 공제한 금액을 분할하여 별지목록2 기재의 공유지분 비율에 따라 원·피고들에게 각 배당한다.
2. 소송비용은 피고들이 부담한다.
   라는 판결을 구합니다.

청구 원인

1. 원고는 피고들과 별지목록1 기재의 부동산을 20○○. ○. ○ 경매절차에서 공동으로 매수신청하여 매각허가결정을 받아 별지목록2 기재 지분으로 공유하고 있으며, 위 부동산에 관하여 공유자 사이에는 분할하지 않는다는 특약을 한 바 없습니다.
2. 그 뒤 원고는 20○○. ○ 초순경 별지목록1 기재의 부동산을 팔아서 매각대금을 지분대로 분할하려고 하였으나 피고들은 이 요구에 응하지 않고 있습니다.
3. 위와 같이 원고와 피고들 사이에 공유물분할에 관한 합의가 이루어지지 아니하고, 이 사건 부동산은 성질상 현물로 분할할 수 없으므로 별

지목록1 기재의 부동산을 경매하여 그 매각대금을 공유지분비율에 따라 분할을 하는 것이 최선이라고 생각합니다.

4. 따라서 원고는 별지목록1 기재의 부동산을 경매에 붙여서 그 매각대금 중에서 경매비용을 공제한 다음 별지목록2 기재의 공유지분 비율에 따라 원·피고들에게 배당되도록 하여 공유관계를 해소하기 위하여 이 사건 청구에 이른 것입니다.

입증 방법

1. 갑 제1호증   부동산등기사항증명서
1. 갑 제2호증   토지대장등본
1. 갑 제3호증   공유에 관한 계약서
1. 갑 제4호증   통고서
1. 갑 제5호증   지적도등본

첨부 서류

1. 위 입증방법   각 1통
1. 소장부본   2통
1. 송달료납부서   1통

20○○. ○. ○

위 원고 ○○○ (서명 또는 날인)

○○지방법원 귀중

[별지1]

부동산의 표시

1. 물건의 주소지 입력

[별지2]

공유자 및 지분표시

공유자	공유 지분
원고 산틀·윤벗	1/4
피고 1. 토지이야기	1/4
피고 2. 김영*	1/4
피고 3. 김영*	1/4

미불용지 투자에 성공했다
- 보상 시나리오 작성하기

05

'미불용지'란 종전에 시행된 공익사업의 부지로 보상금이 지급되지 아니한 토지를 말합니다(토지보상법 시행규칙 제25조제1항).

공익사업에 편입된 토지는 해당 공익사업의 준공 이전에 협의 또는 수용의 절차에 의해 취득되어야 하나, 불가피한 사유로 취득하지 못한 상태에서 다른 공익사업에 편입되는 경우가 있으며 이러한 토지를 미불용지라고 합니다. 미불용지의 보상평가 방법은 종전 공익사업에 편입될 당시의 이용 상황을 상정해서 감정평가를 합니다. 공익사업에 편입될 당시 이용 상황이란 편입될 당시의 지목·실제용도·지형·면적·도로의 접근 정도 등 개별요인을 말합니다.

이 토지는 지목은 '전'이고, 면적은 $151.6㎡$(45.8평)이며, 감정평가금액은 약 318만 원입니다. 여러 번 유찰되어 최저 입찰가가 약 191만 원입니다. 입찰가 약 193만 원으로 단독 낙찰받았습니다.

사례 물건 정보와 해당 시의 사업 내역 확인

출처 : 온비드, 충주시청

사전 조사 결과 '1997년 8월 7일 조동지구 밭기반 정비사업'에 편입된 토지였습니다.

사례 토지의 이력

출처 : 스마트국토정보

토지의 이력은 이러합니다. 1998년 3월 7일 충주시청에 의해 383번지에서 383-1번지로 강제분할되었습니다. 원래 1998년 당시 보상금을 지급해야 하나, 소유주의 사망으로 지급하지 못한 채, 4명의 자녀에게 상속등기가 되었습니다(2008년 9월 22일). 그러다 막내가 사업에 실패하면서 세금을 체납하게 되자 공매 절차에 따라 매각되었습니다.

사례 토지의 감정평가서

대상부동산의 개황

토지	일련 번호	소재지	지목	면적 (㎡)	용도지역	이용 상황	개별공시지가 (2019년,원/㎡)
	1	덕련리 383-1	전	557*187 /687	계획관리	전,도로	7,590

비교표준지의 선정

기호	소재지	지목	면적 (㎡)	용도지역	이용상황	형상지세	도로교통	공시지가 (원/㎡)
A	덕련리 208	전	3,138	계획관리	전	부정형 완경사	세로(가)	27,000

평가선례 및 거래사례[출처: 감정평가사협회 정보, KAIS, 등기사항전부증명서]							
구분	소재지	지목	이용상황	용도지역	기준시점 거래시점	목적	토지단가 (원/㎡)
가	덕련리 ***	전	전	계획관리	2017.08.18.	법원경매	47,000
나	덕련리 ***	전	전창고	계획관리	2016.07.20.	법원경매	58,000
다	덕련리 ***	전	전	계획관리	2017.12.23.	실거래	51,318
라	덕련리 ***	전	답	계획관리	2017.10.27.	실거래	51,005

출처 : 온비드

토지의 감정평가 선례에 주변 시세는 47,000~58,000원/㎡로 확인되었습니다. 이 건과 유사한 토지의 지가 수준은 계획관리지역 내 농경지 50,000원/㎡ 내외 수준으로, 거래 빈도는 한산합니다.

사례 토지의 감정평가서

공시지가기준법에 의한 토지가격의 결정						
일련 번호	표준지 공시지가	시점수정	지역요인 비교	개별요인 비교	그 밖의 요인	산출단가 (원/㎡)	결정단가 (원/㎡)
1	27,000	1.01556	1.00	0.400	1.90	20,839	21,000

출처 : 온비드

공매감정 시 인접 유사 토지가 1이라면, 현재 도로로 사용하고 있는 토지는 1의 1/3 수준인 0.3~0.4로 감정이 됩니다. 감정평가서에 해당 토지는 대부분 현황 '도로'로 이용 중이기에, 이를 개별요인에 0.4로 반영해 감정평가했습니다. 따라서 공시지가기준법에 의해 개별요인 0.4, 결정단가 21,000원/㎡로 평가받아, 151.614×21,000원/㎡=3,183,894원으로 공매감정되었습니다.

토통령의 답이 정해져 있는 땅 투자

도입부에서 언급했듯 미불용지의 보상평가 방법은 종전 공익사업에 편입될 당시의 이용 상황을 상정해 감정평가를 합니다. 공익사업 당시 도로로 이용했느냐, 밭으로 이용했느냐에 따라 보상금액이 완전히 달라지는 것이죠.

　그런데 입찰 전 충주시 농업정책과 사업 당시 이용 현황을 확인하다가 이 토지가 당시 '전'으로 이용되었음을 확인했습니다. 와우! 도로가 아니라 전으로 평가받게 되다니, 대박입니다!

사례 토지의 감정평가서

공시지가기준법에 의한 토지가격의 결정

일련 번호	표준지 공시지가	시점수정	지역요인 비교	개별요인 비교	그 밖의 요인	산출단가 (원/㎡)	결정단가 (원/㎡)
1	27,000 (30,000)	1.01556	1.00	0.400 (0.7)	1.90	20,839	21,000 (40,520)

출처 : 온비드

> **공시지가기준법에 의한 토지 시산가액**
> = 표준지 공시지가(원/m) × 시점수정 × 지역요인 × 개별요인 × 그 밖의 요인

　공시지가 기준법으로 대략의 토지 보상액을 유추해보았습니다. 1년 뒤 보상받을 것으로 계산해 2020년 표준지 공시지가를 30,000원, 개별요인은 0.7로 수정합니다. 그러면 결정단가는 40,520원입니다.

　공익사업 당시 '전'으로 이용했는데, 개별요인을 왜 1로 적용하지 않고 0.7로 적용했을까요? 제가 아는 바에 의하면 미불용지는 관례상 20~30% 깎고 시작한다고 합니다. 그래서 보수적으로 0.7을 적용했습니다. 따라서 토지의 보상금액은 다음과 같이 예상해봅니다.

$$151.6㎡(45.8평) \times 40,520원 = 6,118,520원$$

기존 공유자의 지분을 매수하기

만약 전체 면적 557㎡ 중 공유자 지분 405.4㎡를 다 매수하면 어떨까 하는 생각이 또 번뜩입니다. 무조건 공유자에게 파는 것이 아니라, 필요할 때는 공유자의 지분을 매수해 온전한 필지로 만드는 것입니다.

사례 토지의 매매계약서

출처 : 저자 제공

낙찰받자마자 공유자들에게 협조문을 발송했습니다. 자매 3명 모두 수도권에 거주하고 있었습니다. 3자매 중 둘째라며 공유자가 연락해왔습니다. 처음에 공유자가 평당 15만 원씩을 요구했지만, 실랑이 끝에 땅이 도로인 점을 감안해서 430만 원에 매매하기로 약속했습니다. 열흘 뒤인 1월 8일, 청주시청 앞 법무사 사무실에서 만나 토지 405.4m^2의 소유권이전등기를 완료했습니다. 이제 공유지분 토지가 아니라 온전히 한 필지가 되었습니다.

사례 토지의 보상 평가가액

일련번호	보상대상토지			면적(m^2)	평가가액		비고
	소재지	지번	지목		단가	금액	
1	주덕읍 덕련리	383-1	전	557	41,400	23,059,800	미지급용지
[이 하 여 백]							
[합계]						(총액) 23,059,800원	

[조동지구 발기반정비사업]   PAGE : 1

공매낙찰가 194만 원+공유자 토지 매수비용 430만 원+취득세 및 기타 법무사 비용 60만 원으로 총 684만 원의 비용이 들었습니다. 보상금 통지를 받고 보니 보상금은 2,300만 원이었습니다.

토지 매입 원가 대비 적은 금액은 아닙니다. 하지만 주변 시세(당시 6만 원/m^2)를 적용하거나 개별요인을 1로 적용하면 약 3,000만 원 이상의 보상가가 나오는 것을 알았기에 성에 차지 않았습니다. 예상했던 보상가도 최대한 보수적으로 계산했을 때의 금액이었습니다. 그런데 실제로 딱 예상치만큼만 보상이 나오니 이건 좀 너무한다 싶었습니다. 이의제기를 해보았지만, 이미 결정된 사항이라 어쩔 수 없었습니다. 미불용지 감정평가 시, 내 편에 있어 줄 즉, 개별요인을 좀 더 높게 평가해줄 감정평가사 1인을 추천해서 보상평가를 했다면, 좀 더 높은 금액으로 평가받을 수 있었을 텐데, 무척 아쉬웠습니다.

보상액 관련 민원에 대한 시의 답변

1. 귀하의 가정의 평안을 기원합니다.
2. 귀하께서 충주시민원-284381(2020.11.04.)호로 접수하신 주덕읍 덕련리 383-1번지 일원의 조통지구 밭기반정비 사업 미지급용지 보상액에 대한 민원에 대하여 다음과 같이 답변드립니다.

□ 답변내용
  - 「공익사업을 위한 토지 등의 취득 및 보상에 관한 법률 시행규칙」 제17조 제2항 제3조(평가를 한 후 1년이 경과할 때까지 보상계약이 체결되지 아니한 경우)에 의거 보상계약이 체결되지 않을 경우 1년이 지난 후 재평가가 가능하며,
  - 공탁을 하여 기존보상금을 먼저 수령하는 것은 불가함을 알려드립니다. 끝.

충 주 시

출처 : 충주시청

저는 보상감정평가 금액이 마음에 들지 않아 1년 뒤에 재평가를 받기로 했습니다. 감정평가를 다시 한다고 해서 10% 이상 올려 받기는 힘들 듯했지만, 일단 기다려보기로 합니다.

1년 뒤 사례 토지의 감정가

미지급토지 감정(토지)								
일련번호	토지소재지		토지현황			편입면적	감정가격(원)	
	면	리	지번 전 / 후	지적	지목		프라임	삼일
계				557				
1	주덕읍	덕련리	383-1	557	도	557×	44,500	43,500

1년 후, 감정가는 44,000원/m^2(각 감정가 산술평균)으로 2,600원/m^2이 올랐습니다(6.3%). 이번 감정도 마음에 들지 않으면, 또 1년을 미뤄 재평가받으면 됩니다. 공시지가는 상향하고, 주변 시세도 올라가니 보상감정가격을 조금이라도 올려 받고 싶으면 이렇게도 할 수 있습니다. 하지만 고작 6.3%의 보상가 상승보다 투자회전율을 중요시하는 저는, 그냥 이번 보상금을 수령하기로 결정했습니다.

　미불용지는 잘만 고르면, 도로의 로또라고 합니다. 경·공매 감정평가 시 도로임을 감안해 1/3로 평가했는지, 과거 사업 당시 현황은 무엇으로 이용했는지 등을 잘 파악하면, 이 사례처럼 수익을 올릴 수 있습니다.

　정보공개청구로 미불용지 여부, 종전 공익사업의 이용 현황을 누구나 쉽게 알 수 있기 때문에, 최근 미불용지를 선호하는 투자자들이 점점 많아지고 있습니다. 종전 공익사업 이용 현황을 확인하지 않아 손해를 보는 경우도 많으니 투자 시 반드시 주의를 기울여야 합니다. 실제로 도로였는지, 아니면 도로가 아닌 것을 도로로 감안해 평가했는지 꼭 확인하셔야 합니다.

무상귀속·기부채납이 약속된 토지

　다음 자료의 토지는 목록 사진으로 보아 도로 및 주차장으로 이용 중임을 알 수 있습니다. 토지이용계획확인원을 보면 지구단위계획구역 도로에 저촉되어 있고, 근린공원에도 저촉되어 있어, 얼핏 보면 공익사업이 진행되고 있는 미불용지로 보입니다.

사례 토지의 입찰 정보와 위치도, 등기사항전부증명서

2018-09406-003			입찰시간 : 2018-11-19 10:00~ 2018-11-21 17:00			조세정리2팀(☎ 1588-5321)	
소재지	경기도 수원시 영통구 망포동 434-7 ☐지도 ☐지도 ☐주소복사 (도로명주소 :)						
물건용도	토지		감정가		147,854,160 원	재산종류	압류재산(캠코)
세부용도	전		최저입찰가		(100%) 147,855,000 원	처분방식	매각
물건상태	낙찰		집행기관	한국자산관리공사		담당부서	경기지역본부
토지면적	91.268㎡ (27.609평)		건물면적			배분요구종기	0000-00-00
물건상세	전 91.268㎡						
위임기관	수원시청		명도책임	매수인		조사일자	0000-00-00
부대조건							

• 입찰 정보(인터넷 입찰)

입찰번호	회/차	대금납부(기한)	입찰시작 일시~입찰마감 일시	개찰일시 / 매각결정일시	최저입찰가
0031	045/001	일시불(30일)	18.11.19 10:00 ~ 18.11.21 17:00	18.11.22 11:00 / 18.11.26 10:00	147,855,000
				낙찰 : 161,855,000원 (109.47%)	
0031	046/001	일시불(30일)	18.11.26 10:00 ~ 18.11.28 17:00	18.11.29 11:00 / 18.12.03 10:00	133,070,000
0031	047/001	일시불(30일)	18.12.03 10:00 ~ 18.12.05 17:00	18.12.06 11:00 / 18.12.10 10:00	118,284,000
0031	048/001	일시불(30일)	18.12.10 10:00 ~ 18.12.12 17:00	18.12.13 11:00 / 18.12.17 10:00	103,499,000
0031	049/001	일시불(30일)	18.12.17 10:00 ~ 18.12.19 17:00	18.12.20 11:00 / 18.12.24 10:00	88,713,000
0031	050/001	일시불(30일)	18.12.24 10:00 ~ 18.12.26 17:00	18.12.27 11:00 / 18.12.31 10:00	73,928,000

[본건 기호(3) 전경]

[토지] 경기도 수원시 영통구 망포동 434-7 전 199㎡   고유번호 1358-2010-004777

1. 소유지분현황 (갑구)

등기명의인	(주민)등록번호	최종지분	주　　　　소	순위번호
동일■■■■■회사 (공유자)		2780분의 1275		3
수원시 (공유자)		2780분의 1135		27, 31
주식■■■■■우정 ■■■■■	■■■■■-■■■■■	2780분의 111		4
주식■■■■■설 (공유자)		2780분의 259		4

출처 : 옥션원, 토지이음, 인터넷 등기소

등기사항전부증명서 요약표를 봅니다. 수원시가 공유자라는 것이 눈에 띕니다. 순위번호 27, 31번 지분도 매수하고 있습니다. 이를 이유로 '이 토지가 미불용지가 맞구나' 하고 단정할 수 있습니다.

여기서 소유자가 건설회사로 되어 있으면, 미불용지가 아닐 가능성을 의심해야 합니다. 건설회사들은 과거 주택건설 사업계획 승인 및 특례를 받기 위해 도로, 공원, 주차장, 하천, 광장 외 공공시설들을 갖춰 지자체에 무상귀속 또는 기부채납을 약정합니다. 원래 사업이 끝나면 지자체에 소유권 이전을 해줘야 하나, 그러지 않고 경·공매로 나오는 경우가 대부분입니다. 그러니, 지자체에 기부채납 무상귀속이 약정되었는지 여부를 필히 확인해야 합니다.

등기사항전부증명서

27	16번주식회사하나자산신탁지분전부이전	2016년5월20일 제43905호	2016년5월20일 무상귀속	공유자 지분 556분의 23 수원시 8번 신탁등기말소 원인 신탁재산의 처분
31	2번망포개발주식회사지분전부이전	2017년7월10일 제63041호	2017년7월5일 무상귀속	공유자 지분 556분의 204 수원시

출처 : 인터넷 등기소

갑구 순위번호를 보면, 2개 법인은 무상귀속을 했습니다. 나머지 지분에 대해서 수원시 담당 공무원에게 문의했습니다. 무상귀속을 받지 못한 공유지분에 대해서, 수원시가 공유법인들을 상대로 법적소송을 진행 중인 상태였습니다.

토지는 건설회사가 수원시에 지구단위계획수립을 제안함으로써 공공시설로의 무상귀속이 약정되어 있었습니다. 기부채납과는 달리 무상귀속이 약정된 토지는 경락으로 소유권을 취득하더라도 이마저 상실할 수 있습니다.

통상 기부채납은 건설사와 지자체 간의 증여계약이기 때문에 기부채납을 이유로 경락인이 취득한 소유권을 지자체가 가져가지는 못합니다. 하지만 기부채납을 이유로 보상이 되지 않으며, 대법원 판례로 비춰 볼 때 지료(사용료)청구 소송도 불가능할 것 같습니다.

※ 기부채납은 증여계약의 성격을 갖는 것으로서, 기부채납 약정은 건설사와 지자체 사이의 계약에 따른 것이므로, 지자체에서 경락인이 경매로 취득한 토지에 대해 소유권을 주장한다거나 기부채납 약정에 따른 소유권이전등기청구권을 가진다고 보기는 어렵습니다.

보상금이 기지급된 미불용지

다음 자료의 토지 사진을 보면, 도로로 이용 중입니다. 토지이용계획확인원을 살펴보니 도로 구역에 저촉이 되어 있습니다. 사유지인데 아스팔트로 포장되어 지방도로로 사용하고 있으니 미불용지일 가능성이 매우 높아 보입니다. 그런데 이렇게 단정하고 무조건 입찰하는 경우가 있습니다. 이런 태도는 반드시 지양해야 합니다.

이 토지의 입찰자가 무려 5명이나 되었습니다. 감정가의 152%라는 높은 가격에 낙찰되었습니다. 입찰 경쟁이 높을수록 패찰 시 아쉬움이 크기 마련입니다. 하지만 이번 물건은 패찰된 것이 오히려 다행입니다.

사례 토지의 입찰 정보

2020-04462-001		입찰시간 : 2021-04-05 10:00~ 2021-04-07 17:00			조세정리1팀(☎ 1588-5321)	
소재지	전라남도 나주시 세지면 내정리 102-18 🗎 지도 🗎 지도 　주소복사 (도로명주소 :)					
물건용도	토지	감정가	1,531,200 원	재산종류	압류재산(캠코)	
세부용도	과수원	최저입찰가	(100%) 1,532,000 원	처분방식	매각	
물건상태	낙찰	집행기관	한국자산관리공사	담당부서	광주전남지역본부	
토지면적	88㎡ (26.62평)	건물면적		배분요구종기	2021-03-22	
물건상세	과수원 88㎡					
위임기관	남인천세무서	명도책임	매수인	조사일자	0000-00-00	
부대조건						

입찰 정보(인터넷 입찰)

입찰번호	회/차	대금납부(기한)	입찰시작 일시~입찰마감 일시	개찰일시 / 매각결정일시	최저입찰가
0005	013/001	일시불(30일)	21.04.05 10:00 ~ 21.04.07 17:00	21.04.08 11:00 / 21.04.12 10:00	1,532,000
				낙찰 : 2,340,000원 (152.74%)	
0005	014/001	일시불(30일)	21.04.12 10:00 ~ 21.04.14 17:00	21.04.15 11:00 / 21.04.19 10:00	1,379,000
0005	015/001	일시불(30일)	21.04.19 10:00 ~ 21.04.21 17:00	21.04.22 11:00 / 21.04.26 10:00	1,226,000
0005	016/001	일시불(30일)	21.04.26 10:00 ~ 21.04.28 17:00	21.04.29 11:00 / 21.05.03 10:00	1,073,000
0005	017/001	일시불(30일)	21.05.03 10:00 ~ 21.05.04 17:00	21.05.06 11:00 / 21.05.10 10:00	920,000
0005	018/001	일시불(30일)	21.05.10 10:00 ~ 21.05.12 17:00	21.05.13 11:00 / 21.05.17 10:00	766,000

출처 : 옥션원

토지이용계획확인원과 입찰 결과

소재지	전라남도 나주시 세지면 내정리 102-18번지			
지목	과수원 ❓		면적	15 m²
개별공시지가(m²당)	20,000원 (2022/01) 연도별보기			
지역지구등 지정여부	「국토의 계획 및 이용에 관한 법률」에 따른 지역·지구등	생산관리지역 , 소로2류(폭 8m~10m)(저촉)		
	다른 법령 등에 따른 지역·지구등	가축사육제한구역(모든가축제한구역)<가축분뇨의 관리 및 이용에 관한 법률>, 도로구역<도로법>		
	「토지이용규제 기본법 시행령」 제9조 제4항 각 호에 해당되는 사항			

확인도면

범례
☐ 준보전산지
■ 계획관리지역
■ 생산관리지역
☐ 도로구역
☐ 접도구역
☐ 소로2류(폭 8m~10m)
☐ 법정동

☐ 작은글씨확대 축척 1 / 1200 ∨ 변경 도면크게보기

입찰금액	2,340,000원/ 1,800,100원/ 1,651,000원/ 1,600,000원/ 1,539,990원		
개찰결과	낙찰(해제)	낙찰금액	2,340,000원
감정가 (최초 최저입찰가)	1,531,200원	최저입찰가	1,532,000원
낙찰가율 (감정가 대비)	152.82%	낙찰가율 (최저입찰가 대비)	152.74%

▌대금납부 및 배분기일 정보

대금납부기한	2021-04-19	납부여부	미납
납부촉구(최고)기한	2021-04-30	배분기일	매각취소결정

출처 : 토지이음, 온비드

    이 토지는 익산지방국토관리청에서 이미 손실보상금 지급이 완료된 토지였습니다. 저는 이 사실을 확인하고 입찰하지 않았지만, 다른 입찰자들은 공매 사진과 현황 사진만 참고하고 미불용지 여부에 대해서는 해당 관청에 전혀 확인하지 않았나 봅니다. 결국 낙찰자는 보증금마저 포기한 것으로 보입니다.

현재 공익사업이 진행되면 소유권 이전 후 보상

하지만 과거 1990년대 초반까지만 하더라도 보상지급 후 소유권을 이전했습니다. 그래서 이렇게 이미 손실보상금이 지급된 미불용지가 등장하게 되는 것입니다.

아스팔트로 도로가 포장되어 있다고 해서, 무조건 입찰하면 절대로 안 됩니다. 부산광역시처럼 아주 오래전 공익사업이 진행된 경우, 부당이득반환 소송을 통해 승소해야, 사용료를 지급하는 경우도 있습니다. 패소라도 하게 되면, 내 땅임에도 불구하고 공익을 위해서 영구적으로 사용해야 하는 불상사가 생깁니다. 그러니 반드시 입찰 전 미불용지의 여부, 공익사업인정 고시문, 토지편입조서, 사업 당시 이용 현황 등을 철저히 조사, 분석하고 입찰에 참여해야 합니다. 입찰 전 사전 조사는 입이 닳도록 강조해도 지나치지 않습니다.

행정관청에
팔아볼까?

산림청에 매도할 수 있는 임야

경·공매 물건을 검색하다보면, 같은 임야라도 어떤 임야는 높은 금액에 낙찰이 되고, 또 어떤 임야는 아무리 유찰이 되어도 낙찰되지 않는 임야가 있습니다. 왜 이렇게 차이가 날까요?

임야의 경우 크게 보전산지와 준보전산지로 나뉘게 됩니다. 보전산지의 공익용산지와 임업용산지로 개발이 불가능하며, 준보전산지는 보전산지에 비해 개발이 한결 쉽습니다. 당연히 개발이 가능한 곳은 서로 낙찰받으려고 할 것이고, 개발이 불가한 곳은 그렇지 않겠죠.

신건임에도 감정가 100% 이상의 높은 금액에 낙찰되는 임야는 대부분 국가의 국책사업 또는 지자체의 신도시개발·산업단지개발로 인구유입이 지속적으로 증가하고 있는 도심지의 자연녹지지역입니다. 또한, 계획관리지역의 도로에 접해 개발이 가능한 준보전산지의 임야도 높은 금액에 낙찰받습니다. 준보전산지의 임야는 주로 공장, 전원주택단지, 펜션, 카페로 개발할 수 있기 때문에 인기가 많습니다.

60~70%에 낙찰되는 건은 산림청에서 산림자원의 육성, 생태계보전, 재해방지, 산림복지서비스증진 등을 목적으로 공·사유림을 매수하는 임야입니다. 공·사유림을 산림청에 팔고자 하는 소유자는 해당 임야 소재지의 관할 국유림관리소에 매도할 수 있기 때문입니다.

50% 이하로 떨어지는 경우는 임야 중 25~50년 이상 된 나무가 있는 경우입니다. 수종에 따라 합법적으로 나무를 베어낼 수 있는 시기가 있는데 이 시기를 '벌기령'이라고 합니다. 벌기령이 지난 수목은 베어서 목재로 판매할 수도 있습니다. 벌기령을 정해두는 이유는 양호한 산림육성 및 생태계보전과 육성을 위해서입니다. 나무도 수명이 있기 때문인데, 수명이 다 된 나무를 벌채하지 않고 방치하면 고목이 되어 쓰러지기 마련입니다. 그러면 주변의 정상적인 나무의 성장을 방해하고 환경을 해치게 됩니다.

공·사유림 기준벌기령

(단위 : 년)

수종	일반 용도	특수 용도
소나무	40	–
(춘양목보호림 단지)	(100)	–
잣나무	50	40
리기다	25	20
낙엽송	30	20
삼나무	30	30
편백	40	30
참나무류	25	20
포플러류	3	–

출처 : 산림청

한편 감정가 대비 25% 이하로 떨어지는 임야들도 있습니다. 이런 임야는 앞서 내용에 해당이 없는 임야이거나 기획 부동산 회사에서 100평, 200평을 잘게 수십 필지로 분할해서 개인에게 사기 분양을 한 경우입니다.

이렇게 임야는 투자 물건에 확연한 차이가 있기 때문에, 경·공매 입찰 시 어떤 목적으로 임야를 사용할 것인지에 따라 각별히 주의를 기울여야 합니다.

산림청에서 매수해주는 임야를 주목하라

다음 자료의 토지는 전라남도 해남군 마산면 용전리에 위치한 임야입니다. 전체 면적의 1/2 지분으로 나온 토지입니다. 지목은 '임야'이고, 면적은 37,116.5m^2이며, 감정가격은 약 4,825만 원이었는데, 50% 유찰로 2,450만 원에 단독 낙찰받았습니다. 이 토지는 영암국유림 사무소에 1년 뒤에 매수 신청을 할 수 있는 토지입니다. 그런데 산림청에서 매수하지 않는 산림이 있습니다. 다음 내용의 '매수하지 않는 산림'에서 7번 항목에서 '최근 1년 이내에 경매·공매·매매 등 소유권이전 변동이 있는 산림(단, 상속이나 증여에 따라 소유권이 변경된 경우 예외)은 매도할 수가 없으니, 1년 뒤에 매도 신청을 할 수 있다'고 명시되어 있기 때문입니다.

매수하지 않는 산림
1. 저당권 및 지상권 등 사권이 설정되어 있는 산림
2. '입목에 관한 법률'에 따른 입목등록 또는 입목등기가 되어 있는 산림
3. 지적공부와 등기부 상의 면적이 서로 다르거나 지적공부에

2020-11347-001		입찰시간 : 2022-06-27 10:00~ 2022-06-29 17:00		조세정리1팀 (☎ 1588-5321)	
소재지	전라남도 해남군 마산면 용전리 산19 D지도 D지도 주소복사 (도로명주소 :)				
물건용도	토지	감정가	**48,251,450 원**	재산종류	압류재산(캠코)
세부용도	임야	최저입찰가	(50%) 24,126,000 원	처분방식	매각
물건상태	낙찰	집행기관	한국자산관리공사	담당부서	광주전남지역본부
토지면적	37,116.5㎡ (11227.741평)	건물면적		배분요구종기	2021-03-22
물건상세	임야 37,116.5㎡				
위임기관	용인세무서	명도책임	매수인	조사일자	0000-00-00
부대조건	1. 본 건 맹지이고, 현황 "임야"로 이용중임. 2. 본 건은 공유지분토지로서, 공유자우선매수신고시 낙찰 후 매각결정이 취소될수 있음. 3. 본 건은 인접토지와의 경계가 명확하지 않으므로 지적측량 및 경계확인, 분묘소재 여부 등을 사전조사 후 입찰바람 (측량 등에 따른 비용은 매수 자 부담임) 4. 토지이용계획 및 공법상 제한사항 등에 관하여 사전조사 후 입찰바람. 2021/03/22				

• 입찰 정보(인터넷 입찰)

입찰번호	회/차	대금납부(기한)	입찰시작 일시~입찰마감 일시	개찰일시 / 매각결정일시	최저입찰가
0098	025/001	일시불(30일)	22.06.27 10:00 ~ 22.06.29 17:00	22.06.30 11:00 / 22.07.04 10:00	24,126,000
				낙찰 : 24,500,000원(101.55%)	
0098	026/001	일시불(30일)	22.07.04 10:00 ~ 22.07.06 17:00	22.07.07 11:00 / 22.07.11 10:00	21,714,000
0098	027/001	일시불(30일)	22.07.11 10:00 ~ 22.07.13 17:00	22.07.14 11:00 / 22.07.18 10:00	19,301,000
0098	028/001	일시불(30일)	22.07.18 10:00 ~ 22.07.20 17:00	22.07.21 11:00 / 22.07.25 10:00	16,889,000
0098	029/001	일시불(30일)	22.07.25 10:00 ~ 22.07.27 17:00	22.07.28 11:00 / 22.08.01 10:00	14,476,000
0098	030/001	일시불(30일)	22.08.01 10:00 ~ 22.08.03 17:00	22.08.04 11:00 / 22.08.08 10:00	12,063,000

본건 토지   본건 토지 개략적 위치

출처 : 옥션원

표시된 위치와 실제 위치가 서로 다른 산림

4. 두 사람 이상 공유의 토지 또는 산림으로서 공유자 모두의 매
도 승낙이 없는 산림(지분으로 매수하지 않겠다)

5. 소유권 및 저당권 등을 대상으로 소송 절차가 진행 중인 산림
(경·공매로 나온 토지는 말소가 되니 문제가 없습니다)

6. 다른 법률에 따라 개발 절차가 진행 중이거나 진행될 것으로
예상되는 산림(개발행위를 하고 있는 토지)

7. 최근 1년 이내에 소유권이전 등 변동이 있는 산림(단, 상속이나 증여에 따라 소유권이 변경된 경우 예외)은 1년 뒤 매도 가능
8. 국유림 확대 및 집단화를 할 수 없는 산림
9. 관할 국유림관리소별 기준단가를 초과하는 산림(단, 산림경영 등을 위하여 반드시 필요하다고 판단되어 국유림경영관리자문위원회 자문 결과 매수하기로 결정하는 경우 예외)

(면적 : ha, 단위 : 백만 원)

관리소	합계		산림경영임지 및 보호구역 등 공익임지		임도 등 토지매입	
	면적	예산	면적	예산	면적	예산
○○관리소	30	241	29.5	191	0.5	50

앞서 '매수하지 않는 산림' 중 9번 항목을 제일 주의해야 합니다. 국유림 관리소별 매년 배정된 예산으로 매수해야 할 면적 기준이 있기 때문입니다. 매수해야 할 면적이 30ha에 예산이 2억 4,100만 원이면 기준단가 803원입니다. 공시지가 기준 803원이 넘으면 매수 기준단가가 넘기 때문에 매수 신청 자체가 안 됩니다. 국유림 관리소별 유동성은 있을 수 있지만 주의해야 합니다.

기관별 사유림매수 예산 현황

(단위 : 원/m²)

구분		2022년 기준단가	관할구역	비고
북부 지방 산림청	춘천	967	강원도 춘천시·철원군·화천군, 경기도 가평군(민북관리소 관할 제외)	
	홍천	1,428	강원도 원주시·홍천군·횡성군	
	서울	1,631	서울특별시·인천광역시와 경기도 부천시·광명시·시흥시·김포시·의정부시·동두천시·남양주시·구리시·고양시·파주시·포천시·양주시·연천군	
	수원	1,984	경기도 수원시·안양시·평택시·안산시·오산시·군포시·의왕시·하남시·성남시·과천시·이천시·용인시·화성시·안성시·여주시·광주시·양평군	
	인제	789	강원도 인제군(민북관리소 관할 제외)	
	민북	789	강원도 양구군·인제군(서화면)·화천군(상서면, 화천읍)·철원군	
동부 지방 산림청	강릉	676	강원도 강릉시	
	양양	728	강원도 속초시·고성군·양양군	
	평창	728	강원도 평창군	
	영월	611	강원도 영월군	
	정선	640	강원도 정선군	
	삼척	592	강원도 삼척시(하장면 제외)·동해시	
	태백	603	강원도 태백시·삼척시(하장면에 한한다)	
남부 지방 산림청	영주	640	경북 안동시·영주시·문경시·의성군·예천군·봉화군	
	영덕	640	경북 포항시·경주시·영천시·청송군·영양군·영덕군	
	구미	747	대구광역시와 경북 경산시·구미시·김천시·상주시·고령군·군위군·성주군·청도군·칠곡군	
	울진	795	경북 울진군	
	양산	1,249	부산광역시, 울산광역시, 경남 김해시·창원시(창원·마산·진해)·밀양시·양산시·창녕군·함안군	
중부 지방 산림청	충주	1,333	충북 충주시·진천군·괴산군·음성군·증평군	
	보은	946	충북 청주시·보은군·옥천군·영동군	
	단양	963	충북 제천시·단양군	
	부여	1,763	대전광역시와 충남 천안시·공주시·계룡시·보령시·아산시·서산시·논산시·금산군·세종시·부여군·서천군·청양군·예산군·태안군·당진시·홍성군	
서부 지방 산림청	정읍	1,041	전북 군산시·익산시·정읍시·김제시·전주시·완주군·순창군·고창군·부안군	
	무주	911	전북 남원시·진안군·무주군·장수군·임실군	
	영암	848	광주광역시와 전남 목포시·나주시·강진군·해남군·영암군·무안군·함평군·영광군·장성군·완도군·진도군·신안군·장흥군	
	순천	855	전남 광양시·순천시·여수시·담양군·곡성군·구례군·고흥군·보성군·화순군	
	함양	899	경남 진주시·통영시·사천시·거제시·의령군·고성군·남해군·하동군·산청군·함양군·거창군·합천군	
국립수목원		315,200	경기도 포천, 남양주(광릉숲 완충구역)	
제주도		10,000	제주시, 서귀포시(곶자왈)	

* 경영임지 매수 예산배정 단가 기준임

출처 : 산림청

　국유림 관리소별 2022년 단가표입니다. 낙찰받은 임야는 전남 해남군에 위치하므로 표에서 서부 지방산림청의 영암국유림사무소의 기준단가를 찾아봅니다. 매수 기준단가는 848원입니다.

토지이용계획확인원

소재지	전라남도 해남군 마산면 용전리 산 19번지		
지목	임야 ❓	면적	74,233 ㎡
개별공시지가(㎡당)	752원 (2022/01) 연도별보기		

지역지구등 지정여부	「국토의 계획 및 이용에 관한 법률」에 따른 지역 · 지구등	농림지역 영암 | 848 | 광주광역시와 전남 목포시 · 나주시 · 강진군 · 해남군 · 영암군 · 무안구 · 함평구 · 영광구 · 장성구 · 외두구 · 지두구 · 시아구 · 장호구
	다른 법령 등에 따른 지역 · 지구등	가축사육제한구역(2,000㎡이상 닭,오리 및 개,돼지 사육 제한)<가축분뇨의 관리 및 이용에 관한 법률>, 가축사육제한구역(닭,오리, 개,돼지 사육 제한)<가축분뇨의 관리 및 이용에 관한 법률>, 임업용산지(보전산지)<산지관리법>
	「토지이용규제 기본법 시행령」 제9조 제4항 각 호에 해당되는 사항	

확인도면

범례

■ 농림지역
□ 법정동

산19번
농림지역
산20번

□ 작은글씨확대 축척 1 / 1200 ▼ 변경 도면크게보기

출처 : 토지이음

  토지이용계획확인원에 공시지가 848원을 초과하지 않으면 매수 신청이 가능합니다. 다행히 공시지가가 752원으로 848원을 초과하지 않았네요. 기준단가표로 확인한 바로는 매수 가능한 산림으로 확인되었습니다.

  다음으로, 기존 산림청에서 보유하고 있는 국유림 집단화 권역에 있는 산림으로서 다음의 기준에 적합해야 합니다.

· 기존 국유림으로부터 1km 이내의 경우 1ha 이상만 매수
· 기존 국유림으로부터 1.5km 이내 경우 2ha 이상만 매수
· 기존 국유림으로부터 2km 이내의 경우 3ha 이상만 매수
· 기존 국유림으로부터 2km 이상의 경우 5ha 이상만 매수

이 토지의 2km 인근에 국유림이 없습니다. 5ha 이하의 면적은 신청할 수 없지만, 이 토지는 7.4ha로 이 역시 적합합니다.

사례 토지의 주요 정보

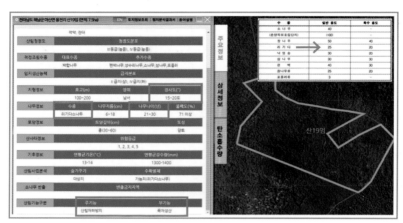

출처 : 임업정보 다드림

매수 가능 지형은 평균 경사도 30° 이하인 임야와 암석지 또는 석력지가 5% 이하인 임야인데, 이 토지는 경사도가 15~20°로 적당하며 암석지와 석력지도 없습니다. 그리고 이 토지는 목재생산용으로 적당한 토지이기도 합니다. 토지 내에 리기다소나무의 수종이 자라고 있고, 나무의 나이는 대부분 21~30년 되었습니다. 25년이면 벌목을 할 수 있습니다. 단, 산중턱에 있기 때문에, 벌목을 하려면 임도 개설 또는 타인의 사유지로 출입하기 위해 소유자의 동의를 받아야 하는 어려움이 있습니다.

그리고 중요한 것은 산림청에서 지분으로는 매수하지 않는다는 것입니다. 그래서 나머지 1/2 공유지분을 별도로 매입해서 온전한 1필지로 만든 후에야 매수 신청이 가능하기 때문에, 신청까지 기간이 1년보다 좀 더 걸릴 것으로 예상됩니다.

국유림 관리소별 예산은 매년 다릅니다. 경·공매로 소유권 취득 후 1년 뒤에 매수 청구 신청은 할 수 있지만, 관리소별 예산의 편차가 큽니다. 신청 후 몇 년이 소요될 수도 있으니 관리소별 예산을 미리 확인해야 합니다.

또한, 저당권 및 지상권 등 사권이 설정되어 있는 산림은 매수를 하지 않습니다. 참고로 선하지, 분묘, 농지와 연접된 임야는 연접된 농지로 이용하는 곳을 측량해서 분할 후 매수 신청이 가능합니다(국가의 보조를 받아 임도 조림과 숲 가꾸기를 한 산림은 준공일로부터 5년 이내에 신청하게 되면 그 보조금의 전부 또는 일부를 공제한 금액으로 감정평가를 합니다. 카카오맵의 과거 항공사진을 통해 5년 전후로 벌목했는지 여부를 꼭 확인해야 합니다).

산림청에 매도 가능한 물건 쉽게 찾기

우선 경·공매 물건 중 임야를 검색해서 공시지가가 1,000원/m^2이 넘지 않는 물건을 찾습니다. A는 면적이 4만m^2인데 감정가는 3,300만 원이고, B는 면적이 4만m^2인데 감정가가 5,000만 원이면 A와 B 중 어떤 것을 선택해야 할까요? A입니다. A는 공시지가가 825원이기 때문입니다. B는 공시지가가 1,250원으로 사유림 매수 신청 기준단가가 맞지 않는 물건이므로 제외시킵니다.

28개 국유림관리사무소 중 20개 소의 기준단가가 1,000원/m^2을 넘지 않습니다. 그래서 공시지가 1,000원 미만의 물건으로 선택합니다. 예외적으로 서울·수원·홍천·양산·충주·부여·정읍·제주 8개소는 단가가 1,000원/m^2이 넘으므로 해당 지역은 별도로 물건 검색을 하시기 바랍니다.

이제 기준단가가 얼추 비슷한 물건을 검색했다면 다음과 같이 조사를 시작합니다. 디스코에서 물건 주소를 입력한 후 인접 임야를 클릭합니다. 국유지가 있는지 소유권을 확인하고, 국유지가 있다면 거리기준에 면적이 적합한지를 확인합니다.

국유지 임야의 실거래가

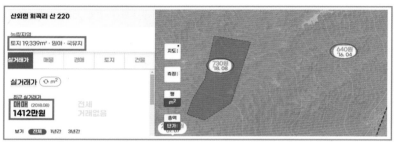

출처 : 디스코

참고로 디스코에서 국유지 임야의 실거래 가격이 확인될 것입니다. 원래 공익사업에서 협의 취득한 토지는 실거래 가격이 보이지 않지만, 사유림 매수 청구에서는 토지의 실거래 가격이 보입니다. 이는 개인과 산림청 사이의 협의보상이 아니라, 매매계약이 이루어졌기 때문입니다.

사진을 예로 들면 2016년 4월 640원/m^2, 바로 옆은 2018년 8월에 730원/m^2에 매수해 국가 소유가 되었습니다. 두 곳의 당시 개별공시지가를 확인하고, 2016년과 2018년 2년 기간에 감정가격이 얼마나 올랐는지 비교해볼 수 있습니다.

저는 오래전부터 사유림 매수 청구에 대해 알고 있었지만, 수익률 극대화를 위해 감정가 30~35%까지 유찰되기를 기다렸습니다. 욕심을 부리다가 물건을 놓친 적이 한두 번이 아닙니다. 5,000만 원가량 매도 가능한 물건이 여러 번 유찰되어 1,600만 원까지 떨어졌습니다. 최대한 저가에 낙찰받아 보상 수익률을 높이고 싶었습니다. 최저 입찰가에 바짝 붙여서 입찰하는 바람에 단돈 30만 원 차이로 물건을 놓친 적도 있습니다.

욕심을 조금 내려놓고 산림청에 매도할 수 있는 토지의 기대수익률을 20~30%로 설정하고 물건을 찾아보면, 충분히 수익을 낼 수 있습니다. 특히 지분으로 나온 임야는 저렴하게 낙찰받아 나머지 지분까지 낙찰받은 가격으로 잘 매수해오면 더 많은 수익이 나겠지요?

단, 산림청에서 매수 가능한 물건을 찾으실 때는 철저한 조사가 필요하며, 관리소별 매수 가능 여부를 꼭 문의해야 합니다. 이때 관리소별 성향이 다 다르므로 이를 파악하는 것이 중요합니다.

간혹, 매수 청구 기준조건에 다 맞아서 낙찰받았지만, 감정평가액이 관리소별 기준단가보다 얼토당토않게 높이 감정되어 매수하지 않는 경우도 있습니다. 이렇게 되면 돈이 영구히 묶일 수 있습니다.

예를 들면 기준단가 700원, 개별공시지가 600원임을 확인하고 임야를 낙찰받았으나 매도 시 감정평가액 1,300원이 나온 경우입니다. 감정액이 기준단가의 2배 가까이나 되기 때문에, 매수단가 초과로 매수가 불가할 수 있습니다.

관리소별 기준단가는 매수해야 할 면적 대비 예산입니다. 그렇기 때문에 매도 시 보상에 대한 감정단가가 너무 많이 초과되면 관리소별 매년 매수해야 할 임야의 면적에 차질이 생기기 때문입니다.

사유림 매수 공고

산림청에서 매수하는 산림

1. 국유림 확대계획지 내 산림
2. 국유림에 접해 이어져 있거나 둘러싸여 있는 산림
3. 임도·사방댐 부지 등 국유림 경영·관리에 필요하다고 인정되는 토지
4. 국유림 집단화 권역에 있는 산림으로서 다음의 기준에 적합한 경우
   · 기존 국유림으로부터 1km 이내의 경우 1ha 이상만 매수
   · 기존 국유림으로부터 1.5km 이내 경우 2ha 이상만 매수
   · 기존 국유림으로부터 2km 이내의 경우 3ha 이상만 매수
   · 기존 국유림으로부터 2km 이상의 경우 5ha 이상만 매수

매수 대상지 조건

1. 사업착수의 시급성
   · 매수 후 경영계획을 수립하여 5년 이내에 산림경영이 필요한 임지
   · 임도계획 등으로 기계장비 및 인력의 접근성이 용이한 임지

2. 지형
   · 평균 경사도가 30° 이하인 임야
   · 암석지 또는 석력지가 5% 이하인 임야
   ※ 다만, 위 두 가지 기준을 초과하는 임야인 경우에도 산림사업 및 보전에 필요한 경우와 구체적인 사용계획이 있는 경우 매수 가능

3. 산림공익임지
   · 산림관련 법률에 의한 행위제한 산림으로서 '산림보호법', '백두대간 보호에 관한 법률', '산지관리법' 등에 따라 매수 청구한 산림

- 다른 법률에 따라 구역·지역 등으로 지정된 산림은 국가가 보존할 필요가 있다고 인정되는 경우에 한하여 제한적으로 매수
- '자연공원법'에 따른 공원구역 내 산림은 공원자연환경지구에 한하여 매수

※ '매수하지 않는 산림'은 앞서 다루었으므로 생략합니다.

매수가격 결정(매매대금)

1. 감정평가업자 2인(토지거래계약 허가구역 경우에는 3인)의 감정평가액을 산술평균한 금액으로 결정
2. 다만, 국가의 보조를 받아 임도·조림·숲가꾸기 등 산림사업을 실행한 공·사유림은 해당 산림사업의 준공일부터 5년 이내에 매수하는 때에 한정하여 그 보조금의 전부 또는 일부에 상당하는 금액을 공제한 금액으로 감정평가

분할지급금 결정 및 지급 방법

1. (지급 방식) 10년(120개월)간 1개월 단위로 지정된 날짜에 월 1회 매도인 명의의 계좌로 이체해서 지급
2. (총지급액) "3. 2)"에 따른 매매대금, 지급회차별 총이자액, 지급회차별 총지가상승보상액으로 구성
   - 매매대금 : "3. 2)"에 따른 감정평가액
   - 이자액 및 지가상승보상액 : 이자율 2.0%, 지가상승율 2.85% 적용 산출
3. (월지급액) 월별 ① 매매대금 균등 지급액 ② 이자액 ③ 지가상승보상액으로 구성
   ① 월별 매매대금 균등 지급액 : 매매대금의 100분의 20에 해당하는 금액을 1회차 분할지급 시 우선 지급하고, 매매대금의 100분의 80에 해당하는 금액은 10년간 월 1회 균등 분

할 지급

② 월별 이자액 : 월별 매매대금의 균등 분할지급액 외에 남은 매매대금 잔액에 이자율을 적용 산출한 총이자액을 분할지급 기간으로 나눈 금액(균등)

③ 월별 지가상승보상액 : 현회차 지가평가액[전회차 지가평가액에 지가상승율 반영액]에서 전회차 지가평가액을 차감한 금액에 원금잔존비율을 적용 산출한 금액

4. 위 2, 3에 따른 분할지급형 사유림 매수의 '총지급액' 및 '월지급액'의 산출은 산림청에서 구축한 '분할지급형 사유림 매수금액 산정프로그램'에 의함

5. 그 밖의 매매대금 등의 분할 지급에 관한 사항은 '매수기관'과 '매도인'이 별도로 체결하는 '매매계약서' 및 '약정서'에 의함

매수 절차 및 가격 결정

1. 매수 절차

2. 매수가격 결정

· 감정평가업자 2인(토지거래계약 허가구역의 경우에는 3인)의 감정평가액을 산술평균한 금액으로 결정

· 다만, 국가의 보조를 받아 임도·조림·숲 가꾸기 등 산림사업을 실행한 공·사유림은 해당 산림사업의 준공일부터 5년 이

내에 매수하는 때에 한정하여 그 보조금의 전부 또는 일부에 상당하는 금액을 공제한 금액으로

매도 문의 및 서류접수

1. **문의 및 접수** : 팔려고 하는 토지의 소재지를 관할하는 지방산림 청 소속 국유림관리소를 직접 방문 또는 우편·FAX로 감정평 가업자의 평가액을 산술평균한 가격으로 매도하겠다는 '매도 승낙서' 제출
2. **접수 기간** : 연중

기타 유의사항

1. 감정평가 시 토지소유자가 감정평가업자 1인을 추천할 수 있 으며, 감정평가 후 가격차이 등으로 매도를 포기하여 국가예 산이 낭비되는 일이 없도록 사전에 심사숙고하여 매도 결정 한다.
2. 만약 매도를 포기하고자 할 경우에는 감정평가 이전에 하여야 하고, 매도 신청을 하였어도 예산에 비해 토지 가격이 월등히 높은 지역은 매수하지 않을 수도 있으니 사전에 매도승낙서를 제출한 기관(부서)과 충분히 협의해야 한다.
3. 특히, 분할지급형 사유림 매수의 경우 매도자는 관할 국유림 관리소로부터 제도에 대한 안내 설명을 듣고 참여 동의절차 를 이행하여야 한다.

02 수변구역의 토지 매수 청구제도

저는 시간만 나면 물건을 검색합니다. 어떤 토지를 취득해야 최대한 '쉽게' 돈을 벌 수 있는지 매일 연구하고 탐구합니다. 경·공매에서 흔히 '특수 물건'이라고 불리는, 어렵고 힘든 소송으로 큰 수익을 내는 고수들이 있습니다. 변호사도 수임하고, 소송 때문에 법원을 내 집처럼 드나들기도 합니다. 힘든 소송 후 만족할 만한 결과가 나오면 그 짜릿함은 두말할 나위 없을 것입니다. 그분들은 "이 맛에 경·공매한다"라고도 합니다.

저 역시 지분 토지인 경우 간혹 공유물분할청구 소송·건물철거 소송을 하기도 합니다. 하지만 되도록이면 사람과 언쟁하고 실랑이하는 것을 피하고 싶습니다. 특히 소송은 더더욱 원치 않아 가급적 원만히 해결하려고 하는 편입니다. 성격이 이렇다 보니 큰 분쟁 없이도 쉽게 해결할 수 있는 투자 방식을 추구합니다.

한편으로는 법적인 지식과 실무가 많아 마치 드라마처럼 큰 사건을 해결하고 그만큼 큰 수익을 올리는 고수들이 부럽기도 합니다. 하지만 예민한 성격상 그런 투자를 몇 번만 하다가는 스트레스로 병이 날 것이 뻔합니다. 오랜 경험을 통해 저에게 적합한 투자 방식을 찾아 꽤 편하게 수익을 내고 있으니 그것으로 만족합니다. 돈을 쉽게 벌고 어렵게 벌고 그런 게 중요한 것이 아니라 자신의 방식에 맞게 벌어, 재미있고 건강하게 잘 살면 그게 경제적 자유가 아닐까요? 그러니 따지지 말고 일단 돈부터 벌어봅시다!

　지금부터 소개할 내용은 저의 실전 사례는 아닙니다. 회전율이 높은 소액, 단기 투자를 전문으로 하다 보니, 오래전부터 해당 투자를 알고는 있었지만 직접 해본 경험은 없습니다. 하지만 독자 여러분 중에는 저와 달리 이런 투자를 선호하는 분이 있을 수 있고, 또 다양한 투자법을 알아둬서 나쁠 것은 없으니, 알려드리는 내용을 잘 숙지하셨다가 기회가 되면 실전에서 적용해보시기 바랍니다.

　환경청에 토지를 되팔기 때문에 경·공매로 취득하면 최소 5년 뒤에 매도할 수 있습니다. 추후 매도 협의금액은 보상감정평가를 통해 정해진 감정가대로 매도할 수 있습니다. 시간이 흐르면 흐를수록 개별 공시지가, 주변 거래가격 상승으로 보상감정가도 자연스레 따라 올라갑니다. 그러니 여윳돈으로 5년간 중기 보유한다는 마음으로 도전해보십시오. 꼭 경·공매가 아니라도 매매로 저렴하게 매수해보는 것도 괜찮습니다. 매매로 취득 시에는 3년 뒤에 매도할 수 있습니다.

사례 물건의 위치도

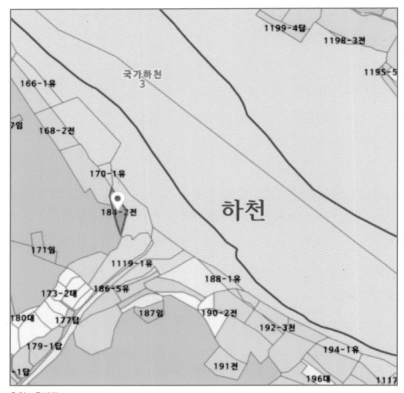

출처 : 온비드

    물건을 찾다보면, 위치도에 이렇게 하천 옆에 있는 토지가 보입니다. 이럴 때는 바로 토지이음에서 토지이용계획확인원을 살펴보시기 바랍니다.

    다음 자료의 다른 법령 등에 따른 지역·지구를 보면 '(금강)수변구역'이라는 문구가 보입니다. 이것을 보고 '환경청에서 매수해주는 토지가 아닐까?' 하고 의문을 가져야 합니다.

토지이용계획확인원

소재지	충청북도 옥천군 동이면 청마리 184-2번지		
지목	전 ❓	면적	579 ㎡
개별공시지가(㎡당)	11,300원 (2022/01) 연도별보기		
지역지구등 지정여부	「국토의 계획 및 이용에 관한 법률」에 따른 지역·지구등	자연환경보전지역	
	다른 법령 등에 따른 지역·지구등	가축사육제한구역(모든가축사육제한구역)<가축분뇨의 관리 및 이용에 관한 법률>, (금강)수변구역<금강수계 물관리 및 주민지원 등에 관한 법률>, 배출시설설치제한지역<물환경보전법>, 송망설치제한지역(환경부)<수도법>, 수질보전특별대책지역(2권역)<환경정책기본법>	
「토지이용규제 기본법 시행령」 제9조 제4항 각 호에 해당되는 사항	영농여건불리농지	일반 법인 입찰 가능	

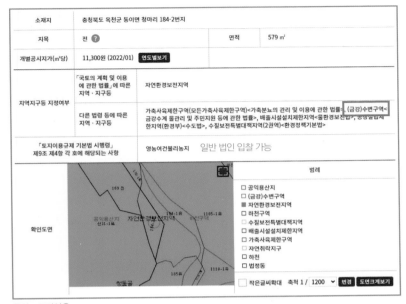

범례
- ☐ 공익용산지
- ☐ (금강)수변구역
- ☐ 자연환경보전지역
- ☐ 하천구역
- ☐ 수질보전특별대책지역
- ☐ 배출시설설치제한지역
- ☐ 가축사육제한구역
- ☐ 자연취락지구
- ☐ 하천
- ☐ 법정동

☐ 작은글씨확대 축척 1 / 1200 ☑ 변경 도면크게보기

출처 : 토지이음

다른 법령 등에 따른 지역·지구등	가축사육제한구역(제한구역(모든가축))<가축분뇨의 관리 및 이용에 관한 법률>, 소하천구역(쌍효천), 소하천정비범, 소하천예정지(쌍효천)<소하천정비법>, 공장설립승인지역(2016-11-28)<수도법>, (영산강·섬진강)수변구역<영산강·섬진강수계 물관리 및 주민지원 등에 관한 법률>

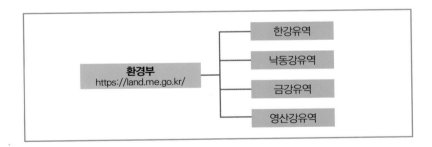

생태복원사업은 한강·금강·낙동강·영산강의 수계 수변구역을 포함하는 토지 매수 대상 지역을 대상으로 주변 생태계와의 연계되는 수변 생태벨트조성을 위해 효율적인 토지 매수와 매수된 토지에 대해 종합적이며 구체적인 관리계획을 수립해 시행할 수 있도록 하는 것이 목적입니다.

토지이용계획확인원의 '지역지구 등 지정 여부-다른 법령 등에 따른 지역·지구 등'에서 한강, 금강, 낙동강, 영산강의 수변구역을 포함하는 지역은 환경청의 토지 매수 청구 대상입니다.

예제 토지의 토지이용계획확인원에서 금강 수변구역을 확인했으니, 금강유역 환경청 토지 매수 정보시스템(https://land.me.go.kr)에 접속합니다. 홈페이지에서 매수 대상 지역을 클릭하면 됩니다.

금강유역 환경청 토지 매수 정보시스템

출처 : 환경청

지번을 검색해보면 토지 매수 가능 지역으로 확인됩니다. 토지 매수 가능 지역으로 확인되었다고 무조건 매수하지 않습니다. 상수원관리과나 금강유역환경청으로 전화 또는 정보공개로 재차 확인해야 합니다.

환경청 유역별 홈페이지의 공지사항에서 '토지 등의 매수 및 관리업무처리 지침'을 다운받아 볼 수도 있습니다. 다음의 내용은 한강유역환경청의 '토지 등의 매수 및 관리 업무처리 지침서'의 주요 부분을 발췌한 것이니 꼭 참고하시길 바랍니다.

토지의 매수 목적

1. **제4조(토지 등의 매수 목적)** 토지 등의 매수는 입지한 오염원을 제거하고, 환경오염을 유발하는 토지이용을 미리 방지하여 상수원 수질개선을 도모하기 위함이다.
2. **제6조(토지 등의 매수 대상 지역)** ① 토지 등에 대한 매수 대상 지역의 범위는 '한강법' 제7조제1항 및 같은 법 시행규칙 제7조에 따른 지역으로서 다음 각 호와 같다.
   1. 상수원보호구역 및 수변구역
   2. 상수원보호구역으로 둘러싸인 지역 중 상수원보호구역으로 지정·공고되지 아니한 지역
   3. 수변구역으로 둘러싸인 지역 중 수변구역으로 지정·고시되지 아니한 지역
   4. 제2호 및 제3호 외의 지역으로서 한강·북한강·경안천(이하 '한강 등'이라 한다) 및 이에서 직접 나누어지는 지류(이하 '지천'이라고 한다)와 인접한 지역 중 다음 각목의 어느 하나에 해당되는 지역
      가. 특별대책지역 I 권역 중 한강 등의 경계로부터 1,500m 이내의 지역 또는 지천의 경계로부터 1km 이내의 지역
      나. 특별대책지역 II 권역 중 한강 등의 경계로부터 1km 이내의 지역 또는 지천의 경계로부터 500m 이내의 지역
      다. 특별대책지역 외의 지역 중 한강 등의 경계로부터 1km 이내의 지역 또는 지천의 경계로부터 500m 이내의 지역
   5. 그 밖에 '한강법' 제24조에 따른 실무위가 한강수계의 상수원을 적절하게 관리하기 위하여 필요하다고 인정하는 지역

⑤ 매수 절차 추진 대상으로 선정된 토지 등은 그 토지 등의 일부만을 대상으로 매도 신청을 철회할 수 없다. 다만, 한강유역환경청장이 인정하는 특별한 사유가 있는 경우에는 그러하지 아니한다. 제11조(토지 등의 매수 제한) ① 한강유역환경청장은 다음 각 호의 어느 하나에 해당하는 경우 이를 매수하지 아니한다. 다만, 제1호부터 제16호까지의 경우에도 '한강법' 제4조의3에 따른 수변생태벨트 시행계획 포함지역 등은 토지 매수심의위원회의 심의·의결을 거쳐 매수할 수 있다.

1. 농공단지, 산업단지 등 용도변경이 곤란한 지역
2. 광업법 등에 따라 원상복구 의무가 있는 지역 중 원상복구가 완료되지 않은 지역
3. 국·공유지 등 국가 또는 지자체 소유인 토지 등. 다만, 폐교 등에 따라 일반인에게 매각하는 경우는 제외한다.
4. 지방자치단체장이 지역 개발 및 도심공동화 방지를 위해 매수 제한을 요청하는 지역
(★ 특히 5~6번 주의!)
5. 경락을 받은 날부터 5년이 경과하지 아니한 토지 등
6. 소유권을 이전한 날로부터 3년이 경과하지 아니한 토지 등(동일소유자의 경우에는 피상속인 또는 증여인이 소유한 기간과 상속인 또는 수증인이 소유한 기간의 합이 3년을 경과하지 않는 경우)

– 중략 –

우선순위 산정 배점기준표

구분	분야별		세부기준		하천경계로부터의 거리(m)				
					0~50 이하	50 초과~250 이하	250 초과~500 이하	500 초과~1,000 이하	1,000 초과
항목별 배점기준	용도별	공장	「수질 및 수생태계 보전에 관한 법률」 제2조에 따른 폐수배출시설을 설치·운영하는 공장		60	50	45	30	0
			기타		50	45	35	25	0
		축사	돈사	허가규모 이상 (500㎡ 이상)	50	45	35	25	0
				신고규모 이상 (50㎡ 이상~500㎡ 미만)	40	35	30	20	0
				신고규모 미만	30	25	20	15	0
			우사 (젖소, 말 포함)	허가규모 이상 (450㎡ 이상)	50	45	35	25	0
				신고규모 이상 (100㎡ 이상~450㎡ 미만)	40	35	30	20	0
				신고규모 미만	25	22	18	13	0
			기타[3]	신고규모 이상	25	22	18	13	0
				신고규모 미만	20	17	14	10	0
		목욕장·숙박·식품접객업소·공동주택			40	35	30	20	0
		주택 등 일반건축물			30	25	20	15	0
		나대지, 전·답(과수원)			25	10	5	0	0
		임야			10	5	0	0	0
	규제지역	팔당상수원보호구역			40	35	30	20	0
		수변구역			35	30	25	18	0
		특별대책지역	I 권역		20	17	14	10	0
			II 권역		15	13	11	8	0
	팔당호까지의 유하거리[4]	5km미만			50	45	35	25	0
		5km이상~10km미만			40	35	30	20	0
		10km이상~20km미만			30	25	20	15	0
		20km이상~40km미만			20	17	14	10	0
가산점	점오염원	오·폐수발생량(0.5톤당 1점)[5),6)]			최대20점	최대17점	최대14점	최대10점	0
	비점오염원	과수원, 농작물 등을 경작하는 토지[6)] 면적(㎡)÷1,000㎡×1점			최대10점	최대8점	최대5점	최대3점	0
	인접토지	기매수된 토지에 인접한 토지[7)]			20	17	14	10	0
		도로와 하천 사이의 토지[8)]			10	9	7	5	0

출처 : 환경부

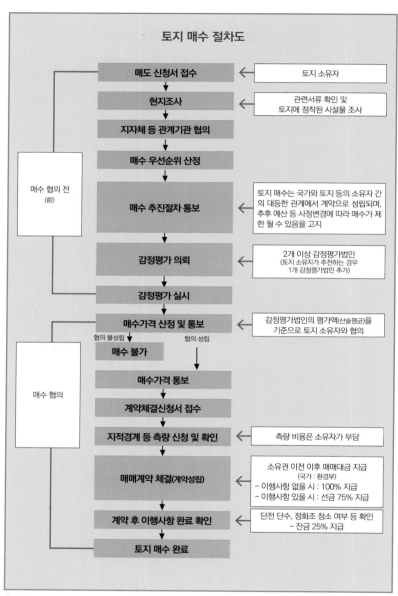

토지 매수 절차도

매도 신청서 접수 ← 토지 소유자

현지조사 ← 관련서류 확인 및 토지에 정착된 시설물 조사

지자체 등 관계기관 협의

매수 우선순위 산정

매수 추진절차 통보 ← 토지 매수는 국가와 토지 등의 소유자 간의 대등한 관계에서 계약으로 성립되며, 추후 예산 등 사정변경에 따라 매수가 제한 될 수 있음을 고지

감정평가 의뢰 ← 2개 이상 감정평가법인 (토지 소유자가 추천하는 경우 1개 감정평가법인 추가)

감정평가 실시

매수가격 산정 및 통보 ← 감정평가법인의 평가액(산술평균)을 기준으로 토지 소유자와 협의

협의 불성립 → 매수 불가 / 협의 성립

매수가격 통보

계약체결신청서 접수

지적경계 등 측량 신청 및 확인 ← 측량 비용은 소유자가 부담

매매계약 체결(계약성립) ← 소유권 이전 이후 매매대금 지급 (국가 : 환경부) − 이행사항 없을 시 : 100% 지급 − 이행사항 있을 시 : 선금 75% 지급

계약 후 이행사항 완료 확인 ← 단전 단수, 정화조 청소 여부 등 확인 − 잔금 25% 지급

토지 매수 완료

매수 협의 전(前)

매수 협의

출처 : 환경부

농지연금 토지에
주목하라

03

　통계청 조사에 따르면, 2021년 출생아 수는 260,500명으로 전년 대비 11,800명이나 감소했습니다. 2013년만 하더라도 우리나라 평균 연령은 39.3세였으나, 현재 43.9세입니다. 또한, 의료기술의 발달로 기대수명이 2011년 80.6세에서 2020년 83.5세로 늘어났습니다. 통계가 말해주듯 우리나라는 고령화 사회를 넘어 초고령화 사회로 들어서고 있습니다.

　고령화와 평균수명 증가로 국민연금 지급 대상이 더 많아지고 있습니다. 반면 생산인구는 점점 줄어들어 연금 고갈로 실수령액이 점점 줄어들고 있습니다. 미처 노후자금을 마련하지 못한 경우, 은퇴 이후 생계마저 걱정해야 합니다.

　이런 걱정을 해결해줄 주택연금제도가 있습니다. 이 제도는 고령자가 소유한 주택을 금융기관에 담보로 제공하고, 사망 시까지 매월 일정액을 연금으로 받는 제도입니다. 하지만, 주택연금제도의 혜택을 받지 못하는 분들도 있습니다. 이런 분들을 위해서는 농지연금제도가 있습니다.

농지연금제도

농업인이 소유하고 있는 농지(전, 답, 과수원)를 한국 농어촌공사에 약정해서 사망 시까지 매달 최대 300만 원의 연금을 받을 수 있는 제도입니다.

1. 가입연령

신청연도 말일 기준으로 농지소유자 본인이 만 60세 이상인 경우 가입 가능(2022년의 경우 1962. 12. 31 이전 출생자일 것)

2. 영농경력

신청인의 영농경력이 5년 이상일 것
- 농지연금 신청일 기준으로부터 과거 5년 이상 영농경력 조건을 갖추어야 함
- 영농경력은 신청일 직전 계속 연속적일 필요는 없으며 전체 영농기간 중 합산 5년 이상이면 됨
※ 영농경력 5년 이상 여부는 농지대장(구 농지원부), 농업경영체등록확인서, 농협조합원가입증명서(준조합원 제외), 국민연금보험료 경감대상 농업인 확인서류 등으로 확인

3. 대상농지

- 담보농지는 농지연금 신청일 현재 다음 각 호의 요건을 모두 충족하여야 한다.
  ① 농지법상의 농지 중 공부상 지목이 전, 답, 과수원으로서 사업대상자가 소유하고 있고 실제 영농에 이용되고 있는 농지
  ② 사업대상자가 2년 이상 보유한 농지(상속받은 농지는 피상속인의 보유기간 포함)
  ③ 사업대상자의 주소지(주민등록상 주소지 기준)를 담보농지

가 소재하는 시군구 및 그와 연접한 시군구 내에 두거나,
주소지와 담보농지까지의 직선거리가 30km 이내의 지역
에 위치하고 있는 농지

※ ②와 ③의 요건은 2020년 1월 1일 이후 신규 취득한 농지부터 적용

- 저당권 등 제한물권이 설정되지 아니한 농지(단, 선순위 채권
최고액이 담보농지 가격의 100분의 15 미만인 농지는 가입 가능,
2022년 8월 23일 농림식품축산부 보도자료로는 100분의 30까지
확대 예정)

- 압류·가압류·가처분 등의 목적물이 아닌 농지

- 제외 농지

· 불법건축물이 설치되어 있는 토지

· 본인 및 배우자 이외의 자가 공동소유하고 있는 농지

· 개발지역 및 개발계획이 지정 및 시행 고시되어 개발계획이 확정
된 지역의 농지 등 농지연금 업무처리요령에서 정한 제외 농지

· 2018년 1월 1일 이후 경매 및 공매(경매, 공매 후 매매 및 증여 포
함)를 원인으로 취득한 농지(다만, 농지연금 신청일 현재 신청인
의 담보농지 보유기간이 2년 이상이면서 '담보농지가 소재하는 시
군구 및 그와 연접한 시군구 또는 담보농지까지 직선거리 30km' 내
에 신청인이 거주(주민등록상 주소지 기준)하는 경우 담보 가능)

담보농지가격 평가 방법

'부동산가격 공시에 관한 법률'에 따른 개별공시지가의 100%
또는 '감정평가 및 감정평가사에 관한 법률'에 따른 감정평가액의
90% 중 가입자가 선택할 수 있습니다.

경매·공매로 취득할 때 어떤 농지를 골라야 할까요?

2022년 5월 18일 농지법 개정으로 농업진흥지역(농업진흥구역, 농업보호구역)은 농업인의 자격을 갖추지 않으면 농지를 취득할 수 없습니다. 농업인이 아니면 농림지역의 물건은 제외하시길 바랍니다.

1. 주민등록기준 거주하고 있는 지역에 연접한 시군구(거리제한 없음)의 농지를 골라야 합니다. 예를 들어, 동두천시에 거주하는 A씨는 거주지로부터 연접지역인 포천, 양주, 파주시의 연금신청은 가능합니다. 연접하지 않은 의정부시, 남양주시는 안 됩니다.
   단, 연접하지 않은 의정부시, 남양주시의 농지라도 직선거리 30km를 초과하지 않으면 가능합니다. 카카오맵의 거리재기 기능으로 거리를 측정해보면 됩니다. 추후, 귀농을 위해 주민등록지를 옮길 수 있는 지역의 물건도 가능합니다.

2. 경·공매 물건 중 토지이용계획확인원을 보고 유찰금액 대비 공시지가가 높은 토지를 낙찰받으십시오. 담보농지의 가격평가는 개별공시지가의 100% 또는 한국농어촌공사에서 추천한 감정평가사 2인이 평균 산술한 감정금액의 90% 중 선택해 받을 수 있습니다. 유찰이 많이 되어 가격이 싼 농지를 취득한 뒤 공시지가의 100%로 연금을 신청할 수 있습니다. 단, 유찰이 많이 된 농지 중에는 묵전, 묵답, 임야화된 농지가 많은데, 이런 토지는 원상복구 시 복구비용이 적게 드는 농지를 택해야 합니다. 또한, 경·공매 감정평가는 채무자의 채무를 많이 변제하기 위해서 감정가를 조금 더 높게 평가하는 경우가 많습니다. 이런 이유로 농지연금의 실제 감정가는 경·공매 감

정가보다 적게 나오는 경우가 많습니다. 따라서 유찰이 많이 된 저렴한 농지에 관심을 두시는 게 좋습니다.

3. 농지연금을 신청하기 위해서 무리하게 대출을 받으면 안 됩니다. 선순위 저당권이 15% 이상 초과하게 되면 농지연금을 신청할 수 없도록 합니다(2022년 8월 23일 농림식품축산부 보도자료로는 30%까지 확대 예정). 예를 들어, A씨는 경매로 농지를 취득해서 농지연금을 신청하기로 했습니다. 감정가격 7억 원의 물건을 유찰을 거듭한 끝에 4억 원에 낙찰받았으나 돈이 부족해 3억 2,000만 원을 대출받았습니다. 추후 농지연금을 신청하려고 보니, 선순위에 대출 설정이 되어 있어 신청 대상에서 배제되고 말았습니다. 담보로 7억 원의 가치가 있다면, 선순위 저당이 1억 500만 원(15%)을 초과하면 안 됩니다.

4. 농지연금은 만 60세부터 신청이 가능하고, 영농경력이 5년 이상이 되어야 합니다. 경·공매로 취득하면 소유권 이전 후 2년 후에 농지연금 신청이 가능합니다. 은퇴를 앞두고 있는 분이라면 54세부터 미리 준비하시기 바랍니다. 예상농지연금 수령액은 농지은행(www.fbo.or.kr) 홈페이지에서 직접 확인할 수 있습니다.

국민연금, 개인연금, 주택연금, 농지연금 등 부족한 노후 자금을 대비하기 위한 방편이 늘고 있습니다. 다방면으로 활용해 직접 자신의 은퇴를 설계하는 것이 행복한 노후의 지름길입니다. 혹은 자녀들이 부모님이 거주하는 지역의 농지를 저렴하게 낙찰받아드리면 더없이 좋은 효도선물이 될 것입니다.

사례 토지의 입찰 정보

2019-00053-001		입찰시간 : 2019-09-16 10:00~ 2019-09-18 17:00			조세정리팀(☎ 1588-5321)	
소재지	경상남도 거제시 면초면 죽토리 370 [D지도] [E지도] [주소복사] (도로명주소 :)					
물건용도	토지	감정가	756,462,000 원	재산종류	압류재산(캠코)	
세부용도	답	최저입찰가	(40%) 302,585,000 원	처분방식	매각	
물건상태	낙찰	집행기관	한국자산관리공사	담당부서	경남지역본부	
토지면적	1,743㎡ (527.257평)	건물면적		배분요구종기	2019-03-25	
물건상세	답 1,743㎡					
위임기관	통영세무서	명도책임	매수인	조사일자	0000-00-00	
부대조건	2019/03/25					
	농지(전, 답, 과수원 등)에 대해서는 농지법 제8조의 규정에 의거 농지취득자격증명을 발급받을 수 있는 개인과 농업법인만이 소유권 이전등기를 받을 수 있고, 농지취득자격증명을 발급받지 못하는 개인이나 일반법인이 농지를 낙찰 받은 후 농지취득자격증명을 발급받지 못하여 소유권이전 등기를 할 수 없더라도 매각결정은 취소되지 않으므로 입찰자 책임 하에 사전 조사하고 입찰에 참가하시기 바랍니다					

입찰 정보(인터넷 입찰)

입찰번호	회/차	대금납부(기한)	입찰시작 일시~입찰마감 일시	개찰일시 / 매각결정일시	최저입찰가
0050	033/001	일시불(30일)	19.08.26 10:00 ~ 19.08.28 17:00	19.08.29 11:00 / 19.09.02 10:00	378,231,000
0050	034/001	일시불(30일)	19.09.02 10:00 ~ 19.09.04 17:00	19.09.05 11:00 / 19.09.09 10:00	340,408,000
0050	035/001	일시불(30일)	19.09.16 10:00 ~ 19,09,18 17:00	19.09.19 11:00 / 19.09.23 10:00	302,585,000
				낙찰 : 302,600,000원 (100%)	
0050	036/001	일시불(30일)	19.09.23 10:00 ~ 19.09.25 17:00	19.09.26 11:00 / 19.09.30 10:00	264,762,000
0050	037/001	일시불(30일)	19.09.30 10:00 ~ 19.10.02 17:00	19.10.04 11:00 / 19.10.07 10:00	226,939,000
0050	038/001	일시불(30일)	19.10.07 10:00 ~ 19.10.08 17:00	19.10.10 11:00 / 19.10.14 10:00	189,116,000

출처 : 옥션원

    이 토지는 저의 유튜브 채널 구독자께서 직접 문의하신 토지입니다. 2019년 11월은 농지연금 신청에 거리제한이 없던 때라 수도권에 거주하시는 분이라도 거제도 소재의 농지에 연금신청이 가능했습니다. 조선업계의 경기침체로 감정가 7억 5,600만 원의 물건이 60%까지 유찰되었습니다. 이에 3억 260만 원에 낙찰받으시고 농지연금을 신청했습니다. 덕분에 다달이 연금을 잘 받고 있다며 정말 고맙다고 연락을 해오셨습니다.

사례 토지의 토지이용계획확인원

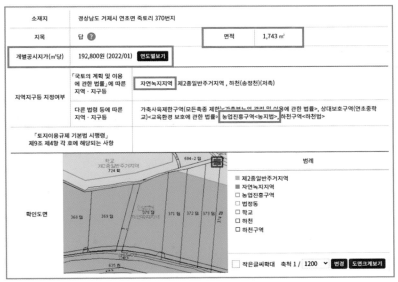

소재지	경상남도 거제시 연초면 죽토리 370번지			
지목	답 ❓		면적	1,743 ㎡
개별공시지가(㎡당)	192,800원 (2022/01) 연도별보기			
지역지구등 지정여부	「국토의 계획 및 이용에 관한 법률」에 따른 지역·지구등	자연녹지지역 제2종일반주거지역 , 하천(송정천)(저촉)		
	다른 법령 등에 따른 지역·지구등	가축사육제한구역(모든축종 제한)<가축분뇨의 관리 및 이용에 관한 법률>, 상대보호구역(연초중학교)<교육환경 보호에 관한 법률>, 농업진흥구역<농지법>, 하천구역<하천법>		
「토지이용규제 기본법 시행령」 제9조 제4항 각 호에 해당되는 사항				

출처 : 토지이음

　구독자의 경우 농지연금 신청을 위해 감정평가를 하니, 5억 원이 조금 넘는 감정이 나왔다고 합니다. 감정가에 비해 정말 턱없는 가격입니다. 토지이용계획확인원상에는 자연녹지로 되어 있지만, 다른 법령 등에 따른 지역·지구에 농업진흥구역으로 표기되어 있어 현재는 농업인이 아니면 농림지역의 토지는 취득할 수 없습니다.

　또한, '국토의 계획 및 이용에 관한 법률'에 따라 자연녹지와 농업진흥구역이 함께 표기가 되어 있으면, 농업진흥구역의 농지법 규제를 적용받게 되므로 주의하시기 바랍니다.

　2022년 5월 18일 농지법 개정이 강화되면서, 농림지역 토지는 농업인과 농업법인만 취득하고 매매하도록 되어 있습니다. 따라서 농림지역의 토지를 취득하기 위해서는 농업인임을 증명해야 합니다. 농업인확인서 또는 농업경영체확인서의 제출을 요합니다.

농지법 시행령 제3조(농업인의 범위)

1. 1,000㎡ 이상의 농지에서 농작물 또는 다년생식물을 경작 또는 재배하거나 1년 중 90일 이상 농업에 종사하는 자
2. 농지에 330㎡ 이상의 고정식 온실·버섯재배사·비닐하우스, 그 밖의 농림축산식품부령으로 정하는 농업생산에 필요한 시설을 설치하여 농작물 또는 다년생식물을 경작 또는 재배하는 자
3. 대가축 2두, 중가축 10두, 소가축 100두, 가금(家禽, 집에서 기르는 날짐승) 1,000수 또는 꿀벌 10군 이상을 사육하거나 1년 중 120일 이상 축산업에 종사하는 자
4. 농업경영을 통한 농산물의 연간 판매액이 120만 원 이상인 자

다음 조건에 해당한다면 농업인에 도전해보기를 권합니다.

· 귀농, 귀촌을 염두에 두고 있는 분
· 연 소득이 3,700만 원 이내인 분
· 은퇴나 퇴직을 앞두고 계신 분

이런 분들이 1,000㎡ 이상의 관리지역 또는 녹지지역의 유찰이 많이 된 농지를 낙찰받아 직접 농사를 지으며 농업인 조건을 갖추면 됩니다. 농업인이 된 후, 농림지역의 토지(지분포함)를 저가에 낙찰받아 해당 지역의 유지에게 매도하면 됩니다. 시골 유지들은 농사로 번 돈으로 다시 땅을 사 모으는 것을 좋아하기 때문에 가격이 저렴하고 맞으면 매수하는 일이 많습니다.

또한, 농림지역의 토지 지분이 상속된 경우, 농업인 조건을 갖추지 못한 상속인들이 대부분입니다. 그래서 낙찰받은 지분을 상속인에게 되팔 수는 없습니다. 이때는 공유자의 지분을 낙찰받은 가격에 매수하는 것도 전략입니다. 온전한 한 필지의 토지로 만

들어 지역 중개업소에 매물로 내어놓거나, 경매로 매각 진행하면 됩니다.

전국을 떠들썩하게 했던 LH사태 이후 농지취득과 관련해 법 개정이 계속해서 강화되고 있습니다. 이 글을 쓰고 있는 중에도 새로 시행되는 법령으로 전에 없던 심의를 받게 되어 무척이나 당황스럽고 한편으로는 애꿎은 사람들만 피해를 보는 것 같아 짜증도 납니다. 하지만 그렇다고 해서 바뀌는 것은 없으니 달라진 사항에 대해 알아보고 주의할 수밖에 달리 도리가 없습니다.

특히 부동산 투자는 제재 및 법령과 떼려야 뗄 수 없는 관계이지 않습니까? 그러니 입이 닳도록 강조하는 입찰 전 사전조사에 만전을 기해 불이익을 당하는 일이 없도록 당부, 또 당부드립니다. 역으로 지금의 규제를 잘 활용하면 누군가에게는 큰 기회가 될 것입니다.

2022. 5. 18 및 8. 18 시행 농지법 및 농지법 시행령·시행규칙 주요 내용 및 지자체 업무처리 지침서

다음 내용은 경·공매로 농지 취득 시 관할지 외 농지 및 지분 농지에 대해 '농지위원회 심의대상' 입니다. 일부 주요사항만 발췌한 것이니 반드시 전문을 꼼꼼히 확인하시기 바랍니다.

2. 농업경영계획서 또는 주말·체험영농계획서 작성 시 직업·영농경력·영농거리 의무 기재, 미기재 시 농지취득자격증명 발급제한
 · (현행) 농지취득자격증명을 발급받으려는 자의 직업, 영농경력, 영농거리는 임의적 기재사항
 · (개선) 농업경영계획서 또는 주말·체험영농계획서(신설) 작성 시 농지취득자격증명을 발급받으려는 자의 직업, 영농경력, 영농거리 의무 기재
   – 의무 기재 사항을 기재하지 않을 경우 농지법 제8조의3제1항에 따라 농지취득자격증명 발급제한

농업경영계획서 또는 주말·체험영농계획서상 의무 기재 사항

* □박스는 의무 기재 사항임

① 취득 대상 농지에 관한 사항	소재지				지번	지목	면적(㎡)	공유 지분의 비율	영농 거리 (km)	농지의 현재 상태
	시·군	구·읍·면	리·동							
			계							

농업경영 노동력 확보 방안	②취득자(취득 농업법인) 및 세대원(구성원)의 농업경영능력				
	취득자와의 관계	연령	직업	영농경력(년)	향후 농업경영 여부
	③취득농지의 농업경영에 필요한 노동력 확보방안				
	자기노동력		일부위탁		전부위탁(임대)

농업 기계·장비·시설 확보 방안	④농업 기계·장비·시설의 보유현황		
	기계·장비·시설명	보유현황	시설면적(㎡)
	⑤농업 기계·장비·시설의 보유계획		
	기계·장비·시설명	보유계획	시설면적(㎡)

⑥ 소유농지 이용실태	소재지			지번	지목	면적(㎡)	주재배 작물 (축종명)	자기의 농업 경영 여부	취득 대상 농지와의 거리(km)
	시·군	구·읍·면	리·동						
	계								

3. 농지 취득 시 증명서류 제출 의무화

· (현행) 증명서류 제출을 요구하고 있지 않음

· (개선) 농업경영계획서 또는 주말·체험영농계획서 관련 증명서류 제출 의무화

구분(신청인)	증명서류
농업인	· 농업경영체 등록이 되어 있는 경우 – 증명서류 제출하지 않아도 됨 · 농업경영체 등록이 되어 있지 않은 경우 – 국립농산물품질관리원의 지원장 또는 사무소장으로부터 발급받은 농업인확인서(참고2)
농업법인	· 정관(농업회사법인&영농조합법인) * 예시 : 농업법인 정관례(농식품부 고시 제2019-25, '19. 6. 25) · 임원명부(농업회사법인, 참고1) · 업무집행권을 가진 자 중 1/3 이상인 농업인임을 확인할 수 있는 서류* (농업회사법인) – 업무집행권을 가진 자는 감사를 제외한 등기상 이사를 말함 * 농업인확인서(참고2), 농업경영체 등록확인서(참고3), 농업경영체 증명서(참고4) 중 어느 하나에 해당하는 서류
농업인이 아닌 개인	· 재학증명서, 재직증명서 등 직업을 확인할 수 있는 서류

공유로 취득하려는 경우	· 각자가 취득하려는 농지의 위치와 면적을 특정하여 여러 사람이 구분소 유하기로 하는 약정서(참고5) 및 도면자료* * '공간정보의 구축 및 관리 등에 관한 법률 시행규칙' 별지 제67호서 식(지적도) 또는 토지이용계획확인원상 확인도면 등에 구분 표시한 약 식 도면 제출 가능

- 이 증명서류를 제출하지 않을 경우 농지법 제8조의3제1항에 따라 농지취득
자격증명 발급제한
- 이 증명서류를 거짓으로 제출한 경우 농지법 제64조제1항제1호에 따라 1차
위반 시 250만 원, 2차 위반 시 350만 원, 3차 위반 시 500만 원 과태료 부과

5. 공유취득 농지 취득자격 심사 강화

· (현행) 공유자 전원이 공유물 전부를 사용·수익하는 '지분공유' 방식과 '구분소
유적공유' 방식 모두 허용
· (개선) 각 공유자가 취득하려는 농지의 위치와 면적을 특정하여 여러 사람이
구분하여 소유하기로 하는 '구분소유적공유' 방식만 허용

- 농업경영계획서 또는 주말·체험영농계획서에 공유 지분의 비율*, 각자가 취
득하려는 농지의 위치**를 기록할 수 있는 란 추가

① 취득 대상 농지에 관한 사항	소재지			지번	지목	면적(㎡)	공유 지분의 비율*	영농 거리 (km)	농지의 현재 상태
	시·군	구·읍·면	리·동						
		계							

⑪ 공유로 취득하려는 경우 각자가 취득하려는 농지의 위치**

- 또한, 이를 증명할 수 있는 서류로 약정서 및 도면자료 제출 의무화

※ 다만, 기존 공유관계가 형성되어 있는 경우 법 적용대상에서 제외하고, 법 적용대상
은 기존에 공유관계가 없던 농지를 다수가 공동 으로 소유하기로 합의해 새롭게 공
유를 성립시키는 경우로 해석

6. 농지취득자격증명 민원처리기간 연장

구분(취득 목적)	기존	개선
농업경영 목적	4일 이내	7일 이내
주말·체험영농 목적	2일 이내	7일 이내
농지전용 목적	2일 이내	4일 이내
농지위원회 심의대상	–	14일 이내

(시행일: 2022. 8. 18)

8. 시·구·읍·면 농지위원회 설치 및 농지위원회 심사제도 신설

· (현행) 지자체 담당자 단독으로 농지 취득자격 심사
· (개선) 지역 농업인·전문가 등이 참여하는 농지위원회 설치 및 농지법 시행규칙 제7조제3항에 따른 대상자 농지위원회 심의 의무화

농지위원회 심의대상

– '부동산 거래신고 등에 관한 법률' 제10조제1항에 따라 지정된 토지거래허가구역 내의 농지를 취득하려는 자
– 취득대상 농지 소재지 관할 시·군·자치구 또는 연접한 시·군·자치구 내에 거주하지 않으면서 그 관할 시·군·자치구에 소재한 농지를 2022년 8월 18일 이후 처음으로 취득하려는 자

※ 즉, 관내(농지 소재지 관할 시·군·자치구 내) 농지 소유 유무 또는 소유 이력과 관계없이 이 법 시행 이후 관내에 거주하지 않는 자가 관내 농지취득 시 농지위원회 심의가 필요(단, 최초 취득 시 적용되고, 2회부터는 농지위원회 심의 불필요)합니다.

– 1필지의 농지를 3인 이상이 공유로 취득한 경우 해당 공유자

※ 다만, 기존 공유관계가 형성되어 있는 경우 법 적용대상에서 제외하고, 법 적용대상은 기존에 농공유관계가 없던 농지를 다수가 공동으로 소유하기로 합의하여 새롭게 공유를 성립시키는 경우로 해석
* 2인 이상의 공유의 경우에는 농지위원회 심의대상은 아니나, 신청인은 약정서 및 도면자료는 제출해야 하고, 지자체 담당자 단독으로 농지취득자격을 심사합니다.

– 농업법인
– 외국인
– 외국국적동포

– 그 밖에 농업경영능력 등을 판단할 필요가 있어 시·군·자치구의 조례로 정하는 자

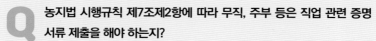

문답자료

[농지취득자격증명 관련, 시행일 : 2022. 5. 18]

Q **농지법 시행규칙 제7조제2항에 따라 무직, 주부 등은 직업 관련 증명서류 제출을 해야 하는지?**

☞ 무직인 경우 증명서류 제출 의무는 없음. 다만, 직업 관련 증명서류 제출을 거짓으로 한 경우 1차 250만 원, 2차 350만 원, 3차 이상 500만 원의 과태료 부과 가능

[공유취득 관련, 시행일 : 2022. 5. 18]

Q **농지법 시행규칙 제7조제2항에 따라 공유취득 시 각자가 취득하려는 농지의 위치와 면적을 특정하여 여러 사람이 구분소유하기로 하는 약정서와 도면자료를 제출하도록 되어있는데, 도면은 측량도면인지, 지적도에 표시한 약식으로도 가능한지?**

☞ 지적도에 표시한 약식으로 제출 가능

〈예시〉

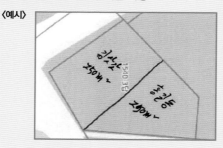

Q 여러 사람이 구분소유하기로 하는 약정서 양식이 있는지?

☞ 법정 양식은 없음. 다만, 참고5의 약정서 양식 활용 가능

Q 기존 공유관계가 형성되어 있는 농지 중 일부의 지분을 매매로 취득하는 경우도 약정서 및 도면자료를 제출해야 하는지?

☞ 기존 공유관계가 형성되어 있는 경우 법 적용 대상에서 제외

☞ 기존에 공유관계가 없던 농지를 다수가 공동으로 소유하기로 합의하여 공유를 성립시키는 경우로 해석하는 것이 타당

☞ 따라서 새롭게 공유관계가 맺어지는 경우에 한해 약정서 및 도면자료 제출

Q 기존 공유관계가 형성되어 있는 농지 중 일부의 지분을 매매로 취득하는 경우도 농지위원회 심의를 거쳐야 하는 지?

☞ 기존 공유관계가 형성되어 있는 경우 법 적용 대상에서 제외

☞ 기존에 공유관계가 없던 농지를 다수가 공동으로 소유하기로 합의하여 공유를 성립시키는 경우로 해석하는 것이 타당

☞ 따라서 이 법 시행 이후 새롭게 3인 이상의 공유관계가 맺어지는 경우에 한해 농지위원회 심의

Q 공동소유 시 농지취득자격증명신청서와 농업경영계획서 또는 주말·체험영농계획서는 각각 작성하는지, 대표자 1인이 총괄해서 작성이 가능한지?

☞ 각각의 공유자가 농지취득자격증명신청서, 농업경영계획서 또는 주말·체험영농계획서를 작성해야 함

[농지위원회 심의대상, 시행일 : 2022. 8. 18]

Q **2인 이상의 공유도 농지위원회 심의를 거쳐야 하는지?**

☞ 이 법 시행 이후 새롭게 2인 이상의 공유관계가 맺어지는 경우 신청인으로부터 약정서 및 도면자료를 제출받되, 농지위원회 심의대상이 아니기 때문에 농지위원회 심의는 불필요하며, 지자체 담당자가 농지취득자격을 심사하면 됨

☞ 다만, 이 법 시행 이후 새롭게 3인 이상의 공유관계가 맺어지는 경우 신청인으로부터 약정서 및 도면자료를 제출받고, 농지위원회 심의도 거쳐야 함

Q **취득대상 농지 소재지 관할 시·군·자치구 또는 연접 시·군·자치구 내에 거주하지 않으면서 관할 시·군·자치 내의 농지를 취득하려는 자의 거주지는 어떻게 확인하는지?**

☞ 행정정보공동이용을 통해 주민등록표 등본을 확인하고, 농지취득 신청 당시 거주 주소지 확인

Q **취득대상 농지 소재지 관할 시·군·자치구 또는 연접 시·군·자치구 내에 거주하지 않으나, '22. 8. 18 이전 이미 관할 시·군·자치구 내의 농지를 취득을 하고 있는 자가 '22. 8. 18 이후 관할 시·군·자치구 내의 농지를 취득하려는 경우 농지위원회 심의를 거쳐야 하는 건지?**

☞ 거쳐야 함. 취득대상 농지 소재지 관할 시·군·자치구 또는 연접 시·군·자치구 내에 거주하지 않으면서 이 법 시행 이후 관할 시·군·자치구 내의 농지를 취득하려면 농지위원회 심의 필요

Q **취득대상 농지 소재지 관할 시·군·자치구 또는 연접 시·군·자치구 내에 거주하지 않으면서 관할 시·군·자치구 내의 농지를 취득하려는 자의 경우 관내 농지를 취득할 때마다 농지위원회 심의를 계속 거쳐야 하는지?**

☞ 아님. 2022년 8월 18일 이후 처음으로 취득하려는 자에게만 적용되므로, 2022년 8월 18일 이후 농지위원회 심의를 거친 이후 추가 취득하는 경우에는 농지위원회 심의 불필요

농지취득자격증명 신청

농업경영계획서 또는 주말체험영농계획서를 제출하는 경우	농업경영계획서 또는 주말체험영농계획서를 제출하지 않는 경우	농지위원회 심의대상인 경우

⑧농지취득자금 조달계획	자기자금	차입금 등	합계
	10,000,000원	원	10,000,000원

⑨ 영농계획에 관한 사항	주재배작물 (축종명)	아로니아(다년생 식물)				
	영농착수 시기	2022년 9월 10일 (즉시 해야 함)				
	수확 예정 시기	2024년 8월 30일				
	작업일정		작업 내용	참여 인원(명)	소요자금	자금조달방안
	합 계				1,800,000원	
	22.09부터	22.12까지	휴경지 벌목 및 로터리작업	2명	700,000원	금융기관 예금현금
	23.01부터	23.06까지	제초매트 묘목심기	2명	500,000원	금융기관 예금현금
	23.07부터	23.12까지	제초작업	2명	200,000원	금융기관 예금현금
	24.01부터	24.06까지	가지치기	2명	100,000원	금융기관 예금현금
	24.07부터	24.12까지	제초작업	2명	200,000원	금융기관 예금현금
	25.01부터	25.06까지	가지치기	2명	100,000원	금융기관 예금현금

출처 : 농림식품축산부

농지위원회 심의대상인 경우 농업경영계획서 작성 요령

농지 심의를 잘 받기 위해서는 주재배 작물 및 작업일정을 현실성 있게 꼼꼼히 작성해야 합니다. 거주지로부터 농지의 거리가 멀면 다년생 식물을 신청해야 합니다. 작업일정은 6개월 단위로 3년간 작업 내용을 작성하셔야 됩니다. 참여 인원과 소요자금은 농지의 면적과 작업내용에 맞게 작성하셔야 합니다.

드라마 〈상도〉를 보신 적 있으십니까? 저는 이 드라마를 30번도 더 봤지만 볼 때마다 짜릿하고, 볼 때마다 깨우치는 것이 많습니다. 특히 청나라에 간 임상옥이 홍삼을 불태우는 장면은 아무리봐도 질리지가 않습니다. 청나라 상인들의 담합을 깨기 위한 것이었지만 저는 이것을 보고 매매의 기본을 배웠습니다. '꼭 필요한사람에게는 가격은 중요하지 않다!'는 사실입니다.

지금까지 소개된 저의 낙찰 사례를 보고 눈치 채신 분들이 있는지 모르겠지만, 저는 주로 단독으로 낙찰받는 경우가 많습니다. 이것이 시사하는 바가 뭔지 아시겠습니까? 네, 다른 사람들이 관심을두지 않는 숨은 보물을 발굴하는 것입니다. 관심 밖의 물건은 입찰경쟁이 높지 않아 비교적 저렴하게 낙찰받을 수 있습니다. 유찰이라도 되면 더욱 싼 가격에 물건을 받을 수 있습니다. 땅이든 뭐든매매의 기본은 싸게 사서 비싸게 파는 것 아니겠습니까?

무조건 싸기만 하다고 좋은 것도 아닙니다. 싼 것은 정말 싸구려일 수 있으니까요. 이 땅이 꼭 필요한 매수자 즉, 타깃팅을 정확히 하면 남들 눈에 쓸모없어 보이는 땅도 나에게는 싸고 좋은땅이 됩니다. 싸게 사서 꼭 필요한 사람에게 파는 것이 저의 전략입니다.

경·공매 붐으로 경쟁이 날로 치열해지고 있습니다. 경쟁에 뛰어들어 치킨게임을 하는 게 아니라 이럴 때일수록 다른 사람과 다른전략으로 차별성을 가져야 수익성을 높이고, 투자자로서 롱런할 수 있습니다. 어떻게 타깃팅을 하고, 어떻게 하면 투자 시 맞닥뜨리게 되는 문제들을 잘 해결할 수 있는지 본문 중에 상세히 서술해두었습니다. 이를 바탕으로 여러분만의 투자법을 발전시켜 나가시길 바랍니다.

"위암 3기입니다. 수술하셔야 합니다."
4월의 어느 날, 청천벽력 같은 소리를 들었습니다. 평소 술, 담배는 물론 과식도 안 하시는 어머니께서 위암 판정을 받으셨습니다. 다행히 수술 일정이 빨리 잡혔고, 수술도 잘되어 지금은 퇴원 후 항암치료를 다니시고 있습니다.

"아들 하나 있는 거 매번 이렇게 고생시켜서 어쩌나."
"그런 말씀 마세요. 내가 회사에 안 다니고 편하게 일하니까 이렇게 모시고 다닐 수 있잖아요."
"그래, 그건 그렇다. 회사 다니면 아들이라도 미안해서 말도 못 한다. 아버지 때도 얼마나 미안했는데."

병원에 모시고 갈 때마다 어머니와 나누는 대화입니다. 문득 아버지께서 돌아가시기 전의 일들이 떠오릅니다. 아버지는 많은 병치레 끝에 돌아가셨습니다. 당시는 직장 생활 중이라 회사 업무 중에 눈치를 봐가며 병원에 갈 수밖에 없었습니다. 그나마 다른 회사와 달리 자리를 지키는 일이 아니긴 했지만, 실적이라도 안 나오는 날에는 여간 가시방석이 아니었습니다. 회사에 괜한 책잡

히지 않으려고 아버지가 병원치료를 받으시는 중간중간, 심지어는 아버지의 장례를 치르는 중에도 틈틈이 일했으니까요.

　회사를 그만두고 투자를 업으로 삼고 있는 지금은 그럴 일이 없습니다. 시골에 홀로 계시는 어머니가 어디를 가시든지 모셔다드릴 수 있고, 평일 낮에 영화도 보러 다닙니다. 아이들과 놀러도 다니고, 휴가도 회사가 정한 날이 아니라 내가 쉬고 싶은 날이 휴가입니다. 그렇게 하루를 잘 보내고 오면 한밤중이든 새벽이든 상관없이 일하고 싶을 때 일하고, 물건을 검색합니다. 경매에 입찰하는 날이면 아내에게 근처 놀거리를 찾아보게 한 다음, 경매 입찰이 끝나고 그 인근에서 가족들과 놀다가 오기도 합니다. 임장이 필요할 때도 이렇게 합니다. 거리가 먼 지역은 지역 법무사들을 섭외해두었다가 대리 입찰을 의뢰하고, 등기할 일이 있어도 마찬가지입니다. 저는 이렇게 회사에 다니지 않고도 얼마든지 삶의 균형을 맞춰가며 즐겁게 투자하고 있습니다.

　"부동산 투자는 돈이 많아야 할 수 있는 거 아닌가?"
　오랜만에 만난 지인에게 회사를 그만두고 부동산 투자를 업으로 하고 있다고 하면 제일 먼저 나오는 반응은 이러합니다. 그다음은 수입에 관한 거지요. 소액으로도 얼마든지 회전율을 높여가며 수익을 내는 이야기, 제 수입에 대한 이야기 등을 하면 다들 신세계를 보듯 합니다. 하지만 선뜻 투자를 시작할 생각은 하지 못하는 것 같습니다. 어렵고 복잡할 것 같아서 그렇다고들 합니다. 학교 다닐 때 지지리도 공부 못했던 나도 한다고 말해도 아직은 회사에서 꼬박꼬박 나오는 월급에 만족하는 듯합니다. 반면, 조금씩 관심을 보이며 투자에 자문을 구하는 이들도 있습니다.

여러분, 다시 한번 말씀드리지만 투자 자금을 핑계 삼지 마십시오. 1,000만 원이 안 되는 자금으로도 얼마든지 투자할 수 있습니다. 안 된다고 포기할 것이 아니라, 현시점에서 되는 방향을 찾으면 됩니다. 저는 공업고등학교를 졸업해 지방 대학, 그것도 후보 50번으로 간신히 대학에 입학했습니다. 이런 저도 투자를 공부하고 있는데 어렵다는 핑계는 대지 마십시오. 외우는 게 안 되면 저처럼 블로그를 활용하든, 아니면 요즘 잘 나와 있는 메모 기능을 이용해 공부한 내용을 찾아보면 됩니다(이 책을 활용해도 좋겠네요!). 관계 법령이 어려우면, 이해될 때까지 읽기를 반복하고, 그래도 모르겠으면 주위에 해석해달라고 도움을 요청하면 됩니다. 그러니 절대 포기하지 마세요. 그리고 지금 시작하세요. 저도 했으니 여러분도 잘할 수 있을 것입니다.

부디, 여러분의 건투를 빕니다. 감사합니다.

토통령의 답이 정해져 있는 땅 투자

제1판 1쇄 2022년 12월 21일
제1판 2쇄 2024년   2월 13일

지은이 손정욱
펴낸이 허연 **펴낸곳** 매경출판㈜
기획제작 ㈜두드림미디어
책임편집 우민정 **디자인** 디자인 뜰채 apexmino@hanmail.net
마케팅 김성현, 한동우, 장하라

매경출판㈜
등 록 2003년 4월 24일(No. 2-3759)
주 소 (04557) 서울시 중구 충무로 2(필동 1가) 매일경제 별관 2층 매경출판㈜
홈페이지 www.mkbook.co.kr
전 화 02)333-3577
이메일 dodreamedia@naver.com(원고 투고 및 출판 관련 문의)
인쇄·제본 ㈜M-print 031)8071-0961
ISBN 979-11-6484-488-3 (03320)

같이 읽으면 좋은 책들

신방수 세무사의
부동산 거래 전에
자금출처 부터
준비하라!

부동산 관리도
경영의 시대

부동산 관리와
종합서비스

신방수 세무사의
상속분쟁 예방과
상속
증여
절세 비법

김 과장도 돈 버는
셰어하우스

SHARE
HOUSE

내 생애 짜릿한
대박 상가
투자법

신방수 세무사의
주택임대사업자
등록과
절세 비법

나는 장애를 딛고
부동산 경매로
성공했다

불황에도 매출 10배 올리는
상위
1%
공인
중개사의
마케팅
비법

아파트는 살고
땅은 사라

부동산
상식을
돈으로
바꾸는 방법

해외 부동산 투자,
나는 말레이시아로
간다

MALAYSIA

당신도 건물주가 될 수 있다

원룸
마스터

부동산
실무 法
용어사전
1,000

부자로 환승하라
머니트레인

부동산 투자
인사이트

그는 어떻게
부동산
1인 창업으로
10억을
벌었을까?

돈 버는
주택임대
관리기법

10%대 수익률을 위한
최고의 부동산 재테크
P2P
투자의
정석

동산으로 이룬
유의

노무현·이명박·박근혜 시대의
부동산 정책 분석
시장을 이기는
정책은 없다
부동산 정책을 알면 시장이 보인다!

전세가를 알면
부동산 투자
가 보인다
시장 심리를 파악하면, 투자 초음이 보인다!
부동산 가격 변화의 비밀 '알파, 전세, 심리'

서울시 공정경제과
주무관이 알려주는
**부동산
거래와
판 례**
부동산 현장에서 가장 민감한 분쟁 유형 집중분석
재개발시 고민과 거래가 벌덩 연대보

스타들의
**부동산
재테크**
스타들이 사생활보다 더 궁금한
그들만의 부동산 투자
스타가 좋아하는
부동산은 따로 있다?

지분 경매로
토지 개발업자 되기

부동산 재테크
역세권이
답이다.
철도 & 역세권 15년 경매의 노하우

세무사 3년차가 알려주는
**세무조사
대비**의 모든 것

주택 연출가
무조건 따라하기

커피 한 잔 값으로
초개량 오피스 주인 되기
**리츠
얼리어답터**

고수익을 안겨주는 블루오션 토지 경매
**신의 한 수
금맥
경매**

주택·아파트 세무·절세·절약 관리로 실현하는
**주택
아파트**
세무 가이드북
실전편

**권리분석
완전정복**으로
**10년 안에
10억 벌기**

**대한민국을
움직이는
땅 투자 법칙 100**

땅 투자
10단계 절대불변의 법칙

돈의 보감
평범한 샐러리맨, 투잡 경매로
5년에 10억 번다
경매로, 재테크하고
NPL로 두 번째 월급 받다

나는 **갭 투자**로
300채 집주인이
되었다

**토지
세무**
가이드북
실전편

부동산 곳·공매, 분양, 입점, 매매를 통한
新 **상가
투자**
보물
찾기

**상가
세무**
가이드북
실전편

NPL
가격 산정의 비밀

매일경제신문사

㈜두드림미디어 카페(https://cafe.naver.com/dodreamedia)
Tel : 02-333-3577 E-mail : dodreamedia@naver.com